# 色 相 環

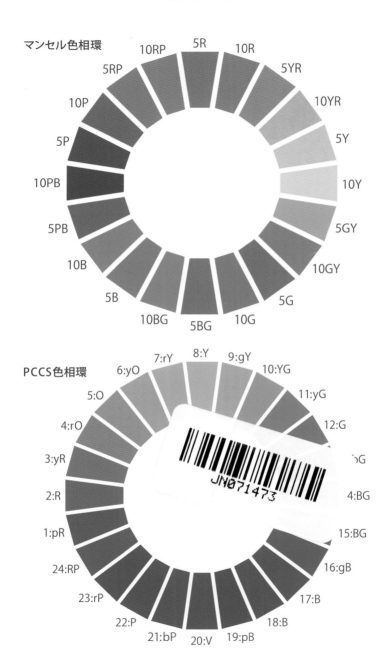

マンセル色相環

5R
10RP / 10R
5RP / 5YR
10P / 10YR
5P / 5Y
10PB / 10Y
5PB / 5GY
10B / 10GY
5B / 5G
10BG / 10G
5BG

PCCS色相環

8:Y
7:rY / 9:gY
6:yO / 10:YG
5:O / 11:yG
4:rO / 12:G
3:yR / 5G
2:R / 4:BG
1:pR / 15:BG
24:RP / 16:gB
23:rP / 17:B
22:P / 18:B
21:bP / 19:pB
20:V

JN071473

A

# 観 葉 植 物

ベンジャミン

ベンジャミン

ガジュマル

ユッカエレファンティベス

サボテン

ニッコウヒバ

キンメツゲ
(トピアリー)

フィカス・ウンベラータ

ストリチア・レギネ

# 観葉植物

ユーカリポラス

オリーブ

エアープランツ

カシワバゴムノキ

ゴールドクレスト

ホンコンカポック

シマトネリコ

ポトス

アロウカリア

C

# 観 葉 植 物

ドラセナワーネッキー

モンステラ

パキラ

エバーグリーン

フクリンリュウセツラン

ゴムの木

アレカヤシ

マッサンゲアナ

ケンチャヤシ

# Visual
# Merchandising
### Dictionary

# ＊ 発 刊 に あ た り ＊

　2019 年末から起こった新型コロナウィルスの感染拡大による影響
は、人々の暮らし方や消費のあり方、また企業においてはテレワーク
の導入など働き方も大きく変えました。

　とりわけモノやコトを享受するための消費のあり方は、既にスマー
トフォンがあまねく普及していた消費者の間ではオンラインでつなぐ
という方法を劇的に加速させることになりました。

　そうした中で、よく耳にするのはリアルショップの苦戦です。しか
し現況ではオンラインとリアルを対立概念で捉えることを超えて、オ
ンライン化が進めば進むほどリアルの役割が浮上する新たな側面が見
えています。視覚表現によってショップの魅力を伝える VMD は、単
にモノを良く見せるだけではなく、コトを楽しむことを想像させるだ
けの提案力をもつことを目指しています。興味の脈動は体感によって
生まれる、そのことに確信をもって VMD のスキルを磨いていくこと
を願っています。

　アメリカからリテールビジネスの新たな戦略としてビジュアルマー
チャンダイジング「VMD」という概念が日本にもたらされたのは
1970 年代。80 年代になると多くの企業がこの戦略の導入を図るよう
になりました。当時の日本はあらゆる面で成熟化が進み、人々の購買
行動にも大きな変化が生じていました。そうした変化に対応する機能
として求められたのが視覚表現による提案力でした。その後、VMD と
いう略語の通用が示すように、経営戦略のキーワードの一つとして確
実な定着を見せてきました。そして従来のディスプレイデザインとは
異なり、企業の経営哲学と結びついた商品政策のビジュアル表現を任
務とする VMD の専門家が求められるようになりました。

1987 年、日本ビジュアルマーチャンダイジング協会はこうした社会状況の要請によって発足しました。情報の収集と発信、多様なビジュアル化の研究、専門家教育など、日本の商業に相応しい VMD の普及発展に努めることになりました。その中で急務だったのが言葉の問題です。VMD に関わる用語の解釈を行い、それをまとめた用語事典を刊行する必要がありました。専門的な知見に根ざした協会員の全面的な協力のもと、5 年半の編纂期間を経て 1995 年に初版が発行され、三度の改訂を経て今回の発刊に至りますが、この度は社会の大きな改革の波を反映させ、新たに編集し直し、「新版 VMD 用語事典」として発刊することになりました。

　本書は、VMD の現場で使われる新たに生じた言葉もできるだけ掲載し、用語の解説には時代感を盛り込むように推敲し、イラストなどもより分かりやすく調整しました。広く VMD に携わる方々に必要な用語解説に加え、商品を扱う VMD であればこその商品知識や関連情報などをアップデートしました。また VMD の技術的側面に関わる方の能力開発、人材育成という見地で当協会が支援協力する国家資格「商品装飾展示技能検定」（厚生労働省）の受検者向け参考書としての役目も本書は果たしますので、携わるすべての皆様の今後のお力になることができましたら幸いです。

　出版に当たっては、繊研新聞社の山里泰様をはじめ多くの方々のご協力をいただきました。心からの御礼を申し上げます。

日本ビジュアルマーチャンダイジング協会

理事長　楫　義明

# 目　次

口　絵

　　色相環 ………………………………………… A

　　観葉植物 ……………………………………B〜D


発刊にあたり ………………………………………002

索　引 ………………………………………………005

VMD用語

　　ア行 ………………………………………………025

　　カ行 ………………………………………………071

　　サ行 ……………………………………………… 121

　　タ行 ………………………………………………178

　　ナ行 ………………………………………………218

　　ハ行 ………………………………………………227

　　マ行 ………………………………………………292

　　ヤ行 ………………………………………………312

　　ラ行 ………………………………………………315

　　ワ行 ………………………………………………330

巻末資料

　　日本のビジュアルマーチャンダイジング
　　関係書籍リスト ……………………………………334

　　VMD用語事典 編集委員リスト ……………………348

　　日本VMD協会案内 …………………………………349

　　商品装飾展示技能検定について …………………352

　　参考・引用文献リスト ……………………………358

## ご使用の前に

・当用語事典は、見出し語 1,370 語を収録しています。

・見出し語は、50 音順に、清音・濁音・半濁音の順に配列してあります。

・アルファベット文字は、読みに従い所定の 50 音順に配列してあります。

・外来語の長音「ー」は、他に優先して配列しました。

・外来語の表記は一般の読み方にそって、
　例えば「ＳＰ」は「エ」の項目に入れてあります。

・（→　）に続く語は同義語又は類似語で、（⇔　）は反対語です。

## 索　引

◆◆◆◆◆◆◆　ア　◆◆◆◆◆◆◆

アーケード …………………………025
アースカラー ………………………025
アースワーク ………………………025
アーチ ………………………………025
アートディレクション ……………026
アーリーアメリカン ………………026
RFID（アールエフアイディー）……026
アールデコ …………………………026
アールヌーヴォー …………………026
ISO（アイエスオー）………………026
IoT（アイオーティー）……………027
アイキャッチャー …………………027
AISAS（アイサス）、ARASL（アラスル）…027
アイソタイプ ………………………028
アイソメ ……………………………028
IT（アイティー）、ICT（アイシーティー）…028
アイディア …………………………029
アイテム ……………………………029
アイテムショップ …………………029
アイテムプレゼンテーション ……029
AIDMA（アイドマ）、AIDA（アイダ）、
AIDCA（アイドカ）…………………029
IP（→アイテムプレゼンテーション）…030
アイビールック ……………………030
アイランドディスプレイ …………030

アウトストアプロモーション ……030
アウトソーシング …………………030
アウトフォーカス …………………030
アウトレットストア ………………030
アクションペインティング ………031
アクセントカラー …………………031
アクセント照明 ……………………031
アクソメ ……………………………031
足場 …………………………………032
アシンメトリー ……………………032
アスレジャー ………………………032
校倉造（あぜくらづくり）…………032
アソートメント ……………………032
アソートメントディスプレイ ……032
アッセンブリー ……………………032
アッパーライティング ……………033
アップサイクル ……………………033
アップトゥデート …………………033
アトラクション ……………………033
アトリウム …………………………033
アニメーション ……………………033
アパレル産業 ………………………033
アバンギャルド ……………………034
アフィリエイト ……………………034
アブストラクトアート ……………034
アフターサービス …………………034
アフタヌーンドレス ………………034

アプローチ …………………………035
アメカジ（→アメリカンカジュアル）…035
アメニティ …………………………035
アメリカンカジュアル …………………035
粗利益高 ……………………………035
粗利益率 ……………………………035
アランセーター ……………………035
α（アルファ）世代 ………………035
アロマテラピー ……………………036
アンカーボルト ……………………036
アングル ……………………………036
アンサンブル ………………………036
安定器 ………………………………036
アンテナショップ …………………036
行灯（あんどん）……………………036
行灯型サイン ………………………037
アンビエ（→ピンワーク）…………037
アンビエント照明 …………………037

◆◆◆◆◆ イ ◆◆◆◆◆

ＥＣサイト（イーシーサイト）………037
イースター …………………………037
イーゼル ……………………………037
イートイン …………………………038
イームズ（→チャールズ・イームズ）…038
生け花 ………………………………038
意匠法 ………………………………038
イタカジ（→イタリアンカジュアル）…038
委託販売 ……………………………038
板目 …………………………………038
イタリアンカジュアル ……………038
市 ……………………………………038
イノベーション ……………………039
一文字 ………………………………039
一般照明用光源 ……………………039
移動販売 ……………………………039
イニシャルコスト …………………039
イブニングドレス …………………039
イベント ……………………………040
イメージ広告 ………………………040
イメージコラージュ ………………040

イメージスケッチ …………………040
イラストレーション ………………040
イリュージョン ……………………040
イルミネーション …………………040
色温度 ………………………………040
色校正 ………………………………041
色指定 ………………………………041
色対比 ………………………………041
色の三属性 …………………………042
色無地 ………………………………042
インキュベートショップ …………042
印刷 …………………………………042
印象主義 ……………………………043
インショップ ………………………043
インスタレーションアート ………043
インストアプロモーション ………043
インストアマーチャンダイジング …043
インセンティブ ……………………044
インターネット広告 ………………044
インダストリアルデザイン ………044
インタラクティブ …………………044
インテリアエレメント ……………044
インテリアコーディネーター ……044
インテリアデコレーション ………044
インテリアデザイン ………………045
インバウンド ………………………045
インパクト …………………………045
インフォメーション ………………045
インベストメントクローズ ………045
インポートブランド ………………045

◆◆◆◆◆ ウ ◆◆◆◆◆

ヴァン ………………………………046
ヴィトリン …………………………046
ウィリアム・モリス ………………046
ウィンドウディスプレイ（→ショーウィ
ンドウディスプレイ）………………046
ウェア ………………………………046
ウェアハウスストア ………………046
ウェアリング ………………………047
ウェザーマーチャンダイジング ……047

ウェビナー …………………047
ウェブルーミング …………047
ヴォーグ ……………………047
ウォーターフロント ………047
ウォールウォッシャー ……047
ウォールディスプレイ ……047
ウォンツ ……………………048
薄葉紙（うすようし）………048
内々、外々（うちうち、そとそと）…048
打ち放しコンクリート ……048
埋込み型照明器具 …………048
売上原価 ……………………048
売上仕入れ …………………048
売上高 ………………………049
売上高経常利益率 …………049
売上高構成比 ………………049
売上高予測 …………………049
売掛金 ………………………049
売り筋商品、売れ筋商品 …049
売場構成 ……………………049
売場販売効率 ………………049
売り場面積 …………………050

━━━━◆◆◆◆ エ ◆◆◆◆━━━━

エアダクト …………………050
エアドーム …………………050
エアブラシ …………………050
ＡＲ（エーアール）…………050
ＡＶ（エーブイ）（→オーディオビジュアル）…051
ＡＶＣ（エーブイシー）……051
営業利益 ……………………051
映像ディスプレイ …………051
ＡＢＣ分析 …………………051
駅ナカ ………………………051
エクステリア ………………051
エクリュ ……………………052
エコ素材 ……………………052
エコファー …………………052
エコロジー …………………052
エシカル消費 ………………052
ＳＮＳ（エスエヌエス）……053

ＳＫＵ（エスケーユー）……053
ＳＤＧｓ（エスディジーズ）…053
エスニック …………………053
ＳＰ（エスピー）（→セールスプロモーション）……………………………………053
ＳＰＡ（エスピーエー）……053
エタラジスト ………………053
エディトリアルデザイン …053
エデュケーター ……………054
絵羽模様（えばもよう）……054
エフェクト …………………054
エフェクトマシン …………054
エブリデイロープライス …054
Ｍ＆Ａ（エムアンドエー）…054
ＭＰ（エムピー）（→マーチャンダイズプレゼンテーション）…………………………054
ＭＰ技法 ……………………054
襟（えり）……………………060
エリアマーケティング ……061
ＬＥＤ（エルイーディー）…061
エレガンス …………………062
エレクトロニックコマース（ＥＣ）、イーコマース（ｅコマース）…………………062
演出 …………………………062
演色性 ………………………062
エンターテインメント ……062
エンターテインメント型ショッピングセンター ……………………………………062
鉛直面照度 …………………062
エンドディスプレイ ………063
燕尾服（えんびふく）………063
エンファシス ………………063

━━━━◆◆◆◆ オ ◆◆◆◆━━━━

オアシス ……………………063
ＯＥＭ（オーイーエム）……063
ＯＭＯ（オーエムオー）……063
Ｏ２Ｏ（オーツーオー）……064
横断幕 ………………………064
大型店 ………………………064
オーガニック ………………064

ＯＪＴ（オージェイティー） ………065
オーセンティック ………065
オーダーメイド ………065
オーディオビジュアル ………065
大道具 ………065
オートクチュール ………065
オーナメント ………065
オーニング ………066
オーバーストア ………066
オーバーゾーニング ………066
オーバーラップ ………066
オーバル ………066
オープン価格（→希望小売価格）………066
オープンケース ………066
オープンディスプレイ ………066
屋外広告 ………067
屋外照明 ………067
屋内照明 ………067
オケージョン ………067
オケージョンマーチャンダイジング…067
折敷（おしき） ………067
オストワルト表色系 ………068
オプアート ………068
オプティカルアート ………068
オブジェ ………068
OFF-JT（オフジェイティ） ………068
オフニュートラル ………068
オフプライスストア ………069
オムニチャネル ………069
オリジナル商品 ………069
織（おり）ネーム ………069
織物 ………069
卸売業 ………069
オンデマンド ………070
オンラインショッピング ………070
オンリーショップ ………070

◆◆◆◆◆◆ カ ◆◆◆◆◆◆

カートンディスプレイ ………071
ガーランド ………071
買上客数 ………071

買回り品 ………071
回廊 ………071
カウンターディスプレイ ………071
価格管理 ………071
価格構成 ………072
価格政策 ………072
価格設定 ………072
鏡開き ………072
書割（かきわり） ………072
角帯（かくおび） ………072
カクテルドレス ………073
核店舗 ………073
カジュアル ………073
可処分所得 ………073
鎹（かすがい） ………073
カスタマーエクスペリエンス ………073
カスタマージャーニー ………074
仮設工事 ………074
仮設店舗 ………074
カットアンドソーン ………074
カットソー（→カットアンドソーン）…074
カテゴリーキラー ………074
カテゴリーマネジメント ………074
カマーバンド ………075
カマイユ、フォカマイユ ………075
紙 ………075
上手、下手（かみて、しもて） ………076
カラーオンカラー ………076
カラーコーディネート ………076
カラーコントロール ………076
カラースキーム ………076
カラーチップ ………076
カラーチップ ………077
カラーマーチャンダイジング ………077
カラーライゼーション ………077
カラーリング ………077
ガレージショップ ………077
川上、川中、川下（→アパレル産業）077
環境アセスメント ………077
環境映像 ………078
環境音楽 ………078

環境芸術 …………………078
環形蛍光ランプ …………078
環境デザイン ……………078
寒色 ………………………079
間接照明 …………………079
看板 ………………………079
観葉植物 …………………079
関連販売 …………………079

◆◆◆◆◆ キ ◆◆◆◆◆

キーテナント（→核店舗）………080
キーワード ………………080
機会損失 …………………080
旗艦店（→フラッグシップショップ）…080
企業イメージ ……………080
器具、ＭＰツール …………080
器具効率 …………………083
季節指数 …………………083
季節変動指数 ……………083
輝度 ………………………083
技能検定 …………………083
ギフト ……………………084
希望小売価格 ……………084
着物 ………………………084
客層 ………………………084
客単価 ……………………084
ギャザリング ……………085
キャスター ………………085
キャッシュアンドキャリー …085
キャッシュフロー ………085
キャッチフレーズ ………085
CAD（キャド）……………090
キャノピー ………………090
キャプション ……………090
キャラクターブランド …090
ギャラリー ………………090
キャンペーン ……………090
QSC（キュウエスシー）…091
キュビスム ………………091
競合 ………………………091
競合店調査 ………………091

経師（きょうじ）…………091
業種 ………………………091
狭照形照明器具 …………091
競争価格 …………………092
業態 ………………………092
共同仕入れ ………………092
鏡面仕上げ ………………092
局部照明（→重点照明）…092
清刷り（きよずり）………092
許容電流 …………………092
切出し ……………………092

◆◆◆◆◆ ク ◆◆◆◆◆

空間主義 …………………093
クーポン …………………093
躯体（くたい）……………093
口コミ ……………………093
靴 …………………………093
クライアント ……………093
クラスター分析 …………095
グラデーション配色 ……095
グラフィックデザイン …096
クリアランスセール ……096
クリエイティブリユース …096
クリスマス ………………096
クリック＆モルタル ……096
クリンリネス ……………097
グリッド …………………097
グリーンコンシューマー …097
グルーピング ……………097
グレア ……………………097
クロスオーバー …………097
クロスコーディネート …097
クロスセリング、クロスセル ……098
クロスマーチャンダイジング ……098
クロスメディア …………098
クローズドディスプレイ（→オープン
ディスプレイ）……………098

◆◆◆◆◆ ケ ◆◆◆◆◆

蹴上げ（けあげ）…………099

蛍光ランプ …………………099
蛍光ランプの光色 …………………099
経常利益 …………………099
計数管理 …………………099
形態安定加工 …………………099
景品表示法 …………………099
敬老の日 …………………100
決算 …………………100
下代（→上代）…………………100
原価 …………………100
減価償却 …………………100
建植看板（けんしょくかんばん）……100
懸垂幕（けんすいまく）…………………100
建築化照明 …………………100
現場調査 …………………100
検品 …………………100

◆◆◆◆ コ ◆◆◆◆

コアコンピタンス …………………101
光源 …………………101
広告 …………………101
交差比率 …………………101
広照形照明器具 …………………102
校正 …………………102
構成 …………………102
構成主義 …………………105
公正取引委員会 …………………105
光束 …………………105
後退色 …………………105
工程 …………………105
光度 …………………106
購買行動 …………………106
購買心理 …………………106
購買動機 …………………106
購買頻度 …………………106
購買力 …………………106
小売業 …………………106
交流 …………………107
コーキング材 …………………107
コーチング …………………107
コーディネート …………………107

コーディネート陳列 …………………107
コーティング加工 …………………107
コート …………………108
コーナーディスプレイ …………………110
コーペラティブチェーン …………………110
コーポレートアイデンティティ …110
ゴールデンスペース …………………110
ゴールデンライン（→ゴールデンスペース）
…………………110
顧客満足度 …………………110
５２週ＭＤ …………………110
個人消費支出 …………………111
コストパフォーマンス …………………111
五節句・五節供 …………………111
国旗 …………………112
固定資産 …………………114
固定費 …………………114
小道具（→プロップス）…………………114
こどもの日 …………………114
コピー …………………114
コマーシャルフォト …………………114
小間 …………………115
小間展示（→ブースディスプレイ）…115
小間割り …………………115
コミュニケーション …………………115
コモディティ …………………115
小紋 …………………115
コラージュ …………………115
コラボレーション …………………116
コルトン …………………116
コレクション …………………116
コロニアルスタイル …………………117
コンサバティブ …………………117
コンサルタント …………………117
コンサルティングセールス …………………117
コンシューマー …………………117
混色 …………………118
コンセプチュアルアート …………………118
コンセプト …………………118
コンセプトショップ …………………118
コンセッショナリーチェーン …………118

コンテ …………………………118
コンテンツ …………………………119
コンテンポラリー …………………119
ゴンドラ …………………………119
コントラスト …………………………119
コンビニエンスストア …………119
コンビネーションストア …………119
コンピュータアート …………………120
コンピュータグラフィックス（→CG）…120
コンプライアンス …………………120
コンペ …………………………120
コンペティター …………………120
コンポジション …………………120

◆◆◆◆◆ サ ◆◆◆◆◆

サーキュレーション …………………121
サイケデリックアート …………………121
在庫管理 …………………………121
サイズマーチャンダイジング …………121
最低陳列量（安全在庫）…………………121
サイバーパンク …………………121
サイン …………………………121
サイン照明 …………………………122
サウンドロゴ …………………………122
作業面 …………………………122
錯視 …………………………123
サステナブル …………………………123
サッシュ …………………………123
サバーバン地区 …………………123
サバンナ効果 …………………123
サプライチェーンマネジメント …………123
サプライヤー …………………124
サブスクリプション …………………124
サブリミナル広告 …………………124
三六（さぶろく）…………………124
三角形構成 …………………………124
三角スケール …………………………124
産業財産権 …………………………124
三原色 …………………………125
サンプリング …………………………125
サンプルケース …………………………125

◆◆◆◆◆ シ ◆◆◆◆◆

ＣＩ（シーアイ）（→コーポレートアイデン
ティティ）…………………………126
ＣＡＴ端末 …………………………126
ＣＭ（シーエム）…………………126
ＣＳ（シーエス）（→顧客満足度）……126
ＧＭＳ（ジーエムエス）（→ゼネラルマー
チャンダイズストア）…………………126
直付け形照明器具 …………………126
Ｇケース …………………………126
ＣＧ（シージー）…………………126
シアー素材 …………………………127
ＣＲＭ（シーアールエム）…………127
ＣＳＲ（シーエスアール）…………127
シースルーウィンドウ …………………127
シースルールック …………………127
シーズンショップ …………………127
シーズンディスプレイ …………………127
シーズンマーチャンダイジング …………127
Ｃ to Ｃ（シーツーシー）…………127
シーリングディスプレイ …………………127
仕入管理 …………………………128
仕入計画 …………………………128
仕入原価 …………………………128
シェア（→AISAS、ARASL、市場占有率）…128
ジェネリックブランド …………………128
ジェネレーティブデザイン …………128
シェルフディスプレイ …………………128
ジェンダーレス …………………………128
ジオラマ …………………………129
紫外線 …………………………129
視覚言語 …………………………129
視覚伝達 …………………………129
視覚誘導 …………………………129
視感度 …………………………129
色彩 …………………………130
色彩計画 …………………………130
色彩照明 …………………………130
市場価格 …………………………130
市場細分化 …………………………130

市場占有率 ……………………131
自主マーチャンダイジング ………131
ＪＩＳ（ジス） ………………131
ＪＩＳ照度基準 ………………131
システム天井照明器具 ………132
シズル ……………………132
実演販売 ……………………132
実測 ……………………132
シナジー効果 ………………132
品揃え ……………………132
死に筋商品 …………………132
シミュレーション ……………134
下手（しもて）（⇔上手かみて）……134
視野 ……………………134
紗（しゃ） …………………134
借景 ……………………134
ジャケット …………………134
遮光角 ……………………134
ジャージー …………………137
ＪＡＳ（ジャス） ………………137
シャツ、ブラウス ……………137
シャネルスーツ ………………137
紗幕（しゃまく） ……………137
シャワー効果 ………………139
ＪＡＮ（ジャン）コード ………139
ジャンクアート ………………139
シャンデリア ………………139
什器 ……………………140
十五夜 ……………………142
集中仕入れ …………………142
集中仕入れ方式 ……………143
重点照明 ……………………143
重点販売商品 ………………143
修復士 ……………………143
秋分の日 ……………………143
シュールレアリスム ……………143
主通路 ……………………144
主力商品 ……………………144
シュリンクパック ………………144
純色 ……………………144
春分の日 ……………………144

純利益 ……………………144
書院造り ……………………144
正月 ……………………145
商業施設 ……………………145
商業デザイン ………………145
商圏 ……………………145
障子（しょうじ） ……………145
仕様書 ……………………146
上代、下代（じょうだい、げだい）…146
商店街 ……………………146
照度 ……………………146
衝動買い ……………………146
照度のバランス ………………147
消費財 ……………………147
消費者インセンティブ …………147
消費者行動 …………………147
消費者プロモーション （→セールスプロ
モーション） …………………147
消費生活センター ……………147
消費者の権利 ………………147
消費動向 ……………………148
商品 ……………………148
商品回転率 …………………148
商品広告 ……………………148
商品構成 ……………………148
商品照明 ……………………149
商品装飾展示 ………………149
商品装飾展示技能検定 ………149
商品装飾展示技能士 …………149
商品分類 ……………………150
照明器具 ……………………150
照明制御システム ……………150
照明設計 ……………………150
照明設備電気容量 ……………150
ショーイング …………………150
ショーウィンドウ ……………151
ショーウィンドウディスプレイ …151
ショーカード …………………151
ショールーム …………………151
ショールーミング ……………151
ショッピングセンター（ＳＣ） ………151

ショルダーアウト（→スリーブアウト）…152
シルバーマーケット ……………152
シングルライナー ……………152
芯材、心材 ……………………152
進出色 …………………………152
芯芯、心心、真真 ……………152
新造形主義 ……………………152
寝殿造り ………………………152
シンプル ………………………153
シンボルゾーン ………………153
シンボルタワー ………………153
シンボルマーク ………………153
シンメトリー …………………153

◆◆◆◆◆ ス ◆◆◆◆◆

水平面照度 ……………………154
スーツ …………………………154
スーパーグラフィック ………156
スーパースーパーマーケット …156
スーパーストア ………………156
スーパーセンター ……………156
スーパーバイザー ……………156
スーパーマーケット …………156
スーパーリアリズム …………156
スウェットシャツ ……………157
スカート ………………………157
スカルプチュアヘア …………159
スキャナ ………………………159
スクエアショルダー …………159
スクラップアンドビルド ……159
スケール ………………………159
スケッチ ………………………159
筋交い（すじかい）……………159
スタイリスト …………………159
スタジオ ………………………160
スタンダード商品 （→定番商品）…160
スタンディング ………………160
スチレンボード ………………160
ステイタス商品 ………………160
ステージ ………………………160
ステープル商品 ………………160

ステッカー ……………………160
ステマ …………………………161
ステンドグラス ………………161
ストアイメージ ………………161
ストアコンセプト ……………161
ストアコンパリゾン …………161
ストアブランド ………………161
ストアロイヤルティ …………161
ストアロケーション …………162
ストリートディスプレイ ……162
ストリートファッション ……162
ストリートファニチュア ……162
ストリームライン ……………162
スパッツ ………………………162
スプリンクラー ………………162
スプレーガン …………………163
スペシャリティストア（→専門店）…163
スポッター （→POP広告）………163
スポット商品 …………………163
スポットライト ………………163
スポーツの日 …………………163
スポンサー ……………………163
スラブ …………………………163
３Ｄプリンター（スリーディープリンター）
………………………………163
スリット ………………………164
スリーブアウト ………………164
スローガン ……………………164
スローフード …………………164

◆◆◆◆◆ セ ◆◆◆◆◆

生活文化提案産業 ……………165
成人の日 ………………………165
製造物責任法（ＰＬ法）………165
聖バレンタインデー …………165
製販同盟 ………………………165
セールスコーディネーター …166
セールスプロモーション ……166
セールスポイント （→セリングポイント）
………………………………166
赤外線 …………………………166

積算 ……………………………166
石庭 ……………………………166
セグメント ……………………166
施工 ……………………………166
施工計画 ………………………166
施工図 …………………………167
施工費 …………………………167
設計図 …………………………167
接着剤 …………………………167
セッティング …………………167
Z世代 …………………………167
節分 ……………………………167
ゼネコン ………………………167
ゼネラルマーチャンダイズストア …168
セパレーション ………………168
セリングポイント ……………168
セルフサービス ………………168
セルフセレクション …………168
セレクト ………………………168
繊維の分類（→ファッションマテリアル）
………………………………169
潜在購買力 ……………………169
潜在需要 ………………………169
千社札（せんしゃふだ、せんじゃふだ）…169
前進立体陳列 …………………169
鮮度管理 ………………………169
セントラルバイイングシステム（→集中
仕入れ方式）…………………169
全般拡散照明 …………………169
全般照明 ………………………169
専門商社 ………………………170
専門店 …………………………170
専門品 …………………………170

◆◆◆◆◆ ソ ◆◆◆◆◆

造花 ……………………………170
造作（ぞうさく）………………170
ソーシャルコマース …………170
ソーシャルネットワーキングサービス（S
NS）…………………………170
装飾 ……………………………171

装飾照明 ………………………171
ゾーニング ……………………171
ゾーンマーチャンダイジング …171
素材・素材の種類 ……………171
袖 ………………………………176
ソフトウェア …………………176
損益計算書 ……………………176
損益分岐点 ……………………178

◆◆◆◆◆ タ ◆◆◆◆◆

ターゲット ……………………178
ターミナルデパート …………178
タイアップ広告 ………………178
大規模小売店舗立地法（大店立地法）…179
第三セクター …………………179
貸借対照表 ……………………179
タイトル ………………………179
ダイバーシティ ………………179
タイポグラフィ ………………179
対面販売 ………………………180
ダイレクトマーケティング …180
ダウンサイクル ………………180
ダウンライト …………………180
タキシード ……………………180
タグ ……………………………181
竹の子族 ………………………181
タスク照明 ……………………181
ダダイズム ……………………181
タッキング ……………………181
たたむ （→フォールデッド、マーチャン
ダイズプレゼンテーション）………182
タック …………………………182
縦割り陳列 ……………………182
棚卸し …………………………182
七夕 ……………………………182
棚割り …………………………182
多品種少量生産 ………………182
タブロイド判 …………………183
太柄（だぼ）……………………183
ダミーモデル …………………183
多目的ホール …………………183

団塊ジュニア …………………183
暖色 …………………………183
単品 …………………………183

◆◆◆◆◆◆ チ ◆◆◆◆◆◆

地域一番店 …………………184
チェーンオペレーション …………184
チェーンストア …………………184
父の日 …………………………184
知的財産権 …………………184
チャネル ………………………185
チャールズ・イームズ ………186
チャールズ・レニー・マッキントッシュ…186
中間色 …………………………187
中間決算 ……………………187
昼光照明 ……………………187
チュニック ……………………187
鳥瞰図（ちょうかんず） ………187
調光器 ………………………187
重陽（ちょうよう）の節句 ………188
直接照明 ……………………188
直流 …………………………188
著作権 ………………………188
陳列 …………………………188

◆◆◆◆◆◆ ツ ◆◆◆◆◆◆

衝立（ついたて） ……………189
突き出し陳列 …………………189
ツーバイフォー工法 …………189
ツーウェイ・コミュニケーション …189
付下げ（つけさげ）……………189
包む（→包装）………………189
坪効率（→売場販売効率）………189
つるし …………………………189

◆◆◆◆◆◆ テ ◆◆◆◆◆◆

DIY店（→ホームセンター）…190
DX（ディーエックス）（→デジタルトラ
ンスフォーメーション）…………190
DM（ディーエム）………………190
DNVB（ディーエヌブイビー）………190

DCブランド …………………190
D to C（ディーツーシー）…………190
定価 …………………………191
定尺（ていじゃく）……………191
ディスカウントストア …………191
テイスト ………………………191
ディスプレイ …………………192
ディスプレイカード …………192
ディスプレイツール（→器具、MPツー
ル、プロップス）………………192
ディテール ……………………192
ディナードレス ………………192
定番商品 ……………………192
ディベロッパー ………………193
ディレクターズスーツ …………193
テーブルセッティング …………193
テーブルトップ ………………200
テーマ …………………………200
テーマカラー …………………200
テーマタワー …………………200
テーマディスプレイ …………200
テーマパーク …………………201
デカール ………………………201
デカルコマニー ………………201
テキスタイル …………………201
適正在庫 ……………………201
テクスチュア …………………201
テグス …………………………201
テグスの結び方 ………………203
テクナメーション ……………203
テクノ …………………………203
デコルテ ………………………203
デコレーション（→装飾）………203
デコレーター …………………203
デザイン ………………………205
デザインポリシー ……………205
デジタルサイネージ …………205
デジタルトランスフォーメーション…205
デッドストック ………………205
デットスペース ………………206
テナント ………………………206

デパートメントストア（→百貨店）…206
デフォルメ …………………………206
デマンド ……………………………206
デメリット表示 ……………………206
デモンストレーション ……………206
デリカテッセン ……………………207
テリトリー …………………………207
デリバリー …………………………207
テレビショッピング ………………207
電圧 …………………………………207
天蓋（てんがい）……………………207
電球形蛍光ランプ …………………207
展示（→ディスプレイ）……………208
天竺様（てんじくよう）……………208
天井 …………………………………208
天井高 ………………………………209
天井灯 ………………………………209
店頭ディスプレイ …………………209
天板 …………………………………209
店舗演出 ……………………………209
店舗診断 ……………………………209
展覧会、展示会 ……………………209
電流 …………………………………210
電力 …………………………………210

◆◆◆◆◆◆ ト ◆◆◆◆◆◆

戸 ……………………………………210
ドイツ工作者連盟 …………………212
道具帖 ………………………………213
投光器 ………………………………213
投光照明 ……………………………213
動線 …………………………………213
導線 …………………………………213
ドゥブルビエ（→ピンワーク）………214
トークンディスプレイ ……………214
トーナル配色 ………………………214
トーン ………………………………214
トーンイントーン …………………214
トーンオントーン …………………214
床の間 ………………………………215
床柱 …………………………………215

都市計画法 …………………………215
トピアリー …………………………215
ドミナントエリア …………………215
ドミナントカラー配色 ……………215
ドミナントトーン配色 ……………216
留袖 …………………………………216
ドラックストア ……………………216
トラッド ……………………………216
トルソ（→ボディ）…………………216
トレーシングペーパー ……………216
ドレーピング ………………………216
ドレスアップ ………………………217
ドレスダウン ………………………217
ドレッシー …………………………217
トレンド ……………………………217
トロンプルイユ ……………………217
緞帳（どんちょう）…………………217
問屋 …………………………………217

◆◆◆◆◆◆ ナ ◆◆◆◆◆◆

内見会 ………………………………218
内食、中食 …………………………218
内装工事 ……………………………218
長押（なげし）………………………218
名古屋帯 ……………………………218
梨地（なしじ）処理 …………………219
ナショナルチェーン（→チェーンスト
ア）……………………………………219
ナショナルトラスト ………………219
斜め包み ……………………………219
ナショナルブランド ………………219
ナチュラルショルダー ……………219
七草 …………………………………219
ナプキン（→テーブルセッティング、ナ
プキンのたたみ方）…………………219

◆◆◆◆◆◆ 二 ◆◆◆◆◆◆

ニーズ ………………………………220
二重（にじゅう）……………………220
ニッチ産業 …………………………220
ニュートラルカラー ………………220

ニューノーマル …………………220
ニューペインティング …………221
人工（にんく）…………………221

◆◆◆◆◆ ヌ ◆◆◆◆◆

ヌーヴォーレアリスム ……………221
布、布帛（ふはく）………………221

◆◆◆◆◆ ネ ◆◆◆◆◆

ネイバーフッドショッピングセンター …222
値入率（ねいれりつ）……………222
ネオ・ダダ ………………………222
ネオン管 …………………………222
ネオンサイン ……………………222
ネクタイの結び方 ………………222
値ごろ ……………………………224
ネックライン ……………………224
年中行事と歳時 …………………225

◆◆◆◆◆ ノ ◆◆◆◆◆

ノウハウ …………………………226
ノーブランド ……………………226
ノーマライゼーション …………226
熨斗（のし）………………………226
熨斗紙（のしがみ）………………226
ノスタルジック …………………226
ノット ……………………………226
ノベルティ ………………………226
のみの市 …………………………227
暖簾（のれん）……………………227

◆◆◆◆◆ ハ ◆◆◆◆◆

パースペクティブドローイング …227
パーソナルギフト（→ギフト）………227
パーソナルマーケティング ………227
バーチャルリアリティ ……………228
パーティション …………………228
ハートビル法（→バリアフリー）…228
ハーフミラー ……………………228
ハーモニー ………………………228
バイイング ………………………228

バイオマス ………………………228
バイオマスプラスチック …………229
売価 ………………………………229
ハイタッチ ………………………229
配置（→レイアウト）……………229
ハイテック ………………………229
ハイテク …………………………230
ハイブリッド ……………………230
バイヤー …………………………230
ハウスウエア ……………………230
バウハウス ………………………230
羽織 ………………………………231
袴（はかま）………………………231
白熱電球 …………………………231
博物館 ……………………………231
博覧会 ……………………………231
箱馬（はこうま）…………………232
箱ショップ ………………………232
バジェット商品 …………………232
柱巻き ……………………………232
旗 …………………………………232
バッグ ……………………………232
バックライティング ……………235
パッケージデザイン ……………235
パディング ………………………235
パテント …………………………235
バナー ……………………………235
バナー広告 ………………………236
花祭り ……………………………236
パネル ……………………………236
パノラマ …………………………236
母の日 ……………………………236
パビリオン ………………………236
パフォーマンスアート …………236
パブリシティ ……………………237
パブリックスペース ……………237
パブリックリレーションズ ………237
パラペット ………………………238
バランス …………………………238
梁（はり）…………………………238
バリアフリー ……………………238

バリエーション ……………238
張りぼて ……………………238
バリュージャーニー …………238
パルス型消費 ………………239
パレートの法則 ………………239
ハロウィーン …………………239
ハロゲン電球 …………………239
バロック ……………………239
パワーセンター ………………240
ハンガーディスプレイ（→ハンギング）…240
ハンガーラック ………………240
半間接照明 …………………240
ハンギング …………………240
パンクファッション …………240
版下 …………………………241
反射 …………………………241
反射形電球 …………………241
反射率 ………………………241
半直接照明 …………………241
パンツ ………………………242
販売管理 ……………………243
販売促進（→セールスプロモーション）243
販売チャネル政策 ……………243
半幅帯 ………………………244

### ヒ

ＰＲ（→パブリックリレーションズ）244
ＰＬ法（→製造物責任法）……244
ＰＯＰ（ピーオーピー、ポップ）（→ポップ広告）……………………244
ＢＧＭ（ビージーエム）………244
ＰＣＣＳ（ピーシーシーエス）…244
Ｂ to Ｃ（ビーツーシー）………245
Ｂ to Ｂ（ビーツービー）………245
ＰＰ（ピーピー）（→ポイントオブセールスプレゼンテーション）……………245
ビーム角、ビーム開き ………245
比較広告 ……………………245
光 ……………………………246
光天井 ………………………246
光ファイバー …………………246

ピクトグラム …………………246
ビジュアライズ ………………247
ビジュアルアイデンティティ …247
ビジュアルコミュニケーション（→視覚伝達）………………………247
ビジュアルサイン ……………247
ビジュアルデザイン …………247
ビジュアルプレゼンテーション …247
ビジュアルマーチャンダイザー …247
ビジュアルマーチャンダイジング …248
ビスチェ ……………………249
ビッグデータ …………………249
必需品 ………………………249
ヒッピー ……………………249
美的形式原理 ………………249
雛壇（ひなだん）……………250
雛祭り ………………………250
ピニング ……………………251
百貨店、デパートメントストア …251
ピュリスム …………………251
表現主義 ……………………251
表色系 ………………………252
平台 …………………………252
平場 …………………………252
ピン …………………………252
品質表示 ……………………252
品種 …………………………252
ピンナップ …………………255
ピンワーク …………………255

### フ

ファイバーワーク ……………255
ファサード …………………255
ファストファッション …………255
ファッショニスタ ……………255
ファッショニング（→フルファッショニング ………………………256
ファッション …………………256
ファッショングッズ …………256
ファッションサイクル …………256
ファッション産業 ……………256

ファッション商品 ……………256
ファッションマテリアル …………257
ファド（→ファッション）…………257
ファニチャー ………………257
ファネル ……………………257
ファンシーグッズ …………257
ＶＲ（ブイアール）…………257
ＶＭＤ（→ビジュアルマーチャンダイジング）
………………………………257
ＶＭＤコーディネーター ………257
ＶＭＤディレクター …………257
フィッシャーマンズセーター ………260
ＶＰ（→ビジュアルプレゼンテーション）
………………………………260
ブースディスプレイ …………260
フードコート ………………260
ブーム （→ファッション）…………260
フェアトレード ……………260
フェイシング ………………260
フェイスアウト ……………261
フェミニン …………………261
フォークロアファッション …………261
フォーマット ………………261
フォーマルウエア …………261
フォーミング ………………261
フォールデット ……………261
付加価値 ……………………262
吹き抜け ……………………263
袋帯 …………………………263
ブックデザイン ……………263
ブティック …………………263
プライスゾーン ……………263
プライスライン ……………263
ブライダルマーケット ………264
プライベートブランド ………264
フライヤー …………………264
フライング …………………264
ブラインド …………………264
プラカード …………………264
ブラケット …………………265
フラッグシップショップ ………265

ブラックライト ……………265
フラッシュパネル …………265
プラノグラム ………………265
フランチャイズチェーン ………265
ブランディング ……………265
ブランド ……………………266
ブランドロイヤルティ ………266
フリーマーケット …………266
振袖 …………………………266
プリペイドカード …………266
プリミティブ ………………266
フルファッショニング ………267
ブレインストーミング ………267
フレキシブル ………………267
フレスコ ……………………267
プレステージ ………………267
プレスルーム ………………267
プレゼンテーション …………267
プレタポルテ ………………268
プレッピー …………………268
プレミアム …………………268
フレンチアイビー …………268
フロアディスプレイ …………268
フローチャート ……………268
ブロードバンド ……………268
フローリング ………………269
プロジェクションマッピング ……269
プロジェクト ………………269
プロダクトアウト、マーケットイン …269
プロダクトイメージ …………269
プロダクトライフサイクル ………269
プロップス …………………270
プロデューサーシステム ………270
プロパー ……………………271
プロポーション ……………271
プロモーション ……………271
プロモーションミックス ………271
文化の日 ……………………271
分光分布 ……………………271

## ヘ

ベアファッション …………………272
ヘアライン仕上げ …………………272
平面表示記号 ………………………272
ベーシック商品（→定番商品）………272
ベース照明（→全般照明）…………272
ベースカラー ………………………272
ペーパースカルプチャー …………272
壁面ディスプレイ （→ウォールディスプ
レイ）…………………………………272
兵児帯（へこおび）…………………272
ベターゾーン ………………………272
ベネフィット ………………………279
ベンダー ……………………………279
ペンダント …………………………279
ベンチャービジネス ………………279

## ホ

ポイントオブセールスプレゼンテーション…280
帽子 …………………………………280
包装 …………………………………280
訪問着 ………………………………280
飽和市場 ……………………………280
ホームインプルーブメントストア …287
ホームセンター ……………………287
ホールセールクラブ ………………287
ポジショニング ……………………287
ＰＯＳシステム ……………………287
ボックスストア ……………………288
ポップアート ………………………288
ポップアップ広告 …………………288
ポップアップストア ………………288
ポップ広告、POP 広告 ……………288
ボディ、トルソー …………………290
ボディコンシャス …………………290
ポラロイドカメラ …………………290
ボランタリーチェーン ……………290
ボリュームゾーン …………………290
ホログラム …………………………292
盆 ……………………………………292

## マ

マーク ………………………………292
マークダウン ………………………292
マーケット …………………………292
マーケットイン（→プロダクトアウト）…293
マーケットセグメンテーション ……293
マーケティング ……………………293
マーケティング戦略 ………………293
マーケティングミックス …………294
マーチャンダイザー ………………294
マーチャンダイジング ……………294
マーチャンダイズプレゼンテーション（MP）
………………………………………294
マーチャンダイズプレゼンテーション（MP）
の表現方法 …………………………295
マインド ……………………………297
マウント ……………………………297
マグネット効果 ……………………297
柾目（まさめ）………………………297
マスキングテープ …………………297
マスコミ ……………………………297
マス陳列 ……………………………297
マスメディア ………………………297
マズローの欲求段階説 ……………298
マッキントッシュ（→チャールズ・レニー・
マッキントッシュ）…………………298
祭り …………………………………298
マニッシュ …………………………298
マニュアル …………………………298
マヌカン ……………………………298
マネキン ……………………………299
丸帯 …………………………………299
マルチプルアド ……………………299
マンセル表色系 ……………………301

## ミ

見返し ………………………………302
見切り材 ……………………………302
水引（みずひき）……………………302
ミスマッチ …………………………303

見せ筋商品 ……………………303
ミッシー ………………………303
見積り …………………………303
ミニマルアート ………………303
ミレニアル世代 ………………303
見開き …………………………303
見本市 …………………………303

## ム

ムービングディスプレイ ……304
無彩色 …………………………304
結ぶ ……………………………304
無店舗販売 ……………………304

## メ

メガネフレームの種類 ………304
目地（めじ） …………………305
メタバース ……………………305
鍍金（めっき） ………………305
メディアミックス ……………305
メロウカラー …………………305
メンテナンス …………………306
面取り …………………………306
メンフィス ……………………306

## モ

モアレ …………………………307
モーションディスプレイ ……307
モード …………………………307
モーニングコート ……………307
モール …………………………307
モールディング ………………308
模型 ……………………………308
モザイク ………………………308
モダンアート …………………308
モチベーション ………………308
モチーフ ………………………308
モックアップ …………………308
モッズ …………………………309
モデュール ……………………309
モニター ………………………309

モニュメント …………………309
モノグラム ……………………309
モノトーン ……………………309
喪服 ……………………………310
最寄り品 ………………………310
モルタル塗り …………………310
文様（もんよう） ……………310

## ヤ

八百屋飾り ……………………312

## ユ

有機ＥＬ(有機エレクトロルミネッセンス)
　　　　　　　　　　　　……312
ユーザーエクスペリエンス …313
ＵＶカット ……………………313
浴衣（ゆかた） ………………313
ユニセックス …………………313
ユニット什器 …………………313
ユニバーサルデザイン ………313
ユニバーサルファッション …314
ユニフォーム …………………314
ユビキタス ……………………314

## ヨ

ヨーロピアンカジュアル ……314
容器包装リサイクル法 ………314

## ラ

ライセンス生産 ………………315
来店頻度 ………………………315
ライティングダクト …………315
ライトアート …………………315
ライトアップ …………………315
ライフサイクル ………………315
ライフスタイル ………………316
ライフスタイルショップ ……316
ライフステージ ………………316
ライフタイムバリュー ………316
ライン …………………………316
ラック …………………………316

ラッピング（→包装） ……………316
ラフスケッチ ……………………316
ラベル ……………………………318
ラミネート加工 …………………318
ランドスケープ …………………318
ランニングコスト ………………318
ランニングストック ……………318

◆◆◆◆◆ リ ◆◆◆◆◆

リアプロジェクター ……………319
利益率 ……………………………319
リージョナルショッピングセンター…319
リージョナルチェーン（→チェーンストア）
　………………………………………319
リース ……………………………319
リーズナブル ……………………319
リーズナブルプライス（→値ごろ）…319
リードタイム ……………………319
リーフレット ……………………319
リクルートファッション …………320
リサイクルショップ ………………320
リサイクル法 ……………………320
リズム ……………………………320
リセエンヌルック ………………320
立地 ………………………………320
リテイラー ………………………320
リニューアル、リモデル …………320
リピーター ………………………321
リピート構成 ……………………321
リフレッシュ （→リニューアル、リモデル）
　………………………………………321
リボン ……………………………321
リミテッドアソートメントストア …321
流行色 ……………………………321
流通チャネル ……………………322
量販店 ……………………………322

◆◆◆◆◆ ル ◆◆◆◆◆

ル・コルビュジエ ………………322
ルーバー …………………………323
ルック ……………………………323

ルックブック ……………………323

◆◆◆◆◆ レ ◆◆◆◆◆

レイアウト ………………………324
レイダウン ………………………324
レイヤードルック ………………324
レーザー光線 ……………………324
レオタード ………………………324
レギュラーチェーン （→チェーンストア）
　………………………………………324
レギンス …………………………324
レシピ ……………………………325
レジュメ …………………………325
レタリング ………………………325
レディメイド ……………………325
レトロファッション ……………325
レリーフ …………………………325
レンダリング ……………………325
レンタル …………………………325

◆◆◆◆◆ ロ ◆◆◆◆◆

ロイヤルティ、ロイヤリティ ……326
ロイヤルティ ……………………326
労働安全衛生規則 ………………326
ローカルチェーン （→チェーンストア）
　………………………………………327
ロードサイドショップ …………327
ロープ ……………………………327
ローブデコルテ …………………327
ローリングタワー ………………327
ロールスクリーン ………………327
ロールプレーイング ……………327
ロケーション ……………………328
ロココ ……………………………329
ロゴタイプ ………………………329
ロスリーダー ……………………329
ロット ……………………………329
ロハス ……………………………329
ロングセラー商品 ………………329

ワ

| | |
|---|---|
| ワードローブ | ……………………330 |
| Ｙ世代 | ……………………………330 |
| ワイヤー | …………………………330 |
| ワイヤースカルプチャー | …………330 |
| ワイヤリング | ……………………330 |
| ワゴンディスプレイ | ………………330 |
| 和装小物 | …………………………330 |
| ワンウエイコントロール | …………331 |
| ワンストップショッピング | ………331 |
| ワンピースドレス | …………………331 |
| ワン（ツー）プライスストア | ………331 |
| ワンツーワンマーケティング | ………331 |
| ワンブランドショップ | ……………331 |
| ワンポイントディスプレイ | …………331 |

素材の種類

| | |
|---|---|
| 木材 | …………………………171 |
| 竹材 | …………………………172 |
| 化粧板 | ………………………172 |
| 籐材 | …………………………172 |
| 合板 | …………………………172 |
| 積層材、集成材 | ………………172 |
| 繊維板 | ………………………172 |
| ＭＤＦ（エムディーエフ、中密度繊維板） | |
| | ……………………………173 |
| パーティクルボード | …………173 |
| ベニヤ板 | ……………………173 |
| 金属材料 | ……………………173 |
| 石材 | …………………………173 |
| 砂材 | …………………………173 |
| ガラス | ………………………174 |
| れんが | ………………………174 |
| タイル | ………………………174 |
| セラミックブロック | …………174 |
| セメント、石膏製品 | …………174 |
| ＦＲＰ（エフアールピー） | …………174 |
| 床材 | …………………………174 |
| カーペット | …………………175 |
| 畳 | ……………………………175 |
| 紙製壁装材 | …………………175 |
| 布製壁装材 | …………………175 |
| 塗料材料 | ……………………175 |
| プラスチック | ………………175 |
| バイオマスプラスチック | …………176 |
| 発泡スチロール | ………………176 |

## アーケード

（arcade）

ローマ時代のコロセウムなどに見られる、柱列に支えられた連続するアーチによる屋根、あるいはヴォールト（かまぼこ形をした屋根）によっておおわれた通路空間。その後、雨よけのためにテントを付けたり、歩道をおおったりしたものもアーケードと呼ぶようになった。

## アースカラー

（earth color）

大地の色ということから、砂、土、樹木などの自然の色を総称していう。サンドベージュ、イエローオーカー、カーキ、アースブラウンなどが代表色。アーシーカラー（earthy color）ともいう。

## アースワーク

（earth work）

1960年代、アメリカに起きた前衛芸術の一つの動向。茫漠とした自然の中に穴や溝を掘り、湖に螺旋形の堤を造るなどして、広大なスケールで人間の作為の痕跡をとどめ、自然との交流の中から人間性を回復しようとする試み。写真や図面、言葉や映像によって伝えられるこの芸術のあり方は、コンセプチュアルアートを生むことになった。類似語にランドアートがある。

## アーチ

（arch）

弓形、半円形のもの。石造などの組積造（そせきぞう）の開口部処理に、上部荷重を支えるために弓形に積んだ構造。装飾用の門やモニュメントで、このような形状のものもアーチという。

[代表的なアーチの種類]

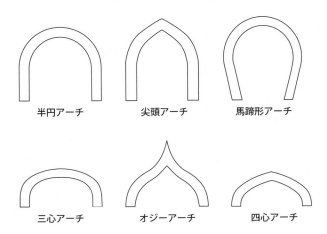

半円アーチ　　尖頭アーチ　　馬蹄形アーチ

三心アーチ　　オジーアーチ　　四心アーチ

## アートディレクション
（art direction）

　内装、広告、グラフィックデザイン、装幀、パッケージ、販売促進や空間演出などにおいて、コンセプトに基づき視覚表現の一定レベルを維持管理すること。また、これらを統括、管理し、美術表現、芸術表現を用いた総合演出を手がける人をアートディレクターという。

## アーリーアメリカン
（Early American）

　アメリカがイギリスの植民地であった時代（18世紀後半）の、あるいは西部開拓時代の風俗、生活様式、建築様式をいう。ファッションとしては、エプロンドレス、ペザントスカートなどの実用的で素朴な衣料、地味な色調の木綿の小花プリント、バンダナなどがある。ウエスタンスタイルを含めることもある。

## RFID（アールエフアイディー）

　Radio Frequency Identificationの略称。近距離の電波や電磁波による無線通信を用いて、情報が埋め込まれたRFタグのデータを非接触で読み書きする技術全般を指す。RFタグは、樹脂フィルム上にアンテナ付きのICチップを配置してラベル化し、これを使用用途に応じてタグ型に加工されたもの。商品管理、物流管理、書類管理、入退場管理などに応用されている。

## アールデコ
（art déco 仏）

　パリを中心とする1920〜30年代の装飾様式で、当時アメリカ合衆国でも人気を博したデザインスタイル。1925年パリで開かれた「現代装飾美術・産業国際展（通称アールデコ展）」がその名の由来。シンプルな幾何学図形を用いた直線的表現に特徴があり、大量生産時代の装飾様式として、建築、インテリア、家具、食器、ファッション、グラフィックなどに影響を与えた。

## アールヌーヴォー
（art nouveau 仏）

　新芸術の意味で、19世紀末から20世紀初頭にかけてフランス、ベルギーを中心に広く国際的な流行をもたらした装飾様式。建築や工芸において、一時は世界の流行となった。動植物などをモチーフにし、優美で流れるような曲線を主体とする自由な意匠に特徴がある。

　エクトール・ギマールによるパリ地下鉄入口門や住宅、エミール・ガレのガラス器、ルネ・ラリックの宝石、石版印刷によるアルフォンス・ミュシャのポスターなどがよく知られており、家具にも特徴的なものが多い。

## ISO（アイエスオー）

　ISO（アイソ、アイエスオー、イソ）とはInternational Organization for Standardizationの略称で、国際標準化機構のこと。この機構

が定めているのが ISO 規格であり、電気分野を除く工業分野の国際的な標準規格を策定する非営利団体である。

ISO9000 シリーズは品質保証を含んだ顧客満足の向上を目指すための規格であり、ISO14001 とは、環境保全に関する規格で、企業（組織）の活動、製品及びサービスによって生じる環境への負荷の低減を、持続的に実施するシステムを構築するために要求される規格として、広く知られている。

## IoT（アイオーティー）

Internet of Things の略称で、「モノのインターネット」のこと。パソコンやスマホなどのモバイル端末からインターネットに接続するように、デジタル化の発達によって家電や自動車のような「モノ」がインターネットに接続される技術を指す。モノに搭載されたセンサーやカメラ、無線機能によってモノの使用状況をデータとしてインターネットを介して遠隔地に伝達し、計測、制御、状況判断などに繋げ、モノ同士の通信も可能となり、モノの新たな付加価値にもなっている。

## アイキャッチャー

（eye catcher）

人目をひくもの。アイストッパーともいう。人目をひく、注目を集める、注意をひくなど、注視性を高めて視覚から購買に結びつける効果を期したもの。聴覚も含めたアテンションゲッター（attention getter）と同意。特にイラストレーションや写真、強調された文字、その他注意を引く仕掛けなどにより、その機能を果たすものをいう。

## AISAS（アイサス）
## ARASL（アラスル）

インターネットやスマートフォン、SNS の普及により消費者行動は著しく変化を遂げ、その購買行動プロセスは従来の AIDMA の法則では分析できない時代を迎えている。時代の流れとともに〈AIDMA → AISAS → ARASL〉と、プロセスモデルは変化してきている。

AISAS は、インターネット普及後の購買行動プロセスを説明するモデルとして 2004 年に電通が提唱したもの。Attention（注意）→ Interest（興味）→ Search（検索）→ Action（購買）→ Share（情報共有）の頭文字による略語。〈Search〉は、製品やサービスに関心をもった消費者が、購入前に検索サービスや SNS などで情報を入手すること。また〈Share〉は、ブログや SNS、クチコミサイトなどで、製品やサービスの感想などの情報を共有するプロセスを示している。

ARASL は、O2O 時代の新しい消費者行動に対応し、主にスマートフォンでの購買を想定した心理プロセスモデルとして野村総合研

究所が提唱したもの。Attention（認知）→ Reach（送客）→ Action（購買・利用）→ Share（共有）→ Loyal（再利用）の頭文字による略語。〈Attention〉は認知の意で、スマートフォンの AR 機能や位置情報サービスにより、検索しなくても自動的に情報が通知される状況を示している。〈Reach〉は、スマートフォンの地図やナビゲーション機能で、現在地から店舗まで迷わず誘導されること。〈Loyal〉は、ポイントやゲームの楽しみを利用した仕掛けなどによって、店舗を継続して利用することを示している。

## アイソタイプ
（ISOTYPE）

International System of Typographic Picture Education の略。文字や数字を使わずに表す、子供の視覚教育を目的として簡約させた国際的な絵記号、絵言葉のこと。

1920 年代にオーストリア、ウィーンのオットー・ノイラート博士によって考案され、デザイナーのゲルト・アルンツが形象化した。現在では絵言葉、絵記号、絵文字、サイン、シンボル、グラフィック、ピクトグラム、セマント・グラフィなど、種々の名称や記号がある。
（→ピクトグラフ）

## アイソメ

アイソメトリック図の略称。立体を斜め上からの視点で見た俯瞰図（ふかんず）の一種で等角投影図ともいう。立体を視覚的に分かりやすく表現できるので、室内空間や建築の階層表示などに用いられる。水平線に接する平面図（床面）の直角部分を 120°になるように作図し、左右 30°で配置したものに、水平線と直角に高さの寸法を記入する。
（→パースペクティブドローイング、アクソメ）

［アイソメ図］

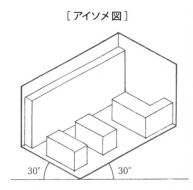

## ＩＴ（アイティー）
## ＩＣＴ（アイシーティー）

IT は、Information Technology（情報技術）の略。コンピュータ、インターネット、携帯電話などによる、情報処理や通信に関する技術の総称。

ICT は、Information and Communication Technology（情報通信技術）の略。IT（情報技術）に通信コミュニケーションの重要性を加え、IT の概念をさらに一歩進めたものである。国際的には IT よりも ICT が広く使われている。

## アイディア

（idea）

考え、思いつき、観念また個人の具体的な着想などのこと。デザイン用語では、考案、着想、構想のことを指す。アイデアは、人間をとりまく環境や過去の体験に基づき触発、開発される。

## アイテム

（item）

品目のことで、商品の数量管理上の最小分類単位である。商品管理での最小単位は単品（SKU）といい、品目とは区別している。（→SKU）

## アイテムショップ

（item shop）

小売業態の一つで特定のアイテムを強化し集約した品揃えで展開している店舗をいう。消費者ニーズの高い商品や店のこだわり商品などの品揃えが特徴となっている。

## アイテムプレゼンテーション

（item presentation、IP）

アイテムとは品目のことで、個々の商品を指す。アイテムプレゼンテーションとは、品目別に品揃えした商品を色、柄、デザイン、サイズ、素材等の基準で分類、整理し、見やすく、分かりやすく、選びやすく配置、配列した陳列表現のこと。またはそのように商品陳列されたスペース。

売り場でいちばん広い面積を占める商品プレゼンテーションである。棚、ハンガーラック、ガラスケースなど、商品を陳列するための什器で展開される。

## ＡＩＤＭＡ（アイドマ）
## ＡＩＤＡ（アイダ）
## ＡＩＤＣＡ（アイドカ）

ＡＩＤＭＡとは、消費者が購買に至るまでの心理移行の過程を「Attention（注目）→ Interest(興味) → Desire（欲望）→ Memory（記憶）→ Action（行動）」の５段階に分け、その頭文字を並べた略語。広告やディスプレイに注目し（A）、次にその内容や商品についてもっと詳しく知りたいと思い（I）、さらに、商品を欲しいと思う（D）。また広告の内容や商品情報を記憶しておき（M）、その上で購入に至る（A）、という心理プロセスモデルを示す。1920年代に米国のローランド・ホールが提唱し、日本では「アイドマの法則」として広まった。

ＡＩＤＡは「Attention（注目）→Interest(興味)→Desire(欲望)→ Action（行動）」の４段階で示した購買心理プロセス。米国等ではAIDMA より AIDA が一般的に用いられている。

ＡＩＤＣＡは、AIDMAのM（記憶）をConviction（確信）のCに置き換えたモデルで、Cは購入による満足感を確信する段階を示す。

ＶＭＤにおいては、M（記憶）を除いた AIDA や AIDCA の心理プロセスが実際の売り場での消費者

購買行動にあてはまるため、MP展開「VP → PP → IP」の基本的な考え方や役割の説明に用いられる。これらのプロセスモデルに基づいて、消費者の各心理段階に対応したマーケティング戦略を組み立てることが重要である。

## IP
（→アイテムプレゼンテーション）

## アイビールック
（Ivy look）

アイビーとは蔦（つた）の意味。アメリカ東部の伝統ある8つの名門校によるフットボールのアイビーリーグから来た名称で、1950年代アメリカの代表的なキャンパスルックとして学生や卒業生が盛んに着用した背広スタイルのこと。

日本でも1950～60年代に流行した。上着は全体にソフトなシルエットで、ウエストを絞らないストレート型。ネクタイは細く、シャツはボタンダウンなどで、アメリカントラディショナルの典型。

## アイランドディスプレイ
（island display）

店舗内の通路で囲まれて独立している展示スペースのディスプレイ。四方から見えるため注目度が高いので、フロアのメインディスプレイとして使われる。周囲を人が回遊するので、必要な通路幅を確保しなければならない。

## アウトストアプロモーション

和製英語。ブランドや店舗の認知度を上げて購買行動に直接働きかけるマーケティング活動のうち、店内以外で行う販売促進活動のこと。テレビ、新聞、雑誌などのメディア向けのコマーシャル、折り込みチラシ、街頭などでのビジュアル告知、展示会、イベントのほか、近年はインターネット動画やSNSなどの利用も拡大している。インストアプロモーションとの組み合わせや連動により、相乗効果を図ることが可能。
（→インストアプロモーション）

## アウトソーシング
（outsourcing）

外注（がいちゅう）、外製（がいせい）ともいい、企業などが自社の業務のうち専門的なものについて、それをより得意とする外部の専門会社に委託すること。社内資源の有効活用や経費の節減を目的として行われる。外部委託ともいう。

## アウトフォーカス
（out focus）

被写体の強調ポイント以外の焦点を意図的に外し、ピントのボケた部分を作る撮影方法。一方、特殊レンズやフィルターなどを使って、ソフトなイメージ画像を作る技法はソフトフォーカスという。

## アウトレットストア
（outlet store）

メーカーや小売業の売れ残り品を低価格で処分する店舗をいう。本来は工場からの過剰生産品を販売したことに始まり、ファクトリーアウトレットストアと呼んだ。今日では、小売業者による通常と変わらない店舗環境とサービスのアウトレットストアだけを集積したリテールアウトレットモールが割安価格で人気を集めている。
（→オフプライスストア）

## アクションペインティング
（action painting）

1950年代、アメリカに起きた絵画の手法。抽象表現主義におけるジャクソン・ポロック、デ・クーニングに代表される。描く行為自体に重要性を与えることによって、ヨーロッパ風の自己表現を超えようとした。ニューヨークの美術評論家ハロルド・ローゼンバーグによる命名。ジョルジュ・マチュウは、日本の百貨店のショーウインドウを制作して話題を集めた。

## アクセントカラー
（accent color）

少量の色で他の色と対比させることによって全体を引き立たせる色のこと。配色全体に変化を与え、引き締める効果がある。

全体とのバランスを考えながら、色相とトーンに変化をつけ、小さい面積で使うことにより、アクセント効果を高める。またその部分に人の視線を引きつける効果もあ

る。VMDにおいても、主体色となるテーマカラーをより効果的に見せるアクセントカラーの役割は重要である。

## アクセント照明
（accent lighting）

ある特定の商品やビジュアルプレゼンテーションなどを強調するため、あるいは視野の一部に注意を引くようにするための指向性のある照明。ドラマチックな空間をつくる際に有効な手法である。

## アクソメ

アクソノメトリック図の略称。立体を斜め上からの視点で見た俯瞰図（ふかんず）で、平行投影図の一種。アクソメはアイソメのうちの一種である。平面図をそのまま水平線に対して30°に配し、高さの寸法を垂直に記入する。
（→パースペクティブドローイング、アイソメ）

[アクソメ図]

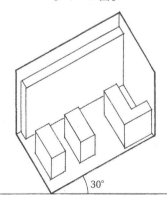

## 足場

工事現場で高所への材料運搬、作業員の通路、足掛かりとして設けるもの。鉄製のパイプを使った組み立て式の足場を、業界用語で「イントレ」と呼んでいる。「イントレランス」という映画の撮影時、スポットライトなどを設置するために仮設の組み立て足場を多用したことから呼ぶようになった。

架設に際しては労働安全衛生規則（2編4章）に従わなければならない。

## アシンメトリー

（asymmetry）

非対称、不均整の意味。中心に対し、左右、上下が同形ではないものをいう。安定感を避け、動的な造形上の効果を生む。
（⇔シンメトリー）

## アスレジャー

（athleisure）

アスレチック（athletic）とレジャー（leisure）を組み合わせた造語。ジムで着るようなスポーツウエアを取り入れたコーディネートで、スポーツミックススタイルの一つ。行き過ぎたファッションへの疲れや飽きという風潮の反映といわれている。

## 校倉造（あぜくらづくり）

校木（あぜぎ）と呼ばれる多角形断面の木材を水平に井げた状に組み上げて壁を作る建造物の構造法をいう。柱を用いないことが特徴である。

内部の湿度を一定に保つための構造であり、代表的なものに正倉院、東大寺、唐招提寺（経蔵、宝蔵）がある。同じような構造法は、木材の豊富な中国、北欧、ロシアなどの地域でもみられる。

## アソートメント

（assortment）

分類、寄せ集め、組み合わせのこと。売り場では商品構成や品揃え、商品を詰め合わせることをいう。

## アソートメントディスプレイ

（assortment display）

商品を分類整理し、価格を表示したディスプレイのこと。商品自体の陳列に重点が置かれ、顧客が商品を比較、選択しやすいのが特徴。日本では主に売り場における商品陳列の手法として用いられ、ヨーロッパでは1900年代の初頭までウィンドウディスプレイの手法に多く見ることができた。

## アッセンブリー

（assembly）

部品の組み立て、またはパーツ単体ではなく複数の部品が組み合わされた集合部品（ユニット）のこと。略称をASSYという。また美術の分野では、一連の関連のない素材を集めて作る彫刻技法と作品をアッサンブラージュ（仏語）という。

## アッパーライティング
（upper lighting）

上方から下方へのダウンライティングは見慣れた自然な感じの雰囲気をつくる。これに対し、アッパーライティングは下方から上方に向けて光を照射する照明手法で、光の方向が非日常的になるため、特異性を表現する演出効果が期待できる。また、間接照明の手法をアッパーライティングと称している場合もある。

## アップサイクル
（upcycling）

本来は捨てられるはずの廃棄物や不用品にアイデアやデザインを付加して、もとの製品よりも価値の高いものを生み出すこと。リユースやリサイクルと並んで、持続可能（サステナブル）なものづくりを実現する新たな取組みの一つ。ファッションや生活雑貨での成功例が多い。

## アップトゥデート
（up-to-date）

今日的な、現代的な、最新のという意味。ファッションの感度分類をする際に使う。モダンやコンテンポラリーと同義語として使うこともある。（→コンテンポラリー）

## アトラクション
（attraction）

興味を引くもの、呼び物の意味。イベントを開催するとき、より集客力を高めるために、主となる催し物に添える余興などを指す。

## アトリウム
（atrium）

もとは古代ローマの住宅にある中庭のある広間のこと。現代では高層ビルの巨大なガラス張りの吹き抜け空間を指す。

## アニメーション
（animation）

動画の意。静止した物体をコマ取り撮影し、これを連続映写することで動きのある映像を作り出す技術、または作られた映像作品。撮影の対象、技術によってセルアニメ、立体アニメ、切り紙アニメ、コンピュータアニメなどの手法がある。

VMDにおいても、動きのある空間づくりの手法としてアニメーションを用いることがある。

## アパレル産業

アパレルとは衣服、服装の意味で、広義にはアクセサリーや靴などの服飾品も含まれる。一般的に衣服産業のことで、アパレルメーカー、縫製メーカー、下請け加工業、付属品メーカーなどを含み、婦人服、紳士服、子供服、ニットウェア、ランジェリー、ファンデーションなどのファッション商品を企画、製造し小売業へ卸す業種の総称。

ファッション衣料の流通経路を川の流れにたとえて、一次製品段階のテキスタイル産業を川上、既

製服を中心とする二次製品段階のアパレル産業を川中、最終段階のファッション小売産業を川下という。このように、本来は川中の業態のことを指していたが、時代とともにその意味合いもファッションの代名詞として広く使われるようになっている。

### アバンギャルド
（avant-garde 仏）

前衛の意。芸術用語では前衛芸術を意味する。伝統や既成の観念を否定し、革新的創造を行おうとする傾向。第一次大戦前後にヨーロッパで起きた革新的な芸術運動、主として抽象主義とシュールレアリスム。その前衛芸術とは、特定の流派にとどまらず、表現、手法、観念などの急激な変革を目指す精神をもつ。

### アフィリエイト
（affiliate）

本来は、提携させる、結びつけるの意味があり、現在は Web 上の広告手法の一種をいう。Web サイトやメールマガジンなどに企業サイトへのリンクを張り、閲覧者がそのリンクを経由して商品を購入した場合などに、リンク元サイトの管理者に報酬が支払われるというシステム。

### アブストラクトアート
（abstract art）

抽象芸術の意。20 世紀初頭に起こった芸術思潮。具体的な対象を借りて表現するのではなく、色彩そのものがもっている表現力や、線や面、形を造形の要素として構成するもの。1910 年のカンディンスキーの絵画がその最初とされる。芸術における表現のみならず、デザインや建築などにも多大の影響を与えている。

### アフターサービス

期限つきの製品保証や点検、修理など、商品販売後に行う顧客に対するサービス。クレームの発生から解決までの迅速性、顧客の求めるサービスに対応できる作業技術の正確性、周期を設定してメンテナンスを行う定期性などが、顧客の満足感を得るアフターサービスの決め手となる。

### アフタヌーンドレス
（afternoon dress）

女性の昼の正礼装として用いられるドレスの総称。フランス王朝時代の宮廷礼服（ローブモンタント）を原型としたもので、襟元はあまりくらず、袖は長袖か 6 〜 7 分袖、丈はノーマルからロング丈までで、肌の露出の少ないのが特徴である。

ワンピースが正式とされるが、アンサンブル、ツーピース、スーツでもよく、素材はソフトタイプのものからハードタイプのものまでさまざまな高級素材が用いられるが、あまり光りすぎる素材は避けた方がよいとされる。

## アプローチ

（approach）

　導入部、入口のこと。商業空間ではファサード、ショーウィンドウなどの導入部や入口を指す。

## アメカジ

（→アメリカンカジュアル）

## アメニティ

（amenity）

　①商空間、住空間などの場所や気候、環境条件における快適性、居住性、安全性の良さのこと。生活を楽しく便利にするための状態をいう。

　②ホテルの客室備品(シャンプー、歯ブラシ、石けんなど)の総称。アメニティグッズともいう。

## アメリカンカジュアル

（american casual）

　アメリカ調のカジュアルルックの総称。一般にはスェットパーカー、ジーンズ、チノパンなどを中心としたキャンパスルックやウエストコーストのスポーツルックがそれにあたる。明るく若々しい感覚に満ちているのが特徴で、いかにもアメリカを感じさせるストレートな表現が見られる。略してアメカジ（AC）と呼ぶ。ヨーロピアンカジュアル(EC)と対比して使われる。

（→ヨーロピアンカジュアル）

## 粗利益高

　売上高から売上原価を引いた金額で、正式には売上総利益高という。また荒利益ともいう。経営、販売活動での成果を示す利益表示であり、商品売買益、商品がもたらす利益ともいえる。

## 粗利益率

　売上高に占める粗利益高の割合のことで、荒利益率ともいう。粗利益率を求める計算式は（粗利益率＝粗利益高÷売上高）である。

## アランセーター

（aran sweater）

　アイルランドの西方に位置するアラン諸島の人々が手作りした防寒用セーターのこと。ラウンドネックまたはVネックプルオーバーで、脂分を抜かない生成り色で撥水性のある太い毛糸を使用し、家系を象徴するさまざまな柄が編み込まれている。フィッシャーマンズセーターの一種。アイリッシュセーターとも呼ぶ。

（→フィッシャーマンズセーター）

## α（アルファ）世代

　マーケティング用語でZ世代（1990年代半ば〜2010年頃の誕生）の次の世代をα世代（2010年頃〜2025年頃に誕生）と呼び、ミレニアル世代の子ども世代に当たる。2010年はインスタグラムやiPadが登場した年で、文章中心から画像や動画が主流になるポストPCの世代でもある。

　Z世代よりさらにデジタルネイ

ティブで、生まれたときからアプリが身近にあり、アプリ内での支払いや課金が通常のこととして育った世代。

## アロマテラピー
（aromatherapy）

芳香療法のことで、香りを使って心身をリラックスさせ、神経や肌の疲労回復を図る療法のこと。アロマセラピーとも呼ばれ、最近では商業施設などにおいて芳香器や空調などに組み込み、五感に訴える環境づくりにも使われている。

## アンカーボルト
（anchor bolt）

建築で基礎に柱脚や土台を止めたり、小屋組を柱や壁に止めるために利用する埋め込み用ボルトを指す。大型展示やビジュアルプレゼンテーションでは、重量物を直接躯体に固定する場合に利用する。

## アングル
（angle）

カメラワークや、グラフィックデザインでよく使われる言葉で、見る人の角度や配置する物の位置をいう。VMDでは、見る人の視野を考慮した空間計画の重要なポイントとなる。

## アンサンブル
（ensemble 仏）

統一、調和などのこと。ファッションでは、はじめから組み合わせて着るようにデザインされた衣服のこと。ドレスとジャケット、スーツとコート、ドレスとボレロなどの組み合わせがあり、共布や色違い、柄違いなどで調和をとりデザインされる。また、衣服だけでなく靴、バッグ、帽子などの小物と揃えることもある。

## 安定器
（ballast）

蛍光ランプ、HIDランプのような放電ランプは点灯する（放電を開始させ、放電を維持する）ために安定器が必要となる。安定器はトランス、チョークコイル、コンデンサで構成される。安定器は一般に鉄心に巻線したものが多いが、最近は電子回路化したもの（通称：インバータ安定器）が増えている。

## アンテナショップ
（antenna shop）

メーカーや問屋、小売店が市場傾向に対応した新規開発商品などを実験的に販売し、消費動向を直接つかむために開設する店舗。商品のターゲットに合わせて店舗の設置場所を決める。

## 行灯（あんどん）

内部に油皿やローソクなどの光源を入れ、木枠に紙を貼った照明器具。光源や素材変化はあるが、その形態は現在にも継承されている。

## 行灯型サイン

アクリル板やガラス板などの透光性のある素材で作ったサイン板（看板）で、蛍光灯などの光源を覆ったもの。店舗の前面に自立式として設置したり、ファサードの入口上部に取り付けたりする。全体または文字部分を際立たせて光らせたりすることにより、認知度が高まる。内照型（式）サインともいう。

## アンビエ

（→ピンワーク）

## アンビエント照明

（ambient lighting）

アンビエントは環境の、雰囲気のという意味。売り場を取り巻く周辺環境全体がよく見えるようにするための均一なベース照明のこと。作業する場所だけの部分照明であるタスク照明照度の3分の1程度が望ましい。
（→タスク照明）

## ＥＣサイト（イーシーサイト）

electronic commerce site の略。電子商取引を行うためのサイト。インターネット上で商品やサービスを販売するウェブサイトのこと。インターネットバンキング、コンテンツ配信サービスなどのウェブサイトを含めることも多い。オンラインショップとほぼ同義語。
（→エレクトロニックコマース、オンラインショップ）

## イースター

（Easter）

復活祭。キリストの復活を祝う日で、春分の日の後の満月が過ぎた最初の日曜日。満月が日曜日のときは次の日曜日。イースターデー、イースターサンデーともいう。この日は春の訪れを祝う日でもあり、花で飾った帽子をかぶったり、生命の存続を祈って多産のうさぎや極彩色に塗った卵を飾ったりする。

## イーゼル

（easel）

画架。絵を画く時に、画板やキャンバスを立て掛ける台。ビジュアルプレゼンテーションの小道具やインフォメーションを乗せるスタンドとしても用いられる。サイズや素材、構造による種類があり、保管や携帯に便利な組み立て式のものもある。

## イートイン

店内に客席を設け、顧客が購入した飲食物をその場で食べられるようにした店舗形態のこと。

## イームズ

（→チャールズ・イームズ）

## 生け花

日本独自の挿花の技法。切る、ためる、とめる、の三つの基本技術と、天地人三本の役枝構成から成る華道様式。元来信仰行事から起こり、室町時代に立花として完成。明治以後に洋花を取り入れ、盛花、投入れとして大衆化された。

戦後、前衛生け花の誕生により、展覧会やショーウィンドウのディスプレイにまで生け花の分野は拡大し、西欧のフラワーアレンジメントと融合した新しいスタイルも現われた。現代では、生花に限らずドライフラワーや造花などの素材がＴＰＯに応じて使い分けられている。（→造花）

## 意匠法

意匠の保護と利用の促進を図ることによって、産業の発達に寄与することを目的とした法律であり、知的財産法の一つ。ここでいう「意匠」とは、「物品の形状、模様、もしくは色彩やこれらの結合、建築物の形状等であり、視覚を通じて美感を起こさせるもの」と定義されている。日本では、特許庁が意匠権を付与する。

## イタカジ

（→イタリアンカジュアル）

## 委託販売

商品の所有権はメーカーがもったまま再販売業者（問屋、小売店）に出荷することで、販売後にメーカーから再販売業者に対して販売手数料が支払われる方式のこと。この方式の利点は、①在庫の負担なしに品揃えの充実を図れる、②中小のメーカーが大型店と取引できる、③再販売のコントロールができる、ことである。一方、販売や商品管理がずさんになりやすいことや独占禁止法上での問題が生じることもある。

## 板目

木目の種類の一つで、木の繊維の方向に対して斜めに切ると生じる木目。山形や波状の不規則な木目が特徴である。（⇔柾目）

## イタリアンカジュアル

（Italian casual）

イタリア調のカジュアルファッションの総称。ミラノを中心としたコンテンポラリー感覚のファッションをいい、エレガントな大人のカジュアルとスポーティでカラフルなファッションの二つの傾向がある。俗称イタカジともいう。

## 市

（fair、market）

語源は、毎日または一定の日に

物を持ち寄り売買、交換すること。またはその場所＝市場をいう。商業目的を第一義とした小売りの原始的形態である。朝市、日曜市、フリーマーケットなどがある。広義にとらえれば、フェアとしての見本市、博覧会、展示即売会などが含まれる。

## イノベーション

（innovation）

①革新、刷新、新機軸。経済成長の原動力となる技術革新などの意味。②オーストリアの経済学者 J.A. シュンペーターによって定義された理論。従来のモノ、仕組みなどに対してまったく新しい技術や考え方を取り入れ、社会的に意義のある新たな価値を創造することにより、社会に画期的な変化をもたらすという概念。

## 一文字

舞台上部、綴帳線に平行に吊られた横長の黒幕のこと。劇場によって何列かあり、舞台装置の上部や照明器具を隠すためのもの。袖幕（そでまく）と同色、同材質の布で作られている。

## 一般照明用光源

一般照明用に使用されている光源は、発光原理により下図のように分けられる。

温度放射を利用したものに白熱電球、ハロゲン電球があり、低圧の放電を利用したものに蛍光ラン

プ、高圧のアーク放電を利用したものに水銀ランプ、メタルハロルドランプなどがある。半導体チップに電気を流すことによりチップそのものが発光するLEDは、長寿命で発光効率が高い省エネルギー光源として使用の促進が図られている。

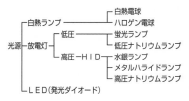

## 移動販売

自動車や屋台などを改造し、店舗として移動しながら販売することをいう。パン、弁当、惣菜、デザート、季節の果物などの移動販売がある。原則として公道上では営業できない制約がある。

## イニシャルコスト

（initial cost）

事業や工事の初期段階にかかる費用のこと。店舗、展示会その他の商業施設関連では、その工事、ディスプレイ施工、設備などにおける初期段階の企画、デザインなどにかかる費用のことをいう。

## イブニングドレス

（evening dress）

女性の夜の正礼装として用いられるドレスの総称。胸、背、肩などを大きくあけた袖なしで、床までのフロア丈かヒール丈のワンピース形式のものが一般的である。

素材はラメ地など光沢の強いものから、重量感のあるマトラッセ、クロッケ、透ける素材のレース、オーガンジーなど高級感のあるものが使用される。ダイヤ、エメラルド等のジュエリーを組み合わせゴージャスに装う。最近では流行を加味した斬新なものも多い。

## イベント
（event）

文化、スポーツ、商業など、あらゆる分野での催しや行事のこと。国際的、国家的規模のものから、企業や団体が主催するものまである。

## イメージ広告

商品の機能や特徴を直接的に訴求するのではなく、企業や商品のイメージを感覚的に訴求する広告。消費者に好意的な印象を与えることを目的としている。

## イメージコラージュ
（image collage）

イメージの具体化を図る表現手法の一つ。あるイメージを表現する場合、そのイメージに合うイラスト、写真、雑誌の一部などを切り抜き、それらをテーマに沿って画面に再構成し、視覚的にイメージ表現したもの。

## イメージスケッチ
（image sketch）

自分の意図を相手に伝えるために描く略画。

## イラストレーション
（illustration）

図解、図表、挿絵のことで、略してイラストという。印刷物では図画の部分をいい、文章の補足説明やイメージ画として使われることが多い。最近では原画そのものが、印刷媒体とは別にアートの作品として認知されている。

## イリュージョン
（illusion）

幻覚、錯覚、思い違い。相手に幻覚や錯覚を起こさせて疑問をもたせ、興味深くさせる技術あるいはその仕掛けをいう。

## イルミネーション
（illumination）

電気照明を用いた装飾のこと。広義には電気サイン全般、狭義には豆球を点滅させたり、ネオン管を利用するなど多数の照明器具、照明技術によって目立たせる装飾を指す。屋外広告では、人の目を引き付けるアイキャッチャーとしての効果を狙った照明である。

## 色温度
（color temperature）

光源の光色（青っぽい、赤っぽいなど）を表す尺度で、単位はケルビン（K）。例えば白熱電球（100V100W）の色温度は 2850K であり、昼光色蛍光ランプの光色は 6500K と表す。LED は種類によって異なり、全方向タイプ電球

色相当は 2700K、全方向タイプ昼白色相当は 5000K、全方向タイプ昼光色相当は 6700K である。光色は色温度が低いと赤みを、高くなると青っぽく感じる。

**代表的な光源の色温度（標準値）**

| 自　然　光 | | 色温度(K) | 光　　源 |
|---|---|---|---|
| 晴天の青空 | 12000 | 12000 | |
| 雲天の空 | 7000 | | |
| | | 7000 | |
| 日中の北窓光 | 6500 | 6500 | 蛍光ランプ昼光色 (D)（メロウルック D） |
| | | 6000 | |
| 地上からみた天頂の太陽 | 5250 | 5500 | メタルハライドランプ（高効率型透明） |
| | | 5000 | 蛍光ランプ昼光色 (N)（メロウルック N） |
| | | 5000 | |
| | | 4500 | 蛍光ランプ白色 (W) 系 |
| | | 5000 | |
| 地上からみた天頂の満月 | 4125 | 4000 | 蛍光水銀ランプ |
| | | 3500 | |
| | | 3800 | 蛍光ランプ淡白色 (WW) 色 |
| | | 3000 | |
| | | 2850 | 自然電球（100V・100W） |
| | | 2700 | |
| ガス灯 | 2125 | | |
| ろうそく | 1900 | 2000 | |
| （パラフィン） | 1850 | 2100 | 高圧ナトリウムランプ |
| 地上からみた地平線の太陽 | | | |

## 色校正

版下原稿の色が指定通りに製版されているかどうかを検査するために、本番の印刷前に試し刷りをして、色に関する確認と再指示を行うこと。コピーやグラフィック部分の仕上がり状態が指示通りであるか、また写真の色再現が適切であるかチェックする。

## 色指定

印刷物のコピーやグラフィックなどに色付けをするために、版下原稿の段階で色付け作業の指示をすること。色の指定は、インクメーカーが製造しているインクの番号を指定する方法と、標準 4 色のシアン（C）、マゼンタ（M）、イエロー（Y）、ブラック（K）をそれぞれ 0 ～ 100％の範囲でかけ合わせの指定をする方法、そして両者を併用する方法とがある。

インテリアデザインやディスプレイデザインにおいても、仕上げ施工材料に色の種類がある場合、素材見本帳やカラーサンプルなどで指定する。

## 色対比

異なった色を組み合わせたとき、互いに影響し合って、それぞれの色が単独で見たときとは違って見える現象。

①色相対比：組み合わせた 2 色の色相が異なる場合、それぞれの色の間の色相差がより大きく感じられること。

②補色対比：組み合わせた 2 色が補色関係にある場合、それぞれの色の彩度がより高くなって見えること。

③明度対比：組み合わせた 2 色の明度が異なる場合、明るい色はより明るく、暗い色はより暗く感じること。

④彩度対比：組み合わせた 2 色の彩度が異なる場合、彩度の高い色はより鮮やかに、低い色はより濁って見えること。また有彩色の周囲に無彩色がある場合、有彩

色の彩度はより高まって見える。

## 色の三属性

色は〈色相、明度、彩度〉という三つの尺度で分類され、またこれらは色の性質を示す要素でもある。

①色相（hue）：赤、黄、緑、青、紫などの有彩色の色合い、色味のこと。色相を順に並べて環状に配列したものを色相環といい、マンセル色相環、オスワルト色相環、ＰＣＣＳ色相環などがある。

②明度（value）：色の明るさを示す度合いのことで、有彩色にも無彩色にもある性質。最も明度の高い色は白で、最も明度の低い色は黒。

③彩度（chroma）：色の鮮やかさを示す度合いのことで、最も高彩度の色を純色という。純色に白または黒を混色した鮮やかな彩度の高い色を清色、灰色が混色され濁った彩度の低い色を濁色と呼ぶ。無彩色（白、灰、黒）に彩度はない。

（→巻頭カラー頁　色相環）

## 色無地

柄がなく黒以外の一色染めの着物。家紋を入れることで礼装として着ることもできる。家紋がなければ合わせる帯によって街着としても着られ、着用範囲が広がる。慶弔両用として着られるが、弔事用の地紋は吉祥模様を避け、色目も控えたものにする。（→着物）

## インキュベートショップ

インキュベート（incubate）とは「卵をふ化する」の意味。インキュベートショップとは、起業希望者や設立して間もない企業に向けて、経営者として必要な知識やノウハウを実践的に身に付けてもらうための実験的な店舗のこと。

ファッションビジネスでは、無名のデザイナーやブランドを育てることを目的に場所を提供し、支援、育成の機能をもつインキュベートショップが、業界や地域の活性化の一助としても注目されている。

## 印刷

（printing）

印刷版の版面にインクなどの色材を付け、文字や図柄を紙、布などに刷り写すこと。マスコミュニケーションの媒体（新聞、雑誌、ポスターなど）に活用されるほか、壁材、床材のような建材部門や、木、ガラス、金属、合成樹脂、その他多くの素材に刷ることができ、二次元だけでなく三次元の被写体にも印刷できるようになった。

版の形式による分類には、インクのつく部分が高く、つかない部分が低い状態の版は「凸版印刷」、同一平面上に化学的処理でインクがつく部分とつかない部分を生じさせる版は「平版印刷」、凸版とは逆にへこんだ部分にインクを詰めて印刷する「凹版印刷」、版に画線部にあたる箇所を微細な連続した穴の形で開け、インクを穴の表か

ら裏へ押し出して印刷する「孔版印刷」がある。かつては凸版の代表的な活版印刷が一般的な印刷方法であったが、現在は写真印刷による平版のオフセット印刷が普及している。広義には、コンピュータによる印刷データを直接プリンターによって出力するものも印刷と呼んでいる。

## 印象主義

1860年頃フランス画壇に起こり、世界的に広まった芸術運動。その名はモネの作品「印象、日の出」に由来する。モネ、マネ、シスレー、セザンヌ、ルノアールなどが主唱した。

対象の形や色の固有性を否定し、太陽光の輝きによって絶えず変化するものととらえた。その相互関係から生ずる色を、パレット上での混色ではなく、画面での色の配置や色の対比による効果で表現しようとした。印象派による外界の見方についての新しい色彩概念の導入は、後の美術に多大な影響を与えた。

## インショップ
（in shop）

百貨店、ＧＭＳなど大規模小売店の中に出店した個別のマーチャンダイジングによる店舗。（例：ＤＣショップ、ブランドショップ）

## インスタレーションアート
（installation art）

インスタレーションとは、据付け、設置という意味で、美術用語としては、1970年代に登場し、作品そのものの形象を見せながら環境を総体として取り込んでいく新しい芸術的空間、またはそのための作業行為を指す。このような表現方式で作られた作品をインスタレーションアートと呼ぶ。

## インストアプロモーション
（instore promotion）

店内で展開される販売促進のすべてをいう。来店したお客に購買を喚起し購入に至るまでの促進活動を指し、具体的にはビジュアルマーチャンダイジング、POP、人的販売、イベント、実演販売、セール、店内放送など、店内でお客に働きかけるすべてを指す。これに対して店外で行われる販売促進活動を「アウトストアプロモーション」として区別するが、連動したイメージを与えることが効果的である。
（⇔アウトストアプロモーション）

## インストアマーチャンダイジング
（instore merchandising）

消費者の購買を科学的に分析し、商品陳列のあり方や売り場づくりを工夫し、売り場の生産性を高める技法をいう。以前はメーカーや卸売業の主導で行われてきた。一般的には商品の見せ方、棚割り計画、エンドの陳列プロモーション企画、レイアウト、POP表示など

で、売れる売り場の仕組みをつくる。POSデータの提供により共同で取り組むケースが増えている。

## インセンティブ
（incentive）

本来の意味の「刺激、奨励、誘因」から転じて、販売促進策の奨励金、報奨(金)などを指し、販売活動を活性化させるために採られる成果報酬の施策。また企業が自社への好意、信頼の獲得や新製品の販売促進の目的で、消費者や販売店に提供する報酬、賞やその行為の総称。購買者に提供するプレミアム（景品）と同義に使われる。具体的には招待券、サービス券、クーポン券、ノベルティなどの提供や種々のプレミアムセール（景品付き販売）の方法がある。（→プレミアム）

## インターネット広告
（internet advertising）

インターネットを通じて行われる広告の総称。ウェブサイトや電子メールを通じて広告を配信したり、ソーシャルメディアを活用するなどして企業が製品やサービスのマーケティングのために行う宣伝活動のこと。ウェブ広告、ネット広告、オンライン広告ともいう。（→ポップアップ広告、バナー広告、アフィリエイト）

## インダストリアルデザイン
（industrial design）

機械によって大量生産されるものを対象としたデザインのことであり、工業デザイン、産業デザインと訳されている。

## インタラクティブ
（interactive）

本来の意味は「相互に作用し合うさま」。情報処理、通信などの用語では、双方向性の情報発信の意味。単なる情報発信ではなく、相互の情報交換ができることを指す。

## インテリアエレメント
（interior element）

室内（インテリア）を構成しているさまざまな要素のこと。家具、照明器具、壁紙、敷物、カーテン（ブラインド）、住宅設備機器（給排水、冷暖房、電気、情報通信、防災等）、建具などの総称。

## インテリアコーディネーター
（interior coordinator）

商業空間及び住居空間などの室内環境の設計において、造形的、機能的側面だけでなく、心理的、生理的、人間工学的側面などから、より効果的に実施されるよう提案、アドバイスをする専門家。デザインスタッフ、営業スタッフ、施工業者などの調整役をする。

## インテリアデコレーション
（interior decoration）

個性的、伝統的様式を取り入れたりして、室内を装飾、演出すること。西洋ではギリシャ、ローマの古典様

式やバロック様式、ロココ様式などがあり、日本には神社、寺院や和風建築の書院造りなどさまざまな装飾様式がある。現代では、インテリアエレメントの豊富さから、モダンスタイルをはじめとして各国の風俗やテイストを表現したフレンチスタイル、イタリアンスタイル、アメリカンスタイルなど多様な演出が生まれている。

## インテリアデザイン
（interior design）

住宅、店舗、オフィスなどの内部空間を、各々の目的に合わせ、機能性、快適性を考えて計画、設計すること。主として建築物の室内をその対象とするが、鉄道車両、自動車、船舶、航空機などの移動空間についても重要な役割となっている。

特に店舗の設計については、不特定多数の人々の心理的、生理的欲求を満たし、かつ商空間としての機能性、合理性をもった設計が求められる。感覚的なイメージづくりから照明、什器、家具調度、ファブリックスに至るまで、空間構成、素材選定、製作まで含め多種類の要素についての知識も必要とされる。インテリアデザイナーはこうした計画、設計、施工管理などを総合的に行う専門家である。

## インバウンド
（inbound）

本来は「入ってくる、内向きの」という意味だが、観光用語では外国人が訪れてくる旅行の意味で「訪日外国人観光需要」を指す言葉。これに対し、国外へ出かける旅行をアウトバウンド（outbound）、あるいは海外旅行客という。

## インパクト
（impact）

衝撃、衝突、強い印象の意味。広告やディスプレイなどで消費者に与える強い印象のこと。

## インフォメーション
（information）

情報や報道のこと。施設においては受付、案内所を指す。

## インベストメントクローズ
（investment clothes）

インベストメントとは投資の意味。すなわち投資に見合うだけの価値のある衣料をいう。本物志向の中での高品質・高価格衣料、飽きのこない長く着られる衣料、さらに多様な組み合わせが楽しめる衣料など。

## インポートブランド
（import brand）

海外から輸入されたブランド商品のこと。輸入品といっても、直輸入ものと、デザイン提携（ライセンス生産、販売）による日本の海外生産品のものがある。

## ヴァン

（VAN）

1956〜77年、VANのブランド名でアイビールックを広めた男性衣料のファッションメーカー、㈱ヴァン・ジャケットのこと。

## ヴィトリン

（vitrine）

フランス語で、店舗のショーウィンドウ、ショーケース、美術品などを陳列するガラスケースのこと。もとはアンティーク家具の、ガラス張りで中身が見える箱を指した。

## ウィリアム・モリス

（William Morris, 1834〜1896）

イギリスの美術工芸家、詩人、社会運動家。建築、絵画と研鑽を積み、さらにデザインにすぐれた素質と興味を示し、当時急速に高まった機械的大量生産方式による製品の粗悪さとデザインの醜悪さに対する反発から、美術工芸品のデザインと製作を始めた。壁紙、更紗、ステンドグラス、金属細工、家具、カーペットなどの他、ケムスコット印刷所をつくり、装本、活字のデザインにも力を注いだ。モリスが起点となってアーツアンドクラフツ運動が展開され、近代デザインの先覚者となった。

## ウィンドウディスプレイ

（window display）

（→ショーウィンドウディスプレイ）

## ウェア

（wear）

頭にかぶるものから足に履くものまで、着るもの、身に付けるものすべてを広くウェアという。アパレル（衣服）のウェアは2種類に大別され、アウターウェアとインナーウェアがある。

アウターウェアは、外着、外衣のことをいい、軽衣料、中衣料、重衣料に区分される。それぞれの代表的アイテムは、軽衣料では、トップとしてのブラウス、シャツ、Tシャツ、セーター、ベストなどがあり、ボトムとしてのスカート、パンツがある。中衣料はジャケットなど。重衣料はドレス（ワンピースドレス、ツーピースドレス）、スーツ、セパレーツ、スリーピース、アンサンブル、コートなどがある。インナーウェアは部屋着、下着のことをいうが、ジャケットなどの下に着るものも含めていう。

（→アイテム、単品）

## ウェアハウスストア

（warehouse store）

倉庫型店舗のことで、アメリカで発生した。倉庫のような店内に荷姿で大量陳列されたグロサリー（食品、日用雑貨）を主に販売していた。1980年代から大型化、商品の多様化が始まり、他分野の広がりもあり、ウェアハウス型ホームセンターが展開されるようになった。

## ウェアリング
（wearing）

着せる、着せ付けること。マネキンやトルソーなどの器具を使い、着装感やトータルコーディネートの提案をすること。

## ウェザーマーチャンダイジング
（weather merchandising）

気象情報の変化を商品政策に活用し、効果的な営業展開を図る方法。晴れている日、雨の日や気温の寒暖差により売れ筋は異なってくる。事前に情報を収集しPOS入力システムで来店客予測や商品政策、販売促進計画に活用する。

## ウェビナー
（webinar）

オンライン上で行うセミナーのことで、ウェブ（web）とセミナー（seminar）を組み合わせた造語。特に2020年初頭からの新型コロナウィルス感染拡大の影響で、対面形式で人を集めるイベントの開催が困難になり、それに代わる形式として一気に定着した。参加者の距離的障害がなくなり、ウェブ環境さえあれば遠近かかわらず参加が可能になった。

## ウェブルーミング
（webrooming）

オンラインショップなどで商品の品定めをした後、実店舗で購入する消費行動をいう。
（⇔ショールーミング）

## ヴォーグ
（vogue　仏）

流行、流行品、人気の意味。
（→ファッション）

## ウォーターフロント
（water front）

水辺に面した地域を指す。土地の有効利用、景観の良さなどの利点を活かし、近年都市開発や地域振興開発、生産物流の産業集積地や新しい商業ゾーン、ホテル、オフィス空間、レジャー施設としての開発が進んでいる。横浜港「みなとみらい21計画」（MM21）や2020年東京オリンピック施設を含めた東京湾沿岸の大規模な再開発が行われた。全国244の川辺を整備し身近な水辺を楽しむ「かわまちづくり」も注目されている。

## ウォールウォッシャー
（wall washer）

壁面を光で洗うような照明方法をいう。店内の壁面を明るく照らすことによって、店全体の明るさを感じさせ、空間の広がりや奥行き感を表現したり商品を演出して見せ、誘客効果をねらう手法。壁面の素材感や微妙な質感を強調する演出照明としても効果的である。

## ウォールディスプレイ
（wall display）

壁面を利用して顧客に印象づけるディスプレイ。遠距離からの視覚効果が得られる。

## ウォンツ

（wants）

消費者の「欲求」あるいは「欲しているもの」を指す。購買動機などの分析において、ニーズとウォンツを厳密に分ける場合、ニーズは必要性、機能性などの生活必需要素、あるいは日常生活に必要なものをいう。ウォンツは見かけの良さ、流行性などの自己満足要素、または嗜好的に欲しいものをいう。ニーズは顕在化した欲求、ウォンツは潜在化している欲求と定義する説もある。（⇔ニーズ）

## 薄葉紙（うすようし）

ごく薄く柔らかい紙。ライス紙、インナーラップ、チューライスという名前でも呼ばれている。商品や貴重品を保護するための包装に用いる。またマーチャンダイズプレゼンテーションにおけるフォーミングの際に、衣料品の形を整えるために内側に詰め物として使用する。白無地の他にラッピングや緩衝材などに対応したカラー化が進んでいる。

## 内々、外々（うちうち、そとそと）

ものの寸法を示すときの慣用語。外側の仕上がりの寸法を外々といい、内側の寸法を内々という。また外寸、内寸ともいう。

## 打ち放しコンクリート

建築物の仕上げの一種。コンクリート打ちの後、型枠をはずした仕上がり肌のまま、表面仕上げをしない状態のコンクリート地のこと。型枠の木材の種類や形により、表面にいろいろな表情を与えることができる。型枠の加工精度やコンクリートの打ち方に細心の注意を要し、表面に欠陥のない仕上がりが求められる。

## 埋込み型照明器具

（recessed luminaire）

建築構造材に全部または一部を埋込んで使用する照明器具をいう。天井埋込み形は全般照明として多く使用されるが、内装仕上げの高級化にともない、壁埋込み、床埋込みなどの照明器具も使用される。

## 売上原価

売上高に対しての商品原価の合計をいう。商品原価は仕入れや製造にかかった費用のことで売上げが発生した際に計上される。

会計上の損益計算書における計算式は「売上原価」＝「期首商品在庫高」＋「期中仕入高」－「期末商品在庫高」となる。売上原価が明確でないと営業利益高と粗利益高に影響する。

## 売上仕入れ

委託販売の一種で、商品が売れると売上伝票と仕入伝票を同時にチェックするシステム。消化仕入れと同意語。売り場での商品の所有権はメーカー、問屋にある。

## 売上高

商品を販売した代金の合計金額をいう。売上高の内容は売上原価（仕入れ原価）と粗利益（荒利益）に分けられる。売上原価はメーカーや問屋への支払原価を指し、粗利益は営業活動での諸経費と営業利益が含まれる。

| 売上高 | 売上原価 | |
|---|---|---|
| | 粗利益 | 諸経費 |
| | | 営業利益 |

## 売上高経常利益率

企業経営の期間収益力を示す比率で、売上高に対する経常利益の割合のこと。経常利益は本業の営業活動から得た利益に、営業外（株式の配当金や不動産収入など）の財務活動で得られた合計額。計算式は「売上高経常利益率」＝「経常利益高」÷「売上高」× 100（％）。経常利益率ともいう。

## 売上高構成比

売上高を構成する商品部門別の比率をいう。売上高は品揃えされた商品の販売によりつくられる。その全売上高を商品部門別売上高の構成比率で示したもの。

## 売上高予測

ある期間に販売する金額または数量を予測すること。中・長期の経営計画を立てる上で重要なデータとなる。予測には自店の売上高伸び率、経済動向、家計支出、天候、地域経済動向や行事、競合店などのデータを参考に予測計画が組まれる。

## 売掛金

営業活動で生じた売上代金の未回収額をいう。信用供与や掛売り期間の長期化などが問題となり、資金繰りの悪化や不良債権化しやすい。

## 売り筋商品、売れ筋商品

売り筋商品とは、売り手側が政策的に、または計画的に売り込もうとしている仕掛けの商品をいう。これに対して売れ筋商品は、客の支持を得て売れている商品をいう。自店の売れ筋商品は、ABC 分析で分かる。（→見せ筋商品、ABC 分析）

## 売場構成

取り扱う商品群や部門ごとの売り場の配置と面積を定めることをいう。売り場の位置は隣接する商品同士の関連性と顧客の流れ、作業場や商品の搬出入経路などを考慮して定め、売り場面積は売上計画と商品回転率、将来性などに基づき決定される。広義には階層ごとの売り場の配置を指すが、狭義では同一フロア内または同一売り場内での商品群の配置のこと。

## 売場販売効率

売り場面積 1 坪（3.3㎡）当たりの売上高のこと。計算式は一般的には年間売上高をその売上げをつ

くった売り場面積で割って求める。坪効率が高くなるほど売り場は活発化する。「坪効率」と同意語。

## 売り場面積

　販売するために使われる通路を含めた場所の広さ。総建築面積から事務所面積、作業場面積、倉庫面積などを引いた面積。一般的に売り場面積を広くとることは、品揃え幅と商品量の拡大につながりそれだけ集客力は増加するが、広くしすぎると維持管理作業量が増え、効率は下がることがある。

## エアダクト
（air duct）

　建築物内部の空調や換気をする際に、空気を所定の場所まで送る管路のこと。断面が四角形のものを角ダクト、円形のものを丸ダクトあるいはスパイラルダクトという。

## エアドーム
（air dome）

　膜状のものを空気圧でふくらませて構造体とする構造物。内部に柱がなく、空気を抜くことで解体できるなどの利点があり、仮設的なスポーツ、コンサート、展示場など、多目的に用いられる。恒久施設としては東京ドームなどがある。

## エアブラシ
（air brush）

　ハンドピースと呼ばれるスプレーガンに絵具を入れ、コンプレッサーの圧縮空気やガスでノズルから噴霧状に吹き付けて写真や印刷を修正する技法、あるいは器具。絵画の表現技法の一つとして、写真を超えるスーパーリアリズム画法に使われている。また、イラスト、店内外の壁画、什器やオブジェの塗装にもよく使われている。

## ＡＲ（エーアール）

　Augmented Realityの略称で、拡張現実のこと。スマートフォン、ＡＲグラス、ＭＲデバイスを使用し、

現実世界にナビゲーション、3D
データ、動画などのデジタルコンテンツを出現させ、情報を付加する技術。リアルショップのVPスペースなどでも、商品やイベントの詳細情報を付加し販売促進を図ったり、3Dキャラクターやデジタルフォトフレームを出現させることで話題性を高めるなど、ARの活用が進んでいる。

## ＡＶ（エーブイ）

（→オーディオビジュアル）

## ＡＶＣ（エーブイシー）

Automatic volume control の略。音量を自動的に調整することで、録音作業などを効率的に進める機能。

## 営業利益

営業活動によって得られた利益のこと。計算は粗利益高から営業活動に要した費用や、店舗の維持に要した費用の支出の販売、一般管理費を引いた金額のこと。

## 映像ディスプレイ

（visual display）

店舗のショーウィンドウや売り場における映像を用いた販売促進のためのビジュアル表現から、博覧会のパビリオンにおけるマルチ映像表現まで、最先端のテクノロジーを用いた映像技術による訴求力のあるビジュアル表現が多く生まれている。デジタル技術とLED

の進化で屋内外の場所を選ばなくなり、建築や造形物に投影するプロジェクションマッピングの応用などもある。

## ＡＢＣ分析

取り扱う商品群の中で、売上げ貢献度の高い商品群の把握や、重点商品管理を行うための分析手法の一つ。貢献度や重点度の高い順にABCと区分する。ABC分析には分析図表を作成する。

## 駅ナカ

〈駅の中〉という意味で、鉄道会社が駅の構内に設けた商業スペースのこと。「エキナカ」「駅中」とも表記される。従来は小規模、単独店舗が主流であったが、駅の乗降客を対象にした集客力や利便性に注目し、2000年代から鉄道各社が駅ナカ事業に力を入れている。書店、ドラッグストア、飲食店、美容店、英会話スクール、銀行のATMなど多様な業種、業態が集まり、駅機能が活性化している。

一方で、利用者は駅から外へ出ることなく買い物や食事ができ、商店街では利便性が得られるが、駅周辺の商店街では購買客が減少するなどの問題が指摘されている。

## エクステリア

（exterior）

建物の外側の装飾や設備のこと。屋外。反対語として室内を示す「インテリア」がある。

## エクリュ

（edru）

黄みを帯びた薄い茶色、または淡いベージュ。エクリュは、フランス語で「生成りの、さらしていない」という意味で、未漂白の麻や絹の布にみられる色が代表的。

## エコ素材

（ecological material）

エコ素材とは、エコロジー素材の略。人間と生態環境や自然環境の相互バランスを考えた素材のこと。

例えば、マネキンやボディの素材は従来 FRP（ガラス繊維強化プラスチック）が主だったが、FRP はガラス繊維を含む石油系のプラスチックのため、廃棄する場合は産業廃棄物として処理するのが一般的だった。しかし、環境意識の高まりとエコロジー素材の開発により、FRP に代わりポリウレタンや生分解性プラスチック、古紙などのエコロジー素材が使われるようになっている。

## エコファー

（eco fur）

主に化学繊維などを使って、動物の毛皮に似せて加工した素材。以前はフェイクファーと呼ばれ「偽物」というネガティブなイメージだった。動物保護運動が高まり数々のブランドが「ファーフリー」宣言をし、リアルファーからエコファーに移行したことからポジティブなイメージが広がった。品質の向上、豊富な色展開、手入れの簡単さ、低価格などもあり、需要が高まっている。

## エコロジー

（ecology）

本来は環境生態学のことで、動植物と自然との関係を研究する学問。地球の生態系のバランスが破壊されている不安から、地球環境保全志向が注目されている。地球と人間の共存、地球にやさしい環境づくり・モノづくりは世界共通のテーマである。

エコロジーはファッションへの影響も大きく、主に自然をテーマとした色（砂、土、石、木、水、空気などのイメージ）、素材（天然繊維、表面加工）、柄（動植物プリント）や、着心地のよいゆとりのシルエット、シンプルで機能的なファッションなど、自然を意識したものをエコロジーファッションという。

## エシカル消費

（ethical consumption）

エシカルとは倫理的、道徳的の意味。地球環境や社会貢献などに配慮した製品やサービスを積極的に選んで消費する行動を、エシカル消費という。「エコ消費」「フェアトレード」「ロハス」「地産地消」「チャリティー消費」などの消費スタイルをまとめて表現するマーケティング用語。

## ＳＮＳ（エスエヌエス）

ソーシャルネットワーキングサービス（Social networking service）の略。（→ソーシャルネットワーキングサービス）

## ＳＫＵ（エスケーユー）

Stock keeping unit（商品の最小管理単位）の略語。単品のこと。この SKU をもとにコンピュータで行う単品管理は小売業の商品管理法の一つである。商品一つひとつの動きをデータ化し、商品生産や発注などの精度を高めるために利用する。

## ＳＤＧｓ（エスディジーズ）

Sustainable Development Goals の略称で「持続可能な開発目標」のこと。2015 年 9 月国連サミットで加盟国の全会一致で採択された。2030 年までに持続可能でよりよい世界を目指す国際目標として、貧困の撲滅、飢餓の撲滅と持続可能な農業促進、公平で質の高い教育の確保、気候変動とそ影響の軽減、ジェンダー平等など、17 のゴール・169 のターゲットが示された。地球上の「誰一人取り残さない（leave no one behind）」ことを誓っている。

## エスニック

（ethnic）

民族的な、異教徒の、という意味。ヨーロッパを中心にキリスト教から見た他の宗教を指す。また、アフリカ、中近東、中南米、インド、中国、日本、東南アジアなどの素朴で原始的な民族服にヒントを得たファッションをエスニックルックという。

## ＳＰ（エスピー）

（→セールスプロモーション）

## ＳＰＡ（エスピーエー）

Specialty store retailer of Private label Apparel の略で製造小売業のこと。商品の企画、製造から物流、販売まで一貫して管理する。日本では〈ユニクロ〉がその代表例。

## エタラジスト

（étalagiste 仏）

フランスでディスプレイや装飾のことをエタラージュといい、それを行う人をエタラジストという。英語のデコレータとほぼ同じ意味になる。

## エディトリアルデザイン

（editorial design）

グラフィックデザインの一分野で、新聞、雑誌、書籍、パンフレットなどの編集にかかわるデザインのこと。記事や見出しの文字、図版、写真などを整理構成した効果的なレイアウトによって、内容を視覚的に伝達することが重要なデザインポイントになる。
（→ブックデザイン）

エ

## エデュケーター

（educator）

教育専門家、教育者、教職者の意味。教育に携わる専門家の総称。

## 絵羽模様（えばもよう）

着物の模様付けの一つで、総模様（振袖、訪問着、打掛など）、裾模様（留袖など）、肩裾模様（訪問着など）がある。柄の全体が縫い目で切れることなく一枚の絵のように模様付けされたものをいい、格の高いものに付けられる。
（→着物）

## エフェクト

（effect）

効果を意味し、ステージやディスプレイ空間における効果を演出する技法を指す。音響では効果音（サウンドエフェクト）、照明では光源の点滅や光による形の動きなどがある。音響・照明以外のエフェクトを「特効」（特殊効果の略）といい、スモーク、花火、紙吹雪、炎、風船などがある。

## エフェクトマシン

（effect machine）

演出照明を効果的に行うための大型プロジェクター。回転する円盤やドラムに透かし模様やスリットをあけ、壁面などに雲状、雨状など種々の模様や色光を投影し、動きのある雰囲気を演出する。

## エブリデイロープライス

（everyday low price）

「毎日が低価格販売」を政策に掲げ商品提供すること。一時的に低価格販売をするのではなく、徹底したローコストオペレーションの企業努力により、低価格商品を毎日消費者に提供することを特徴とする。代表的な店舗がアメリカのディスカウントストア「ウォルマート」である。

## M&A（エムアンドエー）

Merger（合併）and Acquisition（買収）の略で、企業の合併、買収の総称。M&Aの目的は新規事業や市場への参入、企業グループの再編、企業規模の拡大、経営が不振な企業の救済などが挙げられる。広義には包括的な業務提携やOEM提携なども含まれる。（→OEM）

## MP（エムピー）

（→マーチャンダイズプレゼンテーション）

## MP技法

マーチャンダイズプレゼンテーション（MP）を行う場合、アイテムごとにふさわしい見せ方やテクニックがある。ここでは主にPPで使われる技法の基本をアイテム別に図解で示した。
（→ナプキンのたたみ方はテーブルセッティング参照）

# ［ スカーフのたたみ方と結び方 ］

エ

（1）バイアスに折る

## リーフ結び

## リボン結び

## アスコット

## ネクタイ結び

（2）均等に折る

リーフ結び

アコーディオンプリーツ

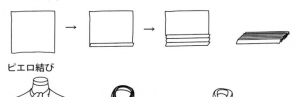

ピエロ結び

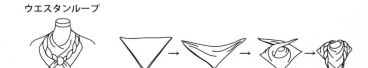

（3）三角に折る

ウエスタンループ

海賊結び

ラッフル

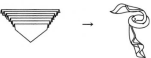

# ［ハンカチのたたみ方］

**スリーピークス**

 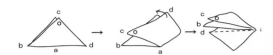

**フォーピークス**

 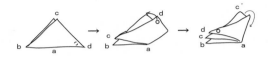

**三角たたみ**

# ［ポケットチーフのたたみ方］

**TVフォールド**

 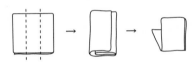

**トライアングラー**

 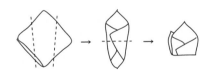

**スリーピークマナー**

 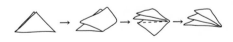

**パフドスタイル**

**クラッシュ**

# [ タオルのたたみ方 ]

## バスタオル

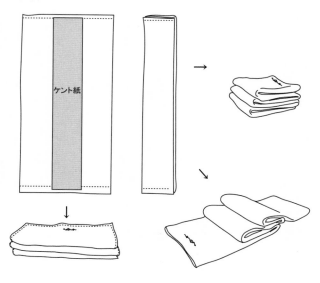

ケント紙

## フェイスタオル

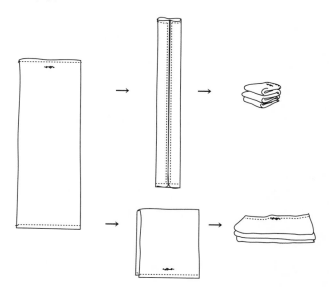

## ハンドタオル

折り返し

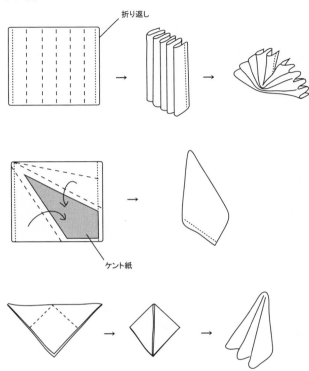

ケント紙

## 襟（えり）

（collar）

衣服の首まわりの部分（襟ぐり）に施されたデザインの総称。衿とも書く。

エ

### ［襟の種類］

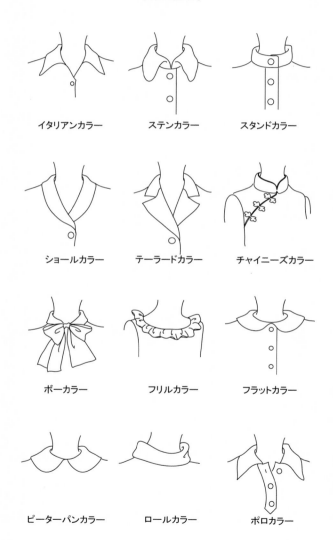

イタリアンカラー　　ステンカラー　　スタンドカラー

ショールカラー　　テーラードカラー　　チャイニーズカラー

ボーカラー　　フリルカラー　　フラットカラー

ピーターパンカラー　　ロールカラー　　ポロカラー

## ［シャツカラーの種類］

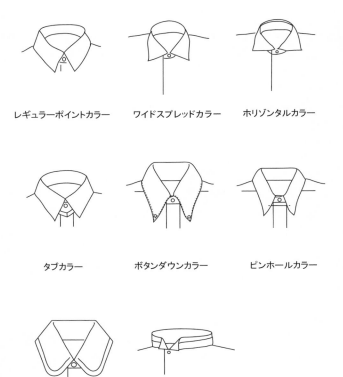

レギュラーポイントカラー　　ワイドスプレッドカラー　　ホリゾンタルカラー

タブカラー　　ボタンダウンカラー　　ピンホールカラー

ラウンドカラー　　ウィングカラー

## エリアマーケティング

（area marketing）

　限定された地域や市場を対象とするマーケティング活動のこと。地域の文化、住民の特性に合わせたきめ細かな対応を目的とする。業種間、業態間競争が激しくなり、マーケティング活動が生産者指向から生活者指向へ変化するなかで、より生活者に近いところでマーケティング活動を行う必要性が生じたため使われるようになった。

## ＬＥＤ（エルイーディー）

　LEDとはLight（光る）Emitting（出す）Diode（ダイオード）の三つの頭文字をとったもので、「発光ダイオード」とも呼ばれる。半導体チップに電気を流すことによりチップそのものが発光するもの。

低消費電力、長寿命、コンパクトなどの特徴があり、数多くの電子機器や照明器具などに利用されている。

1993年に高輝度青色LEDが開発されたことにより白色LEDが実現し、新しい照明用光源として一般的に用いられている。

## エレガンス
（elegance）

優美、上品という意味。単に服装だけでなく、態度、しぐさ、雰囲気なども含めていう。服装については、時代を問わず色、形、素材が上品で洗練されていること。

## エレクトロニックコマース（ＥＣ）
## イーコマース（eコマース）
（electronic commerce）

電子商取引。ネットワーク上で商品やサービスなどの購入についての契約や決済などの商取引を行うこと。具体的にはサイバーモール、オンライントレード、ネットオークション、コンテンツ配信サービスなどがある。（→ ECサイト）

## 演出

舞台、演劇、映画などの用語から転じ、空間を効果的に形成する手法をいう。照明、色彩、音楽、音響、香りなど、人間の五感に訴える心理的要素を効果的に組み合わせて、展示、商品、ディスプレイなどをより関心を高めるように表現する。

## 演色性

対象物や空間の色は、光源の種類によって太陽光線下での見え方と異なって見える。このように、光源が色の見え方に及ぼす性質のことをいい、太陽光線下での色の見え方に近い光源を「演色性がよい」と表現する。平均演色評価数（Ra）で表し、白熱球は最高値100に相当する。

## エンターテインメント
（entertainment）

娯楽、演芸、余興、接待などの意味。店舗におけるエンターテインメントとは、顧客に楽しげな雰囲気を提供する考え方をいい、空間づくり、音響、照明、ディスプレイ、接客その他のサービスに反映される。

## エンターテインメント型ショッピングセンター

エンターテインメント（娯楽や楽しみ）機能を強化し打ち出している複合型商業施設をいう。物販ばかりでは競合との差別化が図りづらく集客が難しい。そこでテーマ型のレストラン、シネマコンプレックス、ゲーム施設、劇場ホール、ホテル施設などを加えてサービスを充実している。

## 鉛直面照度
（vertical illuminance）

光源に対して垂直な面の受ける照明の度合いをいう。売り場の壁

面陳列面やディスプレイ面の照度がこれに相当し、顧客からの見え方に直接影響するので商品への照明として非常に重要である。
（→照度）

## エンドディスプレイ

什器のエンド（端）やハンガーラックの端などに、サンプル陳列やコーディネート陳列などのディスプレイを行うこと。

## 燕尾服（えんびふく）

スワローテールドコート（swallow-tailed coat）を略してテールコートともいい、男性の夜の正礼装として用いられる。襟はピークドラペルの拝絹地（はいけんじ）付きで、ジャケットの後ろの裾が燕の尾のようにセンターで長く伸びているのが特徴。スラックスはジャケットと共布で側章（そくしょう）が2本入ったもの。ベストは襟付きの白地のピケや絹のもので、イカ胸シャツのウイングカラーに白の蝶ネクタイの組み合わせで着用される。タキシードを意味するブラックタイに対して、ホワイトタイという。

## エンファシス

（emphasis）

強調のこと。ある一点、もしくは主題を強調して訴求する演出技法。美的秩序の形式的な条件である〈形式原理〉の一つである。

## オアシス

（oasis）

本来の意味は、砂漠の中の水辺のように緑地や憩いの場所を指す。フラワーアレンジメントでは、花を生け込むためのレンガ大の保水材の名称として使われている。

## OEM（オーイーエム）

Original Equipment Manufacturingの略語で他社ブランドの製品を製造すること。家電や自動車などさまざまな企業で利用されている。またはOriginal Equipment Manufacturerの略語の場合、他社ブランドの製品を製造する企業のこと。

## OMO（オーエムオー）

Online Merges with Offline の略称。マーケティング手法の一つで、「オンラインとオフラインの統合」のこと。例えば、実店舗で試着した商品をスマートフォン決済で購入した場合、その情報が顧客のIDと紐づけられ、おすすめ商品やセールの案内など、その後のマーケティングに活用される手法。オンラインとオフラインを区別することなく、全体として一つの購買体験を構築している。オンラインからオフラインへの誘導を主とするO2O（On-line to Off-line）を一歩進めた考え方といえる。

## Ｏ２Ｏ（オーツーオー）

　on-line to off-line の略語。ネット店舗やソーシャルメディアなどの「オンライン」と、実店舗「オフライン」での購買活動が相互に影響を及ぼすこと。また、その影響を積極的に活用するために企業が実店舗とネット店舗の仕組みを融合させるマーケティング活動のこと。Ｏ２Ｏは実店舗への集客を促す効果とともに、顧客データを電子化して蓄積、分析することで、販売促進効果や消費者行動を正確に測定できる利点がある。

　近年、スマートフォンなどの急速な普及による消費者の購買行動の変化から、オンライン、オフラインという区別そのものの意味が薄れ、いつでも、切れ間なく消費者にアプローチするオムニチャネルが注目されている。

（→オムニチャネル）

## 横断幕

　横長の布などに文字を書き、周りに広く知らしめるための旗の一種。もともと道いっぱいに広げて行進する際に使ったことが名前の由来。百貨店などの屋上から吊り下げられている縦長の垂れ幕は「懸垂幕」という。インターネットのバナー広告の「バナー」は横断幕の意味からきている。

## 大型店

（big store）

　百貨店、量販店、大型スーパー

マーケット、チェーンストア、ショッピングビル、駅ビルなどをいう。

　「大規模小売店舗法（略称は大店法）」は商圏内における小売業の事業活動の調整に関する法律で、昭和49年（1974年）に施行された。売り場面積500㎡以上3000㎡未満（政令指定都市では6000㎡未満）の店を第2種大型店、それ以上を第1種大型店と規定した。その後、アメリカ企業の日本出店に伴い非関税障壁がアメリカ政府から批判されたため、新たに「大規模小売店舗立地法（略称は大店立地法）」が平成12年（2000年）に施行され、同時に大店法が廃止された。

　大店立地法では「店舗面積」が一定の基準面積（政令では1,000平方メートルと規定）を超える店舗が「大規模小売店舗」とされ、新設や変更の際に届出が必要となっている。

（→大規模小売店舗立地法）

## オーガニック

（organic）

　有機栽培（農薬を使わない栽培）のこと。自然志向、環境志向の昨今では衣服や寝具などオーガニックコットンを使用した商品や、食品ではオーガニックフードなど、無添加、無農薬をうたった商品や売り場が増えている。

　農産物、加工食品、飼料及び畜産物に関しては、有機食品のJAS規格に適合した生産が行われていると認定された事業者だけが、「有

機JASマーク」を表示できる。また、オーガニックコットン製品の国際認証基準には、欧州のGOTS（グローバル・オーガニック・テキスタイル・スタンダード）と米国のTS（テキスタイル・エクスチェンジ）などがある。日本ではNPO法人日本オーガニック協会（JOCA）、NPO法人日本オーガニックコットン流通機構（NOC）などが、オーガニックコットン製品であることを独自のタグで表示している。

## OJT（オージェイティー）

On-the-Job Trainingの略語。仕事をよりレベルアップするために企業内、職場内で行われる現場教育のこと。仕事上必要とされる知識、技能、態度を習得させることを目的とする。（⇔OFF-JT）

## オーセンティック

（authentic）

本物の、本格的な、という意味。ファッションでは、正統派といわれるスタイルや品質をもつもの、伝統的なものをいう。

## オーダーメイド

（order made）

注文服、あつらえ服のこと。顧客の注文に合わせてデザインや布地を選び、体のサイズに合わせて作られる服のことである。アメリカではカスタムメイド（custom-made）といわれている
（⇔レディーメイド）

## オーディオビジュアル

（audio-visual）

情報伝達手段として、音響（聴覚）と映像（視覚）を取り入れたもの。略して、AVともいう。

## 大道具

舞台、テレビ、映画、博覧会などの空間演出に使われる比較的大きな装置や建造物を総称していう。書割（かきわり）、建物、階段、樹木、岩など。

## オートクチュール

（haute couture 仏）

オートは高等な、高級な、クチュールは裁縫、仕立て、の意味で、高級注文服店、高級衣装店のこと。クチュリエ（裁縫師、主任デザイナー）が特定の顧客のために最高級の素材や技術で仕立てる、独創性の高いメゾン（店）の高級注文服である。

1960年代の大衆社会化は、少数の特権階級を対象とするオートクチュールの価値観を一変させ、1970年代以降はプレタポルテコレクションが世界のファッションを主導するようになった。
（→プレタポルテ）

## オーナメント

（ornament）

飾り、装飾品、文様などのこと。建築物を構成する諸要素（門、塔、柱、天井、壁、床など）や、家具、器、織物などの美的効果を高める

ために、対象物に従属する形で装飾として用いられる幾何学的図形や動物、植物、人間の形など、モチーフとしての個々の要素を指す。これから転じてディスプレイでは、商品を引き立たせる目的で用いられる小道具類（クリスマスツリーの飾り物など）をいう。

### オーニング

（awning）

キャンバス生地（帆布）などでできた日除け、雨除けのこと。建物の窓やベランダ、出入り口などに取付け使用される。古くからヨーロッパ各国の住宅や商業建築などで使われていた。開閉方法は、生地に沿ってアームが折れ曲がるタイプ、蛇腹（じゃばら）状に開閉するタイプなどいろいろな種類がある。キャノピーと類義語。（→キャノピー）

### オーバーストア

商圏需要より供給が過剰なほどの小売店が出店している状態をいう。2000年6月の大店法（大規模小売店舗における小売業の事業活動の調整に関わる法律）の廃止により、大型小売業の出店が基本的には無制限の状態となったため、オーバーストア化はますます激化している。オーバーストアは和製英語で、正しくは〈store saturation〉という。

### オーバーゾーニング

（over zoning）

従来のショップや売り場部門、品番による売り場構成の区分（ゾーニング）だけではなく、TPOS（Time, Place, Occasion, Style）やテイスト別、コーディネート訴求などの新しい切り口によるゾーニング。水平思考のマーチャンダイジングによる構成手法。

### オーバーラップ

（overlap）

一般には映像やイメージが「ダブる」「重なり合う」という意味。ある画面が消えつつ別の画面が重なってだんだんはっきりしてくるという場面転換技法の一つ。なかには、初めから二つ、あるいはそれ以上の画像が重なることもある。

### オーバル

（oval）

楕円形、卵形、長円形のこと。長円形の競技場やモータースポーツサーキットもオーバルと呼ぶ。

### オープン価格

（→希望小売価格）

### オープンケース

（opened showcase）

開放式の商品陳列ケース。顧客が直接、商品に触れて確認することができる利点がある。

### オープンディスプレイ

（opened display）

テーブルやシェルフの上に商品

を並べる見せ方で、顧客が直接手で触れて確認することができるのが利点。一方、ショーケースなどの内部に商品を並べる見せ方を、クローズドディスプレイという。貴金属などの高額商品、食料品など衛生上の配慮が必要な商品を並べるときに用いる。

## 屋外広告

屋外に設置する広告媒体の総称。代表的な形態ではポスター、照明看板、広告塔、アドバルーンなどがある。

屋外広告には、①継続的な広告効果が得られる。②さまざまな造形が可能である。③特定地域の対象に訴求できる。④照明効果がある、などの特性がある。

## 屋外照明

（exterior lighting）

屋根や天井のない開かれた場所に取り付ける照明のこと。屋外照明は、夜間の安全性の確保、防犯、安心感のある快適な視覚環境、楽しく華やかな環境づくりなどを目的に、その場所の性質、周辺の照明環境に応じて計画、設置されている。

それぞれの用途や目的に必要な照度を確保し、眩しさ（グレア）を抑えた照明が望まれる。屋外でのイベント用照明、建造物や植物などのライトアップなど集客目的にも活用されている。

## 屋内照明

（interior lighting）

商業施設をはじめ、住宅、事務所、工場など建物の屋内の照明。それぞれの用途や目的に必要な照度を確保し、眩しさ（グレア）を抑えた明かりが望まれる。VMDにおいても、商品の訴求効果のアップ、雰囲気づくり、顧客の誘導など、屋内照明は大きな役割を担っている。

## オケージョン

（occasion）

生活におけるさまざまな場面のこと。客や商品との関係を正しく把握することで使用価値を予測することができ、施設の利用や購買の具体的な機会として捉えることができる。一般的には、オンデューティ（オフィシャル時間）とオフデューティ（プライベート時間）とに分けて考える。

## オケージョンマーチャンダイジング

（occasion merchandising）

用途別商品の編集構成を図る手法で、消費者のライフスタイルや使用場面、生活場面に細かく適応させた品揃えのやり方。

## 折敷（おしき）

杉、檜などの薄い板で作った角盆で、形は四角（縁高折敷）と、四角の角を斜めに切った隅切（平折敷）の2種がある。食物などを載せるためや、物を備えるのに用い、懐石料理では膳として用いられる。

## オストワルト表色系

（Ostwald color system）

ドイツのオストワルト（1853～1932年）によって考案された色表示の体系で、混色系カラーシステムの代表的なもの。すべての色は黒色量、白色量、純色量の混合比で表されると考え、等比級数的混合比になっているものをアルファベットで表示する。オストワルト色相環は、黄（Yellow）、橙（Orange）、赤（Red）、紫（purple）、青（Ultramarine Blue）、青緑（Turquoise）、緑（Sea Green）、黄緑（Leaf Green）の8色相を3分割した24色相で、それぞれの色相に番号を付け、黄を1番として順に24までの数字で表わされる。色の表示方法は、色相番号、白色量を表わす記号、黒色量を表わす記号を、5gcのように連記する。(→マンセル表色系、PCCS)

## オプアート

（op art）

本来はオプチカルアート（optical art）の略称だが、語感によってオプアートの方が好まれ一般化している。1965年ニューヨーク近代美術館の「感応する目」展によって、広く知られるようになった。

1960年代から70年代のミニマリズム、コンセプチュアルアートという流れのなかの一つの動向。鮮やかな色面の対比、錯視や視覚心理の効果など、光学的技法により純粋に視覚的効果だけを追求したもの。バザルリなどが代表作家。

## オプティカルアート

（optical art）

錯視や視覚の原理を利用した絵画・彫刻の一様式。オプアートともいう。平面上の幾何学的な模様と色彩の操作で遠近や明滅、振動などを感じさせたりと、感覚器官に錯視的な効果をもたらす抽象芸術。1960代のコンセプチュアルアートの流れの一つ。

## オブジェ

（objet 仏）

本来は物体、客体の意味。美術においてはダダイズムの前衛芸術運動以来、題材（描写対象）よりも素材、材料の面で、既製品を含む日常的な物体の用途や役割を押さえながら、意外性や造形的面白さを引き出し、象徴的効果を内包させた造形物のこと。

## OFF-JT（オフジェイティ）

Off-the-Job-Trainingの略語。職場外での訓練や教育のこと。OJTと組み合わせて実施されることが多い。(→ OJT)

## オフニュートラル

（off neutral）

わずかに色味のある無彩色に近い色のこと。彩度の低い白、黒、グレーに近い色を総称していう。生成り（オフホワイト）、ベージュ、アイボリーなどがある。

## オフプライスストア

（off price store）

　小売業態の一種で有名ブランド品を低価格で販売する店舗。商品はメーカーの処分品、百貨店の売れ残り品や返品、正規ルート以外の仕入れ品で、現金買いで安価に仕入れる。(→アウトレットストア)

## オムニチャネル

（omni channel）

　オムニ omni は「あらゆる」「さまざまな」、チャネル channel は「販売経路」を意味することから、あらゆる販売チャネルや流通チャネルを統合すること。実店舗、テレビ通販、カタログ通販、ダイレクトメール、オンラインモールなどの通販サイト、自社サイト、ソーシャルメディアなど、あらゆる販売チャネルを融合し、顧客がいつでも、どこからでも、同じように商品情報を入手し、商品を購入できる環境を構築することをいう。

　インターネットやモバイル端末が急速に普及した現在、顧客に利便性の高い消費環境を提供し、販売に結びつける小売りのあり方。

## オリジナル商品

（original goods）

　企業が自ら企画、開発した優位性、独自性のある商品。特に販売業者が独自のマーチャンダイジングに基づいて企画、開発し販売する商品を指すことが多い。

## 織（おり）ネーム

　洋服やバッグなどに縫い付けられ、タグ状にしたもの。ブランド名やロゴをデザイン化したものにとどまらず、品質表示、お手入れ方法などを説明したものまでさまざまある。

## 織物

（textile）

　紡績した糸を経糸と緯糸にして織り上げたもの。織り方、糸の種類、用途などの分け方がある。

　織り方では平織（経糸と緯糸を交互に交差させて密に織る）と朱子織（経糸あるいは緯糸のどちらかを、織物の表面に長く浮かせて織る）、綾織（経糸と緯糸を3本以上、上下に組み合わせて連続で表面に綾目を浮き出させる織り方）がある。糸の種類により、綿織物、絹織物、毛織物、化学繊維織物、混紡繊維織物などと呼ばれる。服地、裏地、敷物など、用途による分け方もある。

　また、染め方により先染（糸を染めてから織ったもの）、後染（織り上げた布を染めたもの）がある。長さの単位はヤード、メートル、反、匹などが使われる。

（→ファッションマテリアル）

## 卸売業

（distributor）

　商品を仕入れて小売業や他の卸売業、業務用使用者に販売する事業者をいう。卸売りと小売りの区

別は販売先が消費者の場合小売業で、それ以外の業務用が卸売業となる。機能として集荷、加工、在庫、金融支援、情報提供、経営・運営サポートなどがある。問屋、卸問屋と同義に用いられる。

## オンデマンド
（on demand）

ユーザーからの要求に応じて，商品やサービスを提供する方式のこと。利用者が観たいときにさまざまな映像コンテンツを視聴できるビデオ・オンデマンド（VOD）は、オンデマンドという言葉が広く使われるきっかけになった。また、利用者の要求に合わせて少部数、小ロットで印刷することをオンデマンド印刷という。

## オンラインショッピング
（online shopping）

インターネットを通じて商品やサービスを購入すること。ネットショッピング、ネット通販、バーチャルショッピングともいう。

オンラインショッピングを提供するウェブサイト（オンラインショップ）は、商品の紹介ページや購入手続きのページなどで構成され、利用者は商品を選択し、購入の申し込みを行い、決済方法、入手方法、配達日時などを選択することができる。事業者は実店舗をもたないことでコストが抑制でき、利用者は、いつでもどこでも複数のサイトで価格やサービスを比較しながら買い物ができるなど、双方に多くのメリットがある。インターネットやスマートフォンの普及とともに、その利便性から近年急速に拡大した。

実店舗のショッピングモールになぞらえた「オンラインモール」では、さまざまなオンラインショップを集め、横断的に商品を検索・比較し、共通の手続きや登録情報で購入することができる。また、大手スーパーマーケットが展開する「ネットスーパー」（オンラインスーパー）では、実店舗の周辺に配達網を築くことで、生鮮食料品も含め当日配達を可能にした。その一方、個人での出店も比較的簡単にできることからインターネット上にはさまざまな事業者が開設する多種多様なオンラインショップがあり、店舗で販売しているほとんどの商品はオンラインで購入できる状態となっている。

## オンリーショップ
（only shop）

一つのブランドや、一つのメーカー商品のみを扱う店舗のこと。ブランドやメーカー直営店以外ではフランチャイズチェーンの展開が主となる。

## カートンディスプレイ

（carton display）

カートンとは①蠟（ろう）引きの厚紙や段ボール製の箱のこと②最小取引単位の商品を納めた箱のこと。カートンディスプレイとは、カートンに入った状態のまま売り場に陳列し、販売促進効果を狙うディスプレイのこと。食品スーパーやドラッグストアなどでよく見られる。

## ガーランド

（garland）

本来は、名誉や勝利のしるしとして体に付ける花輪や花飾りの意味。ディスプレイでは、花や葉、フラッグなどを連ねた装飾物をいう。

## 買上客数

入店客のうち、実際に商品を購入した客数のこと。来店客数のなかの買上客数の割合（買上率）や客単価を上げることが、売上げアップにつながる。

売上高＝買上客数×平均客単価
買上率＝入店客数÷買上客数
買上客数を増やすためにはショップの独自性を上げ、鮮度を保ち、リアルとバーチャルの双方からさまざまな販売促進をしかけることが重要だが、買上率を向上するために魅力的なディスプレイでタッチポイントを作ったり、買上点数を上げるためにコーディネートや

スタイル提案を視覚的に訴えるなど、VMDが売上げ向上に直接貢献できることは多い。

## 買回り品

消費者がいくつもの店を見て回り、比較検討して購入する商品のこと。テイスト、デザインや品質、価格などを比較検討した上で購入する商品のことで、耐久消費財や趣味品などを指す。消費者の購買習慣による商品分類の一つで、このほかに最寄り品、専門品がある。（→最寄り品、専門品）

## 回廊

（corridor）

建物や部屋を取り巻く廊下や、長くて折れ曲がった廊下のこと。コリドールとも呼ばれる。回廊をもつ店舗の場合、ＶＭＤは回廊からの視認性と見え方がとても重要。

## カウンターディスプレイ

（counter display）

カウンターやショーケースの上で展開される販売促進効果を狙ったディスプレイのこと。小物商品を見やすくするための演出や、新商品に注目をさせるために動きのある仕掛けなどで見せる。

## 価格管理

販売価格を地域や取引先、競合他社の動向などの市場環境に対応させて適正に維持管理していくこと。（→価格政策）

## 価格構成

小売業と製造業では若干意味が異なる。小売業では品揃えにおける値幅のこと。自店で取り扱う商品群の価格の上限から下限までの範囲で、いくつかの価格帯をカテゴライズし組み合わせる。業種や業態、対象とする顧客により上限と下限の位置づけ（プライスゾーン）を設定する。最も売れて顧客の支持がある価格帯をプライスラインという。製造業では製品の販売価格を形成する原材料費、製造費、管理費、流通コストなどの諸費用や利益の組み合わせをいう。（→プライスライン）

## 価格政策

マーケティング政策の重要項目の一つで、価格を決定するときの指針。価格設定と価格管理の領域がある。

価格政策は企業によってさまざまであるが、代表的なものには、①市場に早く商品を浸透させるために初めから低価格で商品を提供していく浸透価格政策、②ロイヤルティを確保するために初めはマーケットリーダーや高額所得者層を対象に高価格で市場に提供していき、徐々に価格を下げて市場に浸透させていく上澄み価格政策、③原価に一定の利益を付加する原価志向型価格政策、④競争関係を加味した差別的価格政策、⑤再販売業者に再販売価格を指示し維持する再販売価格政策などがある。

## 価格設定

製品（商品）価格を費用（コスト）、需要、競争状況などマーケティングと連動して決定すること。

価格設定の方法には、①原価に利益を付加するコストプラス法、②端数価格など買いやすさを基準にするパーシブドバリュー法、③顧客層の志向と所得を想定して決定するターゲットプロフィット法、④競合他社の価格を基準に設定するゴーイングレイト法などがある。（→価格政策）

## 鏡開き

一般的には松の内が明けた1月11日に行われる。神棚や床の間に供えておいた鏡餅を割って、雑煮やお汁粉を作って食し、無病息災を祈る行事。松の内を15日とする地方では、15日または20日に鏡開きを行う場合がある。京都では1月4日に行われる。

## 書割（かきわり）

舞台装置の一種で、風景や、座敷、建築物などを絵によって表現する技法、またはこのような描法で作られた張物や切り出しなどを指す。歌舞伎の背景画描法に由来した用語。

ショーウィンドウなどのディスプレイの背景、借景として設置されるビジュアルパネルも書割の一種。

## 角帯（かくおび）

男帯の一種。礼装や趣味的に用いられる帯で袋状のものと単（ひ

とえ）のものがあり、材質によっては芯を入れて仕立てたものがある。長さは約４メートル、幅は約10センチの狭い帯で固くしまった織のものが多い。博多織や錦織、斜子織（ななこおり）などが代表的。

## カクテルドレス
（cocktail dress）

夜の準礼装の一つで夕刻から開かれるカクテルパーティーなどで着用されるもの。イブニングよりも略式のもので、丈はノーマルからヒール丈まであり、ワンピースのほかにアンサンブル、ツーピース、パンツスタイルでもよい。おしゃれ着的な要素が強く、個性的に装うことがポイント。男性は女性の装いに対応した着装が求められる。（→フォーマルウェア）

## 核店舗
（key tenant）

ショッピングセンターや商店街などのような店舗集積の中で、中心となる顧客吸引力をもった大型店舗のこと。百貨店や量販店、スーパーマーケット、ホームセンターなどがある。アンカーテナント、アンカーショップ、キーテナント、マグネットストアなどとも呼ばれる。

## カジュアル
（casual）

気取らない、さりげない、定めのない、という意味。ファッション用語では、気軽に着られる日常着を総称してカジュアルウェアという。

## 可処分所得

個人の所得の中から直接税、社会保険料などを控除した、消費または貯蓄として自由に使える所得。給与所得者の場合は手取り収入のこと。従来は消費傾向や消費購買動向を予測する数値として有効であったが、最近ではクレジットの支払い、住宅ローンの支払いなどの負担が大きく、消費予測資料としては適切ではなくなってきた。

## 鎹（かすがい）

材木を強くつなぎ、また固定するためのコの字形の金具。ガチ、ガイともいう。

## カスタマーエクスペリエンス
（CX：customer experience）

商品やサービスを購入、利用する際に、顧客が受け取るすべての体験を指し、「CX」と表されるマーケティング手法。日本語では「顧客体験価値」と訳されている。

インターネットが普及し、顧客の購買行動に「検索」「SNSの活用」などの要素が加わったことで、従来の企業からの一方的な情報発信や、機能、性能、品質、価格などの「合理的な価値」だけでは、顧客の満足度を上げ競合他社との差別化を図ることは難しくなった。そのため、顧客データを分析し、細分化されたそれぞれの顧客層の購入過程、使用過程、購入後のフォロー

アップなどさまざまな場面でさまざまな「良い体験」を提供し、「感情的な価値」を向上させることが求められている。「感情的な価値観」の向上を重要視したマーケティング手法といえる。VMD もカスタマーエクスペリエンスを向上させる重要な要素となる。

## カスタマージャーニー
（customer journey）

　顧客が商品やサービスを認知し、興味をもって購入し、実際に利用し、利用が終わり廃棄するまでの一連の体験を「旅」になぞらえたマーケティング用語。顧客の人物像（ペルソナ）を設定し、顧客体験をその思考、感情の変化なども含めマップ化したものが、カスタマージャーニーマップ。顧客との最適な接点（タッチポイント）を探る有効な手法といわれている。

## 仮設工事

　建築や内装工事になどに伴い、必要となる仮の施設、設備、囲い、足場などを設置すること。仮設工事中にも店舗の魅力度や期待度を維持するために、囲いに対し仮設ＶＭＤやキービジュアルを設けることもある。

## 仮設店舗

　一定の期間を区切って、簡単な構造体で営業される店舗。代替店舗の他、イベント性をもたせた時限店舗として利用される。

## カットアンドソーン
（cut and sewn）

　ニット生地を裁断し、縫製した製品。カットソーともいう。成形編ニット製品（ファッショニング）と区分する用語。カジュアルなＴシャツやスカート、スウェット・ウェアが代表的製品。
（→フルファッショニング）

## カットソー
（→カットアンドソーン）

## カテゴリーキラー
（category killer）

　品揃えを特定のカテゴリー（商品部門・群）に特化し、低価格大量販売を強力に推し進める業態をいう。アメリカで 1980 年代後半に出現し、その後急成長を遂げた小売業態の一つ。カテゴリーキラーが出店すると、商圏内競合店の当該商品群の売上高が極端に低下し、取り扱いの中止や部門廃止・縮小などに追い込まれたことからこの名前が命名された。

　特徴としては、①大型でローコスト店舗、②特定商品カテゴリーに特化した圧倒的な品揃え、③ローコストオペレーション、④ロープライス、などが挙げられる。

## カテゴリーマネジメント
（category management）

　新しい商品分類基準で商品構成や売り場構成を検討し直し変更改善する管理手法のこと。新規カテ

ゴリーや重点カテゴリー等、カテゴリー（分類）を戦略的に捉えるという観点で売り場のレイアウトやスペースを計画化し管理することをいう。

分類することにより新たな価値を生み出すことが重要で、VMDにおいてはその価値が視覚的に伝わる手法を分類ごとに計画し表現することがミッションとなる。

## カマーバンド

（cummerbund）

シングルの打ち合わせのタキシードに用いられる数本の横ひだが付いた幅広の飾り帯。本格的には蝶タイ及びタキシードの襟に使われる拝絹（はいけん）と共地で作られ、ひだ数は決まっていない。ひだ山を上にして着装する。

## カマイユ、フォカマイユ

（camaieu、faux camaieu 仏）

カマイユ（camaieu）とは、フランス語で、単色の明暗のみで描いた浮き彫りのような効果をもつ「単色画」のこと。カマイユ配色とは、このカマイユ画法の微妙な色調の変化を採り入れた配色技法で、色相、明度、彩度やトーンに差がなく、ほぼ同じ色に見えるような色と色の組み合わせによるものをいう。ソフトで優しく統一感がある一方、色の差がはっきりしないため、ぼんやりとした印象を与えることがある。

カマイユ配色が同一または隣接

の色相を組み合わせるのに対し、色相とトーンにもう少し差をつける配色を、フォカマイユ配色という。フォ (faux) とは、フランス語で「偽の」という意味。フォカマイユ配色はカマイユ配色よりも色の差や濃淡がハッキリするので、ぼんやりとした印象が軽減される。

## 紙

（paper）

紙には使用目的に合わせてさまざまな種類がある。包装紙の紙には次のようなものがある。

洋紙には、クラフト紙、ロール紙、薄葉紙、セロファン紙、グラシン紙、オフメタル紙、アート紙、上質紙、マーメイド紙、クレープペーパー、レースペーパーなどがあり、和紙には、壇紙（だんし）、もみ紙、奉書紙、雁皮紙（かんぴし）、西の内紙、細川紙、油紙、薬袋紙、千代紙などがある。洋紙の国際規格はA判で、B判は日本独特の判。

### 日本標準規格・紙の仕上がり寸法

| 区分番号 | A列 mm | B列 mm |
|---|---|---|
| 0 | 841×1189 | 1030×1456 |
| 1 | 594× 841 | 728×1030 |
| 2 | 420× 594 | 515× 728 |
| 3 | 297× 420 | 364× 515 |
| 4 | 210× 297 | 257× 364 |
| 5 | 148× 210 | 182× 257 |
| 6 | 105× 148 | 128× 182 |
| 7 | 74× 105 | 91× 128 |
| 8 | 52× 74 | 64× 91 |
| 9 | 37× 52 | 45× 64 |
| 10 | 26× 37 | 32× 45 |
| 11 | 18× 26 | 22× 32 |
| 12 | 13× 18 | 16× 22 |

### 上手、下手（かみて、しもて）

（stage left、stage right）

上手とは観客席から舞台に向かって右手の方向をいい、反対に左手方向を下手（しもて）という。欧米では舞台から客席の方を見て定めるので、日本とは上手、下手の呼び方が逆になる。

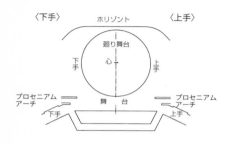

### カラーオンカラー

（color on color）

色の上に色を重ねるという意味で、ファッションでは、コーディネイト技法の一つ。同系色の単純な組み合わせや、コントラストの強い配色にさらに色を重ねる手法。

### カラーコーディネート

（color coordinate）

調和のある色の組み合わせ、調整のこと。ファッションコーディネートのなかで、デザイン、素材などと並んで重要。色は視覚的訴求力が最も高いため、商品企画、品揃え、店頭ディスプレイにおけるカラーコーディネートは、売り場づくりの重要なポイントとなる。ウェブサイトやＳＮＳにおいても同様である。（→カラーコントロール）

### カラーコントロール

（color control）

色彩調整。色のもつ視覚的あるいは心理的な効果を生かすことによって、売り場や住空間などが快適になるように調節、管理すること。売り場づくりでは、顧客に見やすく買いやすい環境を提供するという見地から、重要な検討事項となる。

同意語にカラーコンディショニングがある。店頭ディスプレイのテーマカラー、強調カラーを変えたり、カラーライゼーションによる展開統制を行う場合もカラーコントロールという言葉を用いる。（→カラーライゼーション）

### カラースキーム

（color scheme）

配色とその量配分を計画すること。デザインの分野では配色に関する枠組みや方針を指す。ディスプレイでは色彩設計のことで、素材の計画と併せて行い、パースや模型とともにプレゼンテーションに使われる。カラープランニング（色彩計画）ともいう。（→色彩計画）顧客に対してはブランディングイメージとしての視覚的な印象を形づくる大変重要な要素。

### カラーチップ

（collar tip）

襟の先端という意味。ウエスタンシャツの襟の先にアクセサリーとして飾る主に金属製のものをい

う。いろいろなシャツにアレンジ
され用いることがある。

## カラーチップ
（color chip）
　印刷物などの色基準として使用
する色見本帳。カラーガイドと呼
ばれることもある。

## カラーマーチャンダイジング
（color merchandising）
　売り場での色別展開に的を絞っ
た商品政策。テーマカラーを決め
る場合と、多色展開で構成する場
合とがある。
　テーマカラーでの展開は、シー
ズントレンドに合わせてシーズン
ごとにテーマカラーをまとめる方
法と、商品を特定のカラーに絞り
込む場合とがある。多色展開の場
合は、同じデザインで色数を増や
すことにより、選択の幅の広さを
訴求することができる。視覚的な
効果として色の果たす役割が大き
いので、カラーを基準に一定の法
則にしたがって商品陳列すること
により展開面にインパクトが生ま
れるとともに、一貫性のある売り
場づくりがしやすくなる。

## カラーライゼーション
（colorization）
　商品陳列の際、色の並べ方や順
番などに、色相、明度、彩度、トー
ンによる濃淡、明暗、強弱などの
規則性をもたせてコントロールし、
視覚効果を上げること。色相の配

列は色相環の順に並べると虹の色
のように徐々に変化する色相のグ
ラデーションとなり、一般的に美
しくリズミカルな視覚効果が得ら
れる。濃淡の配列は明るい色から
暗い色へと並べると自然に見え落
ち着く。色の配列は視線の動きを
意識して、左から右、前方から後方、
上から下というように並べるのが
基本。

## カラーリング
（coloring）
　彩色や着色法、配色などのこと。
デザインの配色を考え決定してい
くことや、商品コーディネート、
商品陳列などの色彩効果を考え決
めたりすること。

## ガレージショップ
（garage shop）
　アメリカの、自宅の車庫を解放
して行うガレージセールにヒント
を得て生まれた店舗形態。家具、
食器、衣料品、その他の品を、ガレー
ジのようなローコスト店舗で提供
する店のこと。アンティーク趣味
や工場モチーフ、チープ＆シック
などのテイストと相性がよく、環
境デザインを含めガレージスタイ
ルとして確立されている。

## 川上、川中、川下
（→アパレル産業）

## 環境アセスメント
　環境影響調査。大規模な開発事

業を行う場合に、事前に自然環境にどのような影響を与えるか調査すること。対象となる事業については、平成9年（1997年）に成立した「環境影響評価法」に基づき、手続きが定められている。

## 環境映像

（environmental video）

快適な室内環境を創り出すために用いられる映像。カフェバーなどの商空間で試みられたのが始まりで、最近では家庭でも使われている。インテリアビデオ (interior video) とも呼ばれている。店舗のブランディング表現として用いられることが多い。

## 環境音楽

（environmental music）

従来の特定のテーマやメッセージをもった音楽とは異なり、音響をデザインする目的で作られた音楽。いつでも、どこでも、何気なく聴ける空気のようなあり方をし、聴くことで精神的に現実から解放された時間をもてるように意図している。

1970年代末からブライアン・イーノなどが取り組んできた分野。環境音楽は顧客が意識せずとも影響を与えブランディングイメージを形作る要素の一つであり、顧客の視覚に訴えるＶＭＤとともに店頭演出としてイメージ連動されることが望ましい。

## 環境芸術

（environmental art）

作品のあり方として、表現行為を特定のメディアに限定せず人間生活を取り巻く普遍的環境の中に解放し、より日常的レベルで芸術を捉えようとすること。風景も作品の一部として取り込んでしまったり、音、光、色彩などの多様な表現媒体を用いて観客を包み込んでしまうなど、現代文明に対する強い意識が底流にあり、最も今日的な造型感覚といえる。建造物や自然などあらゆるものを梱包してしまうクリストやニコラ・シュフェールの風景に対する描写などがよく知られている。

商業空間においては、劇場型ＶＭＤと呼ばれる空間的演出や、ウィンドウのガラス面を超えて建物外観にまで造形が発展するデザインなどにも具体的な影響が見られる。

## 環形蛍光ランプ

（circular fluorescent lamp）

直状の蛍光ランプを丸く曲げた形状の蛍光ランプ。1955年に国内で初めて東芝が生産し、その後、一般家庭の照明手段として急速に発展した。主に 15w、20w、30w、32w、40w が一般的であり、光色もいろいろある。

## 環境デザイン

環境デザインは身の回りに存在するモノや建物、公園や街路など

の都市空間まで幅広い範囲が対象となる。その考え方の中心にあるは、人間には快適であっても自然にとっては負担がかかる開発やデザインであってはならず、そのデザインが未来まで持続可能であることが重要。

## 寒色

（cool color）

色には連想による感情作用があり、寒い、冷たい、涼しいと感じる色を寒色といい、青緑、青、青紫系の色。寒色には、収縮交代性、沈静感がある。（⇔暖色、中間色）

## 間接照明

（indirect lighting）

光源からの光が直接目に入らないように、天井や壁などに光を反射、拡散させる照明。照度は落ちるが、まぶしさもムラもないソフトな光が得られるので、ハイグレードなムードの演出には欠かせない照明方法。（⇔直接照明）

## 看板

（sign board）

企業、商店、劇場などが社名、屋号、営業品目、商品名、演目、役者名などを書いて掲げた屋外広告の一つ。看（み）せる板というところからこの名がある。木、プラスチック、金属（ステンレスなど）等、ある程度耐久性のあるものを材質とした、通常は板状の物体。

設置場所により、平看板、袖看板、掛け看板（ハンガー看板）、ネオンサイン塔、広告塔、立て看板、壁面看板、ロードサイン、野立て看板、建植看板などの呼び方がある。看板は屋外広告条例に規制されるので、設置には注意が必要。最近は液晶ディスプレイなどを使用した電子看板が増えている。
（→デジタルサイネージ）

## 観葉植物

葉の形や色が美しい観賞用の鉢植え植物。部屋に置く場合は空間に対して10％までが限度といわれている。環境や用途に合わせて鉢カバーを替え、雰囲気を演出することができる。総じてグリーンと呼称され、ＶＭＤにおいてはブランドイメージやスタイルを想起させる環境装飾物として欠かせないモチーフである。イミテーションの種類も充実している。
（→巻頭カラー頁　観葉植物）

## 関連販売

商品の用途や目的、テーマに関連のある複数の商品を意図的に組み合わせて編集陳列し、販売点数、客単価を増やす方法。ライフスタイルやライフステージに合わせたものや行事、祭事に合わせたものは効果も大きい。（→クロスセリング）

## キーテナント

（key tenant）

（→核店舗）

## キーワード

（key word）

文字通り鍵となる語。文章の意図を表す最も重要な語、または問題解決の上で重要な語という意味。アイデアの発想を進める上で、情報検索の手がかりとなる見出し語としても使われる。ひとつのキーワードが時代の変化を予測させることもあり、商品開発、販売促進、プロモーション、広告表現など対応すべき戦略に活用することができる。

## 機会損失

需要に対し、品切れや販売できなくなったことが原因で生じた損失。機会ロス、チャンスロス。事前に組み立てた計画のもとに想定した、最善の方法を実施していれば得られたであろう利益であるが、機会損失が発生したと考えられる場合にはその原因、関連する要因を分析で明らかにし、繰り返さないよう、さらに販売量と利益率を高められるよう手立てを講じることが重要。ディスプレイする商品はよく売れるため、機会損失が起きないよう欠品に留意する必要がある。

## 旗艦店

（→フラッグシップショップ）

## 企業イメージ

（corporate image）

顧客にとっての、企業のトータルな印象を企業イメージという。企業イメージを生み出す要素は、社名やシンボルマーク、扱い商品、企業から発信される広告や広報活動まで幅広く、生活者の目に見え、耳に聞こえるすべてが対象となる。商品の品質やデザイン面で他社との差別化が難しい場合に、購買決定は企業イメージに左右されることが多い。ＶＭＤは企業イメージに直接影響する。

（→コーポレートアイデンティティ、ストアイメージ）

## 器具、ＭＰツール

商品の特徴や性格をはっきりと提示したり、商品を見やすくするために補助的に用いるもの。器具そのものにデザイン性をもたせたものもある。マネキンやボディは主に服の形や色、素材、着装感などを表現するための器具。そのほか、商品アイテムに対応し、棚上や什器上で使うさまざまな種類の器具、IP ツール類（PP ツール、IP ツール）がある。

アイテムごとに異なる展開特性を踏まえ、最適な位置、高さ、角度に設置でき、誰でも簡単に運用できることが設計上重要。（→マーチャンダイズプレゼンテーション）

## [ 器具（PP ツール類・IP ツール類）]

スタンド

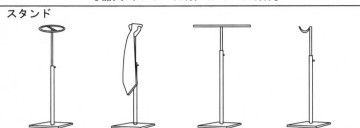

アクリルスタンド

ライザー

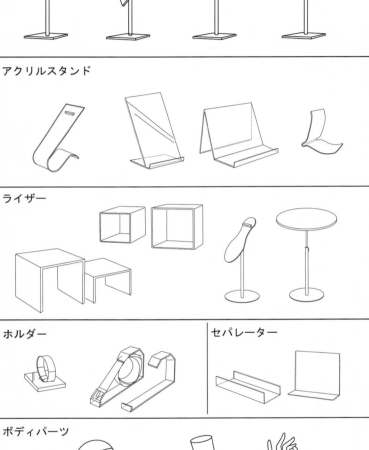

ホルダー

セパレーター

ボディパーツ

卓上フォーム

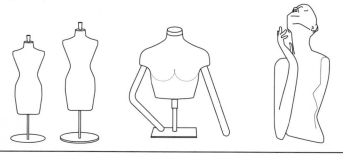

コーディネートスタンド

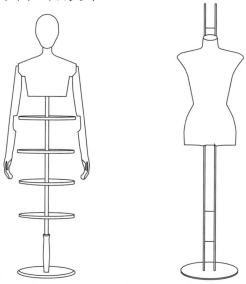

<スタンド（stand）>
高さや角度を変えて商品を見やすくする。

<ライザー（raiser）>
商品を見やすい高さまで上げる。

<ホルダー（holder）>
商品を支えて見やすくする。

<セパレーター（separator）>
商品を分類、区分する。

<ボディパーツ（body parts）>
商品の特徴をよりリアルに表現する。

<フォーム（form）>
着装感を表現する。

<コーディネイトスタン（coordinate stand）>
関連商品を一緒に提案する。
（→ボディ、マネキン）

## 器具効率

光源から照射される光束のうち、照明器具の外部へ照射される光束の割合のこと。一部の例外を除き、光源からの光は全方向へ放射される。照明器具には、これを意図する方向へ配光するために反射板などが設けられているが、この部分で損失が生じる。照明器具からの光束と光源の光束比を器具効率といい、%で表す。

器具効率＝（器具から出る光束÷光源の光束）×100%

一般的には50～80%程度であり、数値が高いほど器具効率がよく、光源から放射される光が利用されていることを表す。

## 季節指数

季節や社会慣習、行事などによる売上高の変化を指数で表したもの。販売計画や予測などに活用される。計算方法には年間売上高を12で割り月平均売上高を出し、各月の諸事象を考慮し比率を出す「月別平均法」などがある。分析に基づき次年度の営業計画に活かされるため、VMDテーマの切替計画にも直結する。

## 季節変動指数

売上高の季節的な変化の度合いを表わす指数。売上げに影響を及ぼす要素としては、季節的な自然現象や社会的現象が挙げられる。季節変動指数は循環的変動傾向を示すといわれ、この周期性を数値

としてとらえたもの。計算方法はいくつかあるが、最もやさしい単純平均法での指数算出の公式は、＜季節変動指数＝1200÷過去3ヵ年の平均売上高合計×月の平均売上高＞。

## 輝度

ある方向から見た物の輝きの強さで、記号はL、単位はcd/㎡（カンデラ毎平方メートル）、nt（ニト、1nt=1cd/㎡）、sb(スチルブ、1sb=1×10⁴cd/㎡)を用いる。輝度は、光源から照射方向への光の強さを、その方向からの光源の見かけの面積で割った値。ほどよいレベルの輝度は人に快い刺激やきらめきが感を与えるが、高すぎるとグレア（まぶしさ）となり、不快感や疲労を起こさせる。

## 技能検定

技能労働者が働く上で身に付ける、または必要とされる技能の習得レベルを、職業能力開発促進法に基づいて一定の基準で検定し公証する国家検定制度。技能者の技能習得意欲の増進、社会的・経済的地位の向上、教育訓練の目標の明確化などを目的とする。

この技能検定は試験の難易度によって1級、2級、3級に区分され、実技試験と学科試験により実施される。両方の試験に合格した人には、1級は厚生労働省大臣名の、2級・3級は各都道府県知事名の合格証書と技能士章が交付され、「技

能士」と称することができる。

　VMD に関連の深い「商品装飾展示」職種については、1986 年度に初めて検定が実施されて以来、毎年実施されている。日本ビジュアルマーチャンダイジング協会は専門的な立場から、人材育成、能力開発等、関連業界の期待と発展振興に資するため、活動の一環として本制度の実施を支援している。

## ギフト

（gift）

　贈り物、進物、贈答品の意味で広く使われている。特にお中元、お歳暮、結婚や出産のお祝い、お返し(内祝い)などの慣例的な贈り物を指すことが多い。これに対し、親しい間柄で交わされる個人的な気持ち（好意、善意、友情など）を表すための贈り物は、パーソナルギフト、またはプレゼントといい、誕生日、クリスマス、母の日などに贈られる。

## 希望小売価格

　標準小売価格ともいいメーカーが希望する小売価格のこと。小売業にとっては一つの目安になる価格。

## 着物

　和服と同義語で、日本古来の衣服の総称。季節に応じて着分け、袷仕立て（裏のあるもの）は 10 月〜 5 月、単衣仕立て（裏のないもの）は 6 月〜 9 月、特に 7、8 月の盛夏は絽や紗のような透ける単衣仕立てとなる。目的や用途により帯や小物との組み合わせを考えることが大切で、正礼装、準礼装、略礼装、外出着、街着、家庭着などの種類に分けられる。洋服にも、着物スリーブ、着物ショルダーのように着物のディテールが用いられている。（→ 86 〜 89 頁 イラスト、チャート参照）

## 客層

　企業や店舗などが、マーケティングやマーチャンダイジングの対象としている人々。性別、年齢、所得、学歴、職種、クレジットカードの種類、価値観、ライフスタイルなどの要素による購買行動の違いを基準にいくつかのグループに分類される。

## 客単価

　客一人当たりに対する平均買上金額をいう。

　店舗の「売上高」＝「客数」×「客単価」で表されるように、店舗運営における商品戦略上の重要な数値である。客単価を上げるには、商品単価を上げる方法と買上点数を増やす方法がある。VMD によりコーディネートやスタイル提案を視覚的に訴えることは一人当たりの買上点数の増大＝客単価の向上に大変効果があり、結果として売上向上に直接貢献できる。

## ギャザリング

　ピンワーク技法の一つ。ギャザーの寄せ方や分量によりボリューム感や変化を表現することができる。
（→ピンワーク）

〈基本のとめ方〉

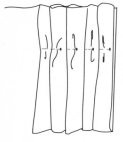

・布地幅を二つに折り、ドレープの分量を決めて、布地幅の１／３位の位置をピンでとめる。

〈ボリュームを出す表現方法〉

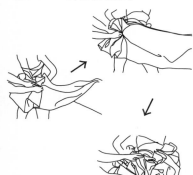

## キャスター

（caster）

　什器、器具、家具などの脚や低部に付ける脚車で、移動を容易にする目的で取り付けられる。脚車の方向が固定式のものと、移動が自在の回転式とがある。什器やVMD器具においてはデザインの一要素でもある。

## キャッシュアンドキャリー

（cash & carry）

　現金払いで商品持ち帰り制の販売方式。現金問屋、現品問屋、前売問屋といわれる卸売業者の販売方法。物流活動と営業活動にかかるコストを削減し、その分商品を安く販売することができる。店舗の立地条件としては問屋街や卸売市場周辺となる。東京の日本橋横山町、大阪の丼池、岐阜の問屋街などが有名。

## キャッシュフロー

（cash flow）

　お金の流れを意味し、事業活動における現金の収支を指す。主に企業活動によって実際に得られた収入から、外部への支出を差し引いて手元に残る資金の流れのことをいう。現金収入を原則として把握するため、将来的に入る予定の利益に関しては含まれない。

## キャッチフレーズ

（catch phrase）

　広告コピーの一つで、広告の内容を簡潔に言い表したもの。人々の注意を引き、興味をかき立てて本文を読ませようとするインパクトの強い見出し的な広告文。人々の好奇心にアピールしたり、意表をつくなどの表現がとられる。比較的短期間に用いられるが、固定化され長期で用いられるものもある。キャッチライン、ヘッドラインともいわれる。

# ［着物の名称１］

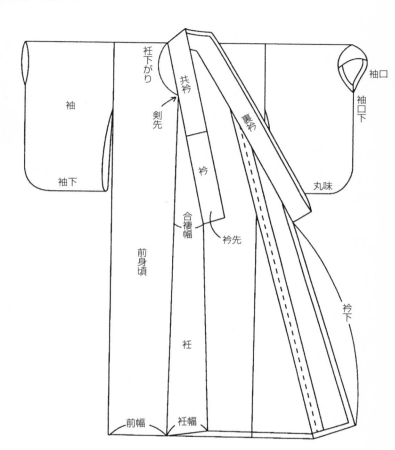

袖

袖下

衽下がり

共衿

剣先

裏衿

衿

合褄幅

衿先

前身頃

衽

前幅

衽幅

袖口

袖口下

丸味

衿下

# ［着物（長着）のたたみ方］

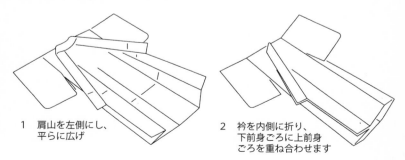

1 肩山を左側にし、
平らに広げ

2 衿を内側に折り、
下前身ごろに上前身
ごろを重ね合わせます

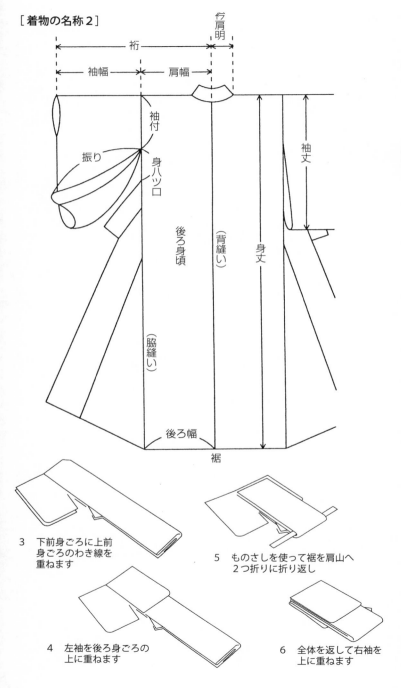

[ 着物の名称 2 ]

衿肩明

裄

袖幅 — 肩幅

袖付

振り

身八ツ口

後ろ身頃

(背縫い)

身丈

袖丈

(脇縫い)

後ろ幅

裾

3　下前身ごろに上前
　　身ごろのわき線を
　　重ねます

5　ものさしを使って裾を肩山へ
　　2つ折りに折り返し

4　左袖を後ろ身ごろの
　　上に重ねます

6　全体を返して右袖を
　　上に重ねます

キ

## 和装のチャート（女性）

| 慶弔の別 | 慶事 |  |  |  | 弔事 |  |
| --- | --- | --- | --- | --- | --- | --- |
| 正準略別 | 正礼装 |  | 準礼装 | 略礼装 | 正礼装 | 略礼装 |
| 未既婚の別 | ミセス | ミス | ミス・ミセスの区別なし | ミス・ミセスの区別なし | ミス・ミセスの区別なし | ミス・ミセスの区別なし |
| 服種 | 黒留袖。染抜日向五つ紋又は三つ紋、共裾。 | 色留袖。左に同じ。 | 大振袖、中振袖。（共裾） | 色無地紋付。訪問着。染抜の三つ紋又は一つ紋。格調の高い華やかな小紋。 | 黒無地。染抜日向五つ紋、共裾。 | 色無地紋付。染抜日向三つ紋、又は一つ紋。 |
| 素材 | 一越ちりめん。夏は絽。 | 一越ちりめん、紋綸子、どんすちりめん。夏は絽。 | 一越・紋意匠・どんす・紋綸子ちりめん。夏は絽。 | 左に準ずるが化合繊もよい。 | 羽二重又はちりめん。 | 羽二重又はちりめん。紋綸子（つやのないもの）。 |
| 色柄 | 黒地、裾に吉祥文様を絵羽染。 | 色無地、裾に吉祥文様を絵羽染。 | 吉祥文様を総模様に絵羽染めしたもの。 | 黒、白以外の色無地、地紋は吉祥地紋。訪問着は絵羽染。 | 黒無地、地紋なし。 | 紺、グレー、紫の色無地で、地紋はさや型、木目、雲どり、蓮、流水など可。 |
| 下着 | 白一越ちりめん、白羽二重（比翼仕立）。 |  | 白・ピンクなど比翼仕立。（大振袖） |  |  |  |
| 長襦袢 | 白一越ちりめん、白綸子白羽二重、金紗、夏は絽。 | ピンク、朱の色無地かぼかし染め又は絵羽染めの紋綸子。 | ピンク・水色、黄系のうす色の色無地か紋綸子。伊達衿をつけてもよい。 | 左に準ずる。 | 白一越ちりめん、白紋綸子。 | 左に同じ。 |
| 帯 | 吉祥文様、有職紋様を織り出した丸帯又は袋帯。夏は絽。 | 左に同じ。 | 吉祥紋様を織り出した袋帯。夏は絽。 | 袋帯又は（織）なごや帯。 | 黒地、地紋はぼん字、さや型、木目、雲どり、蓮、流水は可。 | 左に同じ。 |
| 帯あげ | 白総絞り。白模様絞り。夏は白綸子白絽。 | 朱、紅、緑、水色などの模様絞り、総絞り。 | 絞り倫子、色は自由。 | 倫子などに限らず化合繊でもよい。色は自由。 | 黒綸子。 | 左に同じ。 |
| 帯じめ | 白の丸ぐけ。金または銀の組紐。 | 白の丸ぐけは金、銀、色ものの丸組紐、平打紐。 | 丸組、平打紐で色は自由。 | 左に同じ。 | 黒丸ぐけ又は黒平打紐。 | 左に同じ。 |
| 帯留め | 真珠、ひすい、さんごなどの宝飾品。 | 左に同じ。 | 真珠、ひすい、さんごなどの宝飾品。陶製も可。 | 素材は自由。 |  |  |
| 髪飾り | べっ甲、金、象牙製や宝石入りの櫛、かんざしなど適宜。 | 宝石入り櫛、かんざしやリボン、花など適宜。 | 左に準ずる。 | 櫛、かんざし、リボン、花など適宜。 | 髪飾りなし。 | 左に同じ。 |
| バッグ | 佐賀錦、つづれ、金銀など小型のドレッシーなもの。 | 左に同じ。ビーズも可。 | 左に順ずるが布製、エナメルなど自由。小型のもの。 | 左に順ずる。 | 黒布製の小型。 | 左に同じ。 |
| 草履 |  |  |  |  |  |  |
| 装身具 | 結婚指輪や宝石指輪のドレッシーなもの。国際社交の場では七大宝石などのイヤリングも可。 | 宝石指輪のドレッシーなもの。 | 左に順ずる。 | 左に順ずる。 | 結婚指輪以外は不可。石は内に隠す。 | 左に同じ。 |
| コート | ちりめん、紋綸子などの七、八分丈コート、長コート、色無地が良。 | 左に同じ。 | 左に順ずるが、絵羽模様のものも可。 | 左に同じ。 | 黒又は地味な色。 | 左に同じ。 |
| 肩掛け | 毛皮（ミンク、フォックス）、カシミヤ、レースなど季節によって適宜使用。 | 左に順ずる。白うさぎが最適。（清楚で可憐な味を出したい） | 左に順ずる。 | 左に順ずる。 | 黒又は地味な色の布製。 | 左に同じ。 |
| 足袋 | 四～五枚こはぜの白足袋。 | 左に同じ。 | 左に同じ。 | 左に同じ。 | 左に同じ。 | 左に同じ。 |
| 備考 | 白の象牙の扇子を持つのが正式。時計はバッグの中にひそませ、ネックレス、ブレスレットはタブー。和装に手袋は不要。 | センスはなくともよい。 | サファイアブルー（濃い青）の色無地紋付などは帯そのほかを取り替えることで慶弔両用になる。 | 羽織は、紋の有無を問わず、会場・玄関先などでは必ず脱ぐのが正式。 | 白喪服着用も考えられ、その場合はすべて白になる。葬儀から三回忌までの法要、特に喪主、親族、目上の不幸には略さないのがマナー。 | とりあえずの弔問、通夜、三回忌以後の法要、霊祭。 |

キ

## 和装のチャート（男性）

| 慶弔の別 | 慶　　　事 | | | 弔　　　事 |
|---|---|---|---|---|
| 正準略別 | 正　礼　装 | 準　礼　装 | 略　礼　装 | 正、準、略とも慶事に準ずる |
| 呼称 | 黒　紋　服 | 色　紋　服 | 略　紋　服 | |
| 羽　織 | 黒無地羽二重、五つ紋付き（染抜き日向紋）。 | 色羽二重、五つ紋または三つ紋付き。 | お召、袖の無地、鮫小紋ちりめん、一つ紋付き（縫紋）。 | 正、準、略とも左記に準ずる。 |
| 長　着 | 黒無地羽二重、五つ紋付（染抜き日向紋）。 | 色羽二重、お召、五つ紋または三つ紋付き。羽織と対に。 | 羽織と対又は同系濃淡など、一つ紋付き（縫紋）。 | |
| 袴 | 仙台平の場乗袴（とうが高く、裾の広い馬上仕立のもの）。 | 仙台平又は同素材、お召の馬上袴、あんどん袴、仕舞袴。縞模様、金らんなども可。 | 同素材の馬上袴、あんどん袴、仕舞袴。最近はつけないことも多い。 | |
| 下　着 | 白羽二重が正式。近年は紺、ねずみ色も許される。 | 左に準ずる。一般的な色なら可。 | 自由。 | ねずみ色の下着を着用する。 |
| 長襦袢 | 白絵羽、色無地友禅、半衿は白、ねずみ色、黒、紺。 | 左に準ずる。 | 色無地（紺、ねずみ色、茶、黒）の羽二重。半衿は色もの。 | 色無地羽二重、又は色羽二重、半衿は黒。 |
| 羽織紐 | 白の平、丸組紐、殿様（又は大名）結び。 | 左に準ずるほか、羽織の地色に合わせた色物も用いられる。 | 左に準ずる。 | 黒又はねずみ色の紐にする。 |
| 帯 | 錦、つづれなどの角帯、一文字結びがよい。 | 左に準ずる。 | 西陣、博多、米沢などの角帯。 | 錦の角帯以外を使用する。 |
| 持ち物 | 白扇。 | 左に準ずる。 | 自由。 | 白扇は持たない。 |
| 草　履 | たたみ表で裏雪駄。鼻緒は本来は白。 | 左に準ずる。鼻緒は黒、濃紺など色物もよい。 | 左に準ずる。 | たたみ表で裏雪駄。鼻緒は黒。 |
| 足　袋 | 白足袋、羽二重キャラコ。 | 白足袋、キャラコ。 | 白又は黒、紺でも可。 | 本来は黒。 |
| 備　考 | 腕時計、洋風の下着（メリヤスシャツ）は不可。 | 色紋服・略紋服として、紺・茶・ひき茶・紫などが一般的に用いられる。 | | 喪章は、和装にはつけない。 |

キ

## CAD（キャド）

（computer-aided design）

コンピュータを使用して設計することや、コンピュータによる設計支援ツール（CADシステム）を指し、「コンピュータ支援設計」と訳される。

日本ではJISにより「製品の形状、その他の属性データからなるモデルを、コンピュータの内部に作成し解析・処理することによて進める設計」と定義されている。CADを使用した製図作業や図面作成には、 技術習得が必要だが、「正確な処理」「編集が容易」「データ化」「ソフト間の互換性」などの利点がある。

同義とされるCAD（computer-assisted drafting / drawing）はコンピュータを用いた製図（システム）を指す。

## キャノピー

（canopy）

天蓋（てんがい）やこれに似た形の覆いやひさし。本来はヨーロッパのベッドスタイルの一つで、天井からベッドに吊るす布製の天蓋のことをいう。建築用語では、商業空間のファサードのテントや、壁がなく柱で支えられた天蓋スペースをいう。（→オーニング）

## キャプション

（caption）

ページの見出し、章、節、論説などの表題、題目。特に写真や絵の説明文、映像作品の字幕をいう。展示会などでは、作品の下に貼ってある小さな札を指す。

## キャラクターブランド

（character brand）

キャラクターブランドとはアニメーションの登場人物や有名な人物などを、マークやプリントなどにデザイン化しあしらったもの。Tシャツなどの衣類から文房具、玩具、菓子、食器まで、幅広い分野で商品化されている。

有名なキャラクターとしてミッキーマウスなどのディズニーキャラクター、海外でも大人気のポケモンなどがある。ファッションにおけるキャラクターブランドとは、企業などがマーチャンダイジングに基づいたコンセプトによりキャラクター性を打ち出したブランドを指す。

（→DCブランド）

## ギャラリー

（gallery）

回廊、長廊下、画廊、美術館の展示スペース。観客、観衆のこともいう。

## キャンペーン

（campaign）

商業的または政治的な目的によ

り、特定のテーマで組織的計画的に一定期間行う一連の宣伝や販売活動。消費者への商品認知やイメージアップを目的としたセールスキャンペーンや、企業そのもののイメージアップを目的とした企業戦略キャンペーンなどがある。

## QSC（キューエスシー）

Quality（クオリティ・品質）、Service（サービス）、Cleanliness（クリンリネス・清潔さ）の頭文字をとったもの。店舗オペレーションのレベルの評価をするときにこの語を使って表現することが多い。特に外食ビジネス成功の3要素と言われ、飲食店の運営の基本に取り入れられている。

## キュビスム

（cubism）

立体主義。「自然のすべての形は球、円筒、円錐形に還元できる」というセザンヌの絵画思想とその芸術を基点とし、アフリカ原始民族芸術に暗示を得て、1908年頃からピカソ、ブラック、レジェなどが進めた絵画運動。

すべての形を幾何学的な立方体（cube）をもとにして表現しようとした。遠近法的距離感と決別し、視点の変化によって得られる対象の多様な相を同一画面上に幾何学的に再構成した。理論的には行き詰まったが、モダンアートの出発点としての意味は大きい。

## 競合

市場や顧客の確保をめぐり企業や店舗が競い合うこと。取引を獲得するために行われる受注競争状態を指すこともある。最近では事業内容が複雑化し、業種、業態内だけでなく異業種、異業態間の競争状態が起こっている。

## 競合店調査

競争している店舗を調査することをいう。目的は自店の弱点を強化し、良いところはより伸ばし競争相手に勝つことにある。調査は目的をもち定期的に行うことで効果が出る。

## 経師（きょうじ）

本来は、経文を装飾する職人や襖、巻物、屏風などを表具する職人。インテリア用語では、壁面などに加工紙や壁紙を張ること。

## 業種

（kind of business）

取り扱い商品による事業分類をいう。以前の小売業は、取り扱い商品の種類で分類する業種を中心とした営業形態が主流だったが、近年におけるライフスタイルの変化、ニーズの多様化により、業種別店舗から業態化が進行している。

## 狭照形照明器具

スポットライト、ダウンライト、投光器などの配光で比較的狭い範囲に光を集める器具。商品を浮か

び上がらせ目立たせる場合や、離れた所から照明するのに適している。

## 競争価格

　企業間の競争下に打ち出される価格をいう。低価格の打ち出しで利益を確実に確保するため、商品開発や市場占有による利潤追求の企業活動が基本となる。

## 業態

　（type of operation）

　顧客に商品を提供する方法による事業の分類。商品構成、価格ゾーン、販売方法、店舗形態、立地などによる小売業の分類方法で分類できる。

　主な有店舗販売の形態としては、百貨店、ショッピングセンター、スーパーマーケット、ファッションビル、駅ナカ、コンビニエンスストア、セレクトショップ、アウトレットストアなどがある。無店舗販売形態としては、テレビショッピング、通信販売、カタログ販売などに加え、インターネットの普及とともに、ECが急成長してきた。

## 共同仕入れ

　複数の小売業者が、共同で商品を仕入れること。それによるメリットとしては、①仕入れ単位の数量（ロット）がまとまるので産地や海外からの直接買付けが可能になり、②原価引下げなど有利な取引条件を獲得でき、③共同販促をすればオペレーションコストの削減、な

どがある。

## 鏡面仕上げ

　主にステンレス、鉄やチタン、アルミや真鍮（しんちゅう）などの金属材料を研磨して、鏡のように滑らかで光沢のある仕上げをすること。

## 局部照明

　（→重点照明）

## 清刷り（きよずり）

　活版から得た精密な印刷物のことで、他の印刷物の製版版下に使用するために作ることが多い。例えばロゴタイプ、ロゴマークなど、写真植字以外のものを上質な紙に印刷したもの。ポスター、カタログをはじめパッケージ、包装紙などあらゆる商業的な印刷物をデザイン、印刷発注する際に必要なものである。ＩＴ化が進んだ昨今では電子データが代用されるケースがほとんど。

## 許容電流

　あらかじめ設定された安全に使用することができる電流の最大値。

## 切出し

　舞台美術に必要な紋様や物の形をベニヤ板、合板などに切り抜き、立てられるように裏から材木の枠を打ち付けて彩色した平面的な大道具。

## 空間主義

（spacialismo 伊）

彫刻家ルチオ・フォンタナが推進したイタリアにおける未来派以降の重要な芸術運動。

1946年ブエノスアイレスで発表した「白の宣言」の理念に基づき、47年にミラノにて「空間主義第1宣言」、51年には「空間主義技術宣言」を発表。時間と空間の結合による新しい芸術の方向を示し、鋭く切り開いたキャンバスの作品や空間にネオンを構成した作品は、環境と芸術の関係における空間意識という視点で、強い影響を与えた。

## クーポン

（coupon）

値引きや見本品提供などの優待券で、販売促進の一手段である。オンラインで提供されるものは電子クーポンと呼ばれる。メーカーや小売店が新聞、雑誌、チラシ広告、商品のパッケージなどに刷り込んだもの（オンパッククーポン）や、各社がタイアップして小冊子にまとめたもの、オンライン広告などがある。

クーポンの回収、精算処理は面倒だが、実質価格の値下げによる需要拡大や新商品の導入には効果的である。また、売り出しの商品や期間が特定できるため、効果測定や顧客分析などマーケティング機能としても活用できる。

## 躯体（くたい）

建築物の構造体のこと。建築物の骨組みにあたる部分のことで、内外装の仕上げと設備機器以外のものをいう。

## 口コミ

人の口から口へと伝わるコミュニケーション。企業サイドからの一方的意図的な訴えでなく、個人の意思で伝わることから情報信頼性が高いとされ、広告以上に大きな影響力をもつこともある。最近ではウェブサイトのクチコミが情報の発信源となってきている。

## 靴

（shoes）

洋風の履物（はきもの）の総称。靴の種類 はくるぶしを基準に大別され、くるぶしより上まであるブーツ、くるぶしより下でカットされたシューズ（短靴）、さらに下のパンプス、開放的なサンダルなどがある。

（→次頁 イラスト参照）

## クライアント

（client）

顧客、得意先、依頼主などの意味で、広告用語では広告主を指す。一般的な顧客（customer）の意味あいとは少し異なり、ある特定の業務を専門家もしくは専門会社に発注する人や企業をいう。

# ［靴の種類］

パンプス

セパレーツパンプス

Tストラップパンプス

ウェッジヒール

**ク**

アンクルストラップパンプス

アンクルブーツ

オープントゥパンプス

オペラパンプス

ハイカラーパンプス

バックストラップパンプス

サンダル

サイドオープンパンプス

ミュール

ミュール

ギリーパンプス

フラットシューズ

サドルオックスフォード

ビットモカシンローファー

タッセルローファー

モカシン

ムートンブーツ

ウエスタンブーツ

ブーツ

## ［靴の種類］

プレーントゥ　　　ユーチップ　　　ウイングチップ　　　モンクストラップシューズ

サドルシューズ　　ストレートチップ　　ドクターシューズ　　スニーカー

コインローファー　スリッポン　　タッセルスリッポン　　デッキシューズ

ワラビー　　ストラップチャッカー　　デザートブーツ　　チャッカーブーツ

サイドゴアブーツ　ジョドバーブーツ　　ワークブーツ　　登山靴

**ク**

## クラスター分析

　クラスター（cluster）とはぶどうの房の意味。集団、群れのことをいう。異なる性質のものが混ざり合う集団（対象）の中から、互いに似ているものを集めて一つのグループにくくったものをクラスターと表現する。このように、共通した特性により対象を分類する統計的分析手法をクラスター分析という。これは消費者の生活行動、購買行動の変化を察知するための基本である。

## グラデーション配色

　グラデーションとは「徐々に変化すること」「濃淡法」の意。グラデーション配色は、色を規則的に少しずつ変化させていく配色法であり、色の三属性をもとに、「色相

のグラデーション」「明度のグラデーション」「彩度のグラデーション」「トーンのグラデーション」の四つの種類を作ることができる。色相環の順に色を並べると虹の色のように徐々に変化する色相のグラデーションとなる。

明度のグラデーションは、高明度から低明度へ、あるいは低明度から高明度へと段階的に変化させる。色を段階的に並べることにより、リズム感が生まれると同時に、安定感と調和を与える配色法である。

ク

## グラフィックデザイン
（graphic design）

主に印刷媒体として表現されるデザインのこと。現在では写真植字やVTR、CGなどの映像もそのまま印刷することが可能になったことから、ビジュアルデザインと同じような意味で用いられる。また、視覚メディアの多様化により、「平面的な媒体表現」を超えて、あらゆる視覚媒体のデザインに活用されるようになった。

## クリアランスセール
（clearance sale）

在庫一掃大売り出しや蔵払いのこと。季節の変わり目や、決算月など年に何回か商品在庫を処分するために価格を下げて販売すること。本来通常のバーゲンセールとは意味が違うのだが、最近では同じような使われ方をしている。

## クリエイティブリユース
（creative reuse）

家庭や企業から必然的に出てしまう廃棄物を集め選別、整理し、人間の創造力によって新しいかたちで活用するという考え方と取り組みのこと。

## クリスマス
（Christmas）

キリストの降誕祭。もとは太陽の新生を祝う冬至の祭りが、キリスト教化したもの。

12月25日はキリストの誕生日を祝う日で、クリスマスデーという。この日アメリカでは法定休日、イギリスでは公休日となっている。アメリカでは12月24日から1月1日まで、イギリスでは12月24日から1月6日までをクリスマスタイムと呼んでいる。近年では、宗教上の配慮として、メリークリスマス（Merry Christmas）の代わりにハッピーホリデー（Happy Holidays）という言葉も使われている。

## クリック＆モルタル
（click and mortar）

インターネットを利用した電子商取引（クリック）と実店舗（モルタル）をシームレスに連動、融合させた経営手法。ネット上で展開するビジネスと実際の店舗展開ビジネスの両方を行うことで販売促進の相乗効果を狙う。

英語で歴史と伝統をもつ企業を

「ブリック＆モルタル」（レンガと漆喰）と呼ぶことから、それに掛けて表現した呼び名である。

## クリンリネス
（cleanliness）

　店内外の清掃が常に徹底されていて、清潔で整理整頓され、スタッフの身だしなみが整っていることを意味する。

## グリッド
（grid）

　格子の意味。正方形を基本とした直交グリッドや斜交グリッド、蜂の巣状の正六角形グリッド、変形グリッドなどがある。レイアウトプランの際、白紙からプランニングするより一定ピッチによるグリッドが入っていると手早く作業を進めることができる。

## グリーンコンシューマー
（green consumer）

　環境にやさしい商品を選択し買い物をする消費者のこと。また環境に配慮した製品を選ぶことによって、小売店は環境にやさしい商品を品揃えし、メーカーは製品化に当たっては環境への負荷を与えないなど、社会全体の意識を変えようとする消費者の環境への取り組みのことも含む。

## グルーピング
（grouping）

　商品構成や売り場づくり、顧客

設定の際、なんらかの意図をもって、商品や顧客をそれぞれのグループに分類すること。

## グレア
（glare）

　閃光、まぶしい光の意味。視野内（特に視線に近い方向）に輝度の高いものがあったり輝度の範囲が広すぎたり、または極端な輝度対比があるために、目に不快感や疲労を与え、物が見分けにくくなるまぶしさのことをいう。（→輝度）

## クロスオーバー
（crossover）

　交差の意味で、一般には、異なる要素のものを交差させて新しい感覚、スタイル、価値観をつくり上げること。

　音楽用語では、ジャズとロックなどジャンルの異なる形態が混り合った音楽のことで、フュージョンともいう。またクロスオーバーファッションという場合はドレッシーとスポーティー、あるいはモダンとエスニックなど、異なるスタイルや素材を一つに混在させたファッションのこと。ＶＭＤにおいても、ＭＤミックス、テイストミックスなどの演出を行う場合にクロスオーバーという表現を用いることがある。

## クロスコーディネート
（cross coordinate）

　複数のトップスとボトムのコー

ク

ディネート方法。２体から３体の
ボディやマネキンを用いて、それ
ぞれの色柄などが相互に関連性が
ある着装をさせたビジュアルプレ
ゼンテーション。関連購買、衝動
購買を喚起する。

### クロスセリング、クロスセル

（cross selling、cross sell）

商品やサービスを販売するにあ
たり、その商品の延長線上にある
関連商品や関連サービス、あるい
は組み合わせ商品を同時に販売す
ることで客単価を増大させるため
の手法の一つ。（→関連販売）

### クロスマーチャンダイジング

（cross merchandising）

関連性のある商品をテーマ、ス
タイルなどを軸にカテゴリーを超
えて編集、展開すること。そのこ
とで関連購買、衝動購買を喚起し、
客単価の向上を図る狙いがある。

### クロスメディア

テレビやラジオなどの電波媒体
や新聞や雑誌などの紙媒体と、ウェ
ブサイトやＳＮＳなどのデジタル
媒体を組み合わせて広告の相乗効
果をもたらすことを狙ったもの。
同時に、インターネットを活用し
生活者とインタラクティブ(双方
向)コミュニケーションを行う手
法や考え方のことをいう。

メディアミックスが広告主から
主にマスに向けた一方向のコミュ
ニケーションであるのに対し、クロ

スメディアはターゲットとなる生
活者との双方向コミュニケーショ
ンを重視し、さまざまなメディア
を掛け合わせることで、個の生活
者が各々に最適な手段手法で欲し
い情報を得ることができるところ
に大きな違いがある。

かつては外部企業に費用を支
払って広告掲載するペイドメディ
ア（電波・新聞・雑誌等）が主流だっ
たが、現在は自社で直接運営する
オウンドメディア（ウェブサイト・
ＳＮＳ等）へ移行し、アーンドメ
ディア（インフルエンサーや利用
者等が口コミやシェアでポジティ
ブにメディア露出した情報）も重
要視されている。

完成度の高いＶＭＤは生活者に
よって撮影された後、ブログやＳ
ＮＳ等でシェアされることも多く、
企業価値、商品価値を高めるアー
ンドメディアとなり得るため極め
て重要である。

（→メディアミックス）

### クローズドディスプレイ

（closed display）

（→オープンディスプレイ）

## 蹴上げ（けあげ）

段の高さのことで、階段の場合は、一段の高さを指す。

## 蛍光ランプ

低圧放電ランプの一種で、管内には微量の水銀及びアルゴンガスが封入され、管内壁には蛍光体が塗布されている。放電により励起された水銀蒸気から出る紫外線が蛍光体を刺激し可視光が発せられる。点灯方式により、スタータ形、ラピッドスタータ形がある。

内閣府は、2010年に閣議決定した「エネルギー基本計画」により、2030年までに照明器具のすべてを高効率次世代照明（LED、有機EL）化することを目標に掲げている。そのため、国内主要メーカーは2019年に蛍光ランプ、蛍光灯器具の生産を中止した。

## 蛍光ランプの光色

蛍光ランプは管内壁に塗布された蛍光体の種類により光色が異なり、次のように呼称される。
（→色温度）
・昼光色蛍光ランプ
（daylight fluorescent lamp）
・昼白色蛍光ランプ
（daywhite fluorescent lamp）
・白色蛍光ランプ
（coolwhite fluorescent lamp）
・温白色蛍光ランプ
（white fluorescent lamp）
・電球色蛍光ランプ
（warm white fluorescent lamp）

## 経常利益

営業利益に営業外収益（株式の配当や不動産収入など）を加え、そこから営業外費用（支払利息など）を差し引いたあとの利益をいう。営業力は営業利益を、財務力を含めた企業力を見るのは経常利益で見ていく。

## 計数管理

計数的な情報により経営管理を行うこと。企業活動の全般で発生する計数の把握、比較、分析により、これらを駆使して健全な経営活動を行うことを目的とする。

## 形態安定加工

通常の繊維よりもシワになりにくく、縮みにくくするための特殊加工のこと。SSP加工、VP加工などが代表的。

## 景品表示法

正式名称は「不当景品類及び不当表示防止法」。独占禁止法の特例として1962年に制定された法律で、消費者庁が所轄する。不当な表示や過大な景品提供を規制することにより事業者間の公正な競争を確保し、消費者が適正に商品やサービスを選択できる環境を守り、消費者の利益を保護することを目的としている。

VMDにおいては、POP等の記載内容が不当表示（実際のものよりも著しく優良、又は著しく有利な取引条件であると誤認される恐れ

ケ

のある表示）とならないよう、十分な管理が必要となる。

## 敬老の日

1954年に「としよりの日」として設けられたが、呼び名に異義が起こり、1966年に「敬老の日」と改められ9月15日を祝日とした。その後2000年の「ハッピーマンデー法案」により9月の第3月曜日となる。

## 決算

企業が会計年度（1年間）の経営成績をまとめる作業のこと。決算のまとめとして作成される書類を「決算書」という。商法では最低年1回は決算を行うことを義務づけている。

## 下代

（→上代）

## 原価

企業が目的を達成するために消費した費用の総額をいう。小売業では仕入れ原価、人件費、営業経費なども含まれる。

## 減価償却

時間の経過とともに購入した固定資産の価値は減価していく、それを耐用年数に応じて会計年度ごとに費用として計上していくこと。

## 建植看板（けんしょくかんばん）

一般に道路沿線、鉄道沿線にあたる場所に脚を付けて建てた広告板をいう。たてうえ看板、建植広告板、建植サインとも呼ばれる。なお、駅の線路ぎわに建てる場合は、信号の緑、黄、赤を地色にすることが禁じられている。（→看板）

## 懸垂幕（けんすいまく）

建物の外壁に沿って吊り下げられる縦長の垂れ幕。広告宣伝のため、催し物の名称や期日、商品名、標語などが書かれている。

## 建築化照明

（structural lighting）

照明器具を天井や壁などに組み込み、建物と一体化させた照明。光源が直接見えないためにグレアの防止にもなる。建築デザインとの調和を図り、壁面や天井を照らすことで空間を広く感じさせる効果もある。建築完成後、設置するシーリングやペンダントライトなどは「器具照明」という。

## 現場調査

建物や店内の状態、状況を調べること。その中で、デザインや設計作業の基礎データとなる床や壁などの状態や寸法などを計測し、確認することを、実測調査ともいう。（→実測）

## 検品

商品（製品）を検査すること。商品に欠陥、異状がないか、性質、状態、機能、能力が一定の基準を満たしているかを調べること。

ケ

## コアコンピタンス

（core competence）

core は核、中心、competence は能力、力量、適性の意味。他企業に模倣・代替されにくい核となる経営資源や能力のこと。競合他社に対して、圧倒的優位性のある中核事業や、企業内部で蓄積された独自の 技術力・製品開発力や事業のノウハウなどを指す。得意とする分野にヒト、モノ、カネなどの経営資源を投入して競争力を高めることを、コアコンピタンス経営という。

## 光源

電気的またはその他のエネルギーを変換して光を発生する機能をもつもの。そのもの自体が光を発するものを一次光源といい、他の光源から受けた光を反射、または通過させて光るものを二次光源という。（→一般照明用光源）

## 広告

（advertising）

広告主によるメッセージの提示によって、商品やサービスの存在を多くの人々に知らせ、欲求を刺激し、広告主に有利な行動をとらせるように仕向けるマーケティング・コミュニケーションのこと。

広告計画にあたっては商品、市場、消費者情報、広告目的、訴求対象、広告媒体、広告宣伝費、広告表現、効果測定・評価など諸要素を考慮する必要がある。近年の広告はオフライン広告とオンライン広告の二種類に大別することができる。オフライン広告は、新聞・テレビ・雑誌・ラジオなどのマスコミュニケーション広告、交通機関に掲示する交通広告、直接郵送する封書・ハガキ・その他の宛名広告（DM）、街頭手渡し、戸別配布、新聞折り込みなどがある。尚、商品やビジネスではない公共的な告知や広報を広告として伝達する公共広告もある。オンライン広告はWeb 上で展開される広告で、リスティング広告やディスプレイ広告、ＳＮＳ広告などがあり、Web サイトへの集客を主目的として活用されることが多い。（→ポップ広告）

## 交差比率

商品在庫投資額に対する粗利益の割合。利益に対する商品の貢献度を見るための指標。商品が何回転したかという効率的側面と、売買差益がどれくらいあったかという側面を掛け合わせたものをいう。

商品の回転が速いものは、効率はよいが販売経費が増えることになり、適正な売買差益を得られるものでないと利益は出ない。逆に利益率の高い商品であっても、回転が鈍くては在庫管理などの経費や金利負担が増えることになり、利益貢献度は低くなる。

交差比率＝粗利益率×商品回転率
交差比率＝粗利益率 / 商品在庫投資額× 100

## 広照形照明器具

　スポットライト、ダウンライト、投光器などの配光で比較的広い範囲に光を配分する器具。比較的近い距離から照明する場合や、全体を平滑な照度で照明するのに適している。

## 校正

　印刷物の製版完了直前で、原稿の指定通りに、文字や図版、写真が製版されているかを試しに印刷して確認する作業。

　文字校正に関しては、製版前の版下段階でも行われる。校正作業により誤りを発見、訂正し、正しい指示をする。具体的には、文字校正、レイアウト校正、写真・イラスト校正、色校正などがある。最初の校正を初校、2回目の校正を再校、3回目を三校といい、校正段階を終了させることを校了という。また、少量の赤字（訂正指示）を残し印刷所の責任において校了することを責了（責任校了）という。

　現代のDTP（デスクトップパブリッシング）においては製版の過程がなくデータから直接印刷することがほとんどだが、版下までの校正自体は必要である。

## 構成

　構成とは、表現のイメージをもとに、物や形による表現要素を一定の統一された視覚的意図に沿って組み合わせ、配置すること。商品プレゼンテーションにおいては、商品やプロップス（小道具）を用いて、効果的な構成となるように魅力的に配置し、顧客の視覚誘引を自然に図る手段となる。構成の代表的なものには「直線構成」「曲線構成」「三角形構成」「リピート構成」がある。

### ①直線構成

商品やプロップスなどの構成要素が直線状に並ぶ構成。シンプルでありながら整理された印象と同時に、モダンな緊張感も感じさせる。

### ・水平構成

　商品などを水平方向に横一列に並べる構成。人間の視線は水平方向の移動が多いため、客にとって見やすい構成である。水平線は安定感があり、よく整理されて見えるのが特徴。棚上のＰＰなどで展開すると、シンプルでサイン的な訴求力が生まれる。

水平構成

### ・垂直構成

　静的イメージの強い水平方向の流れに比べ、上下に延びる垂直方向の流れは、存在感が強調される構成といえる。商品などを上下方向に並べることで空間にアクセントを付ける効果がある。また、繰り返し展開することにより、空間全体の広がりを意識させる構成となる。

コ

垂直構成

## ・斜め構成

　建築、インテリア、あるいは売り場の空間を構成する要素のほとんどが水平と垂直の組み合わせからできているが、斜線を基調とする構成は、視覚的に動きや不均衡の要素をもつため、注意喚起や注目度を高める効果がある。

斜め構成

## ・クロス構成（格子構成）

　垂直構成と水平構成を組み合わせた構成。上下左右に商品が展開されるので、整理された印象に加え、空間における面的広がりを感じさせる構成となる。垂直線と水平線の交点が、視認度の高いビジュアルポイントになる。

クロス構成（格子構成）

## ・放射状構成

　仮想の中心点から周囲に向けて放射状に延びる線上に、商品などを配置する構成。中心から四方八方に延びていく構成が広がりを感じさせ、華やかな印象を与えて、視覚的に注目度の高い構成である。

放射状構成

## ②曲線構成

　柔らかい曲線により、エレガントなイメージを表現できるのが特徴。始点から伸びる曲線の構成は、主にジュエリーや靴、点状に並べる小品の展示に適している。四方見のステージやショーケース内で展開すると効果的な構成。

曲線構成

## ③三角形構成

　商品プレゼンテーションをデザインする際に、商品やプロップスを全体として三角形に配置して構成する手法。落ち着いた印象を与え、バランスを取りやすくまとまりやすい構成法。その一方で三角形の頂点を移動させることで生じる形状の変化によって、安定感と同時に動的な印象を与えるなど、三角形構成にはさまざまな要素がある。また、三角形構成の場合は正面性だけを考慮すると平面的に

コ

なりがちなので、奥行き方向の前後の配置を工夫し、上から見ても三角形に配置することで、より立体感のある充実した空間構成となり訴求力が高まる。

**・二等辺三角形構成**
**・正三角形構成**

　中心に対して左右対称の形はピラミッドのように強い安定感があり、シンメトリーな形としての美的秩序、均整権威的神聖感などの特徴をもつ。格式や伝統のある商品などの展示に用いると商品特性が力強い緊張感を伴って表現できる。

二等辺三角形構成

正三角形構成

**・不等辺三角形構成**

　三角形の頂点が左右どちらかに移動すると、左右対称の静的で安定した状態から動的な表情をもつ不等辺三角形構成になる。自由さ、軽やかさ、動きなどの表現にふさわしい構成といえる。

不等辺三角形構成

**・複合三角形構成**

　アイテム数が多い、あるいはカテゴリーが複数ある場合の商品プレゼンテーションに用いられる構成。アイテムをいくつかのグループに分け大小の三角形構成にし、各グループをバランスよく組み合わせて全体を大きな三角形構成にする手法。ショーウィンドウやVPステージなどの広いスペースからテーブル上や小さなショーケース内まで、広範囲に用いることができる。

複合三角形構成

**・逆三角形構成**

　三角形の頂点を下にすることで不安定感と同時に動的な印象を与えるインパクトのある構成。

逆三角形構成

**④リピート構成**

　同じ商品構成パターンを繰り返し並べて見せる構成法。全体としてボリューム感があり、繰り返しによるリズム感が生まれ、訴求力があるのが特徴。同一商品のカラーバリエーションを見せたり、同一カラーのアイテムバリエーション

を展開したりして品揃えをアピールし、マーチャンダイジングを一瞬にして伝えることができる。視認度が高く、棚上などで展開することが多い手法。

リピート構成

## 構成主義

1917年頃から20年代末まで主としてソビエトで行われた芸術運動。1917年、ソビエト革命政権は古い制度の破壊と新制度の確立をうながし、芸術においては前衛美術家を多く起用した。その美術家たちが産業主義と集団主義に立って、共産主義に適合する芸術運動を行ったのが構成主義である。

抽象的図形、幾何学的形態による力学的かつ合理的構成美を創り出そうとし、金属、ガラス、木片などのあらゆる材料を用いた抽象芸術の流派であるが、その成果はやがてデザインの分野にも広く取り入れられた。タトリンの《第三インターナショナル記念塔》の他、マーレビッチ、リシツキー、ペブスナー、ガボ、モホリ・ナギなどが主要作家。

## 公正取引委員会

私的独占、不当な取引制限、不公正な取引方法を禁止した独占禁止法の取締まり機関で、略称を公取委という。内閣府の外局として内閣総理大臣の所轄だが、委員会の意思決定には独立性が認められている。委員会の権限には、カルテルを認める行政的な権限、再販売指示価格維持を指定する立法的権限、独占禁止法違反者に対して排除処置命令を発する司法的権限がある。

## 光束

1秒間に放射される光の量のことで、記号はF、単位はlm（ルーメン）で表す。光は微粒子の流れであり、電磁波というエネルギーの波でもある。これを人間の目に感度のフィルターにかけて見た量が光束である。大きなランプを使用するほど明るさが得られる。光源から放射される全体の明るさを全光束という。

## 後退色

（receding color）

遠くにあるように見える色を後退色という。一般的に寒色系で明度が低い色。収縮色とも呼ばれている。（⇔進出色）

## 工程

（process）

仕事や作業の手順、順序、過程のこと。工事では、全体工事の工期における各部分工事の作業順序と作業時間を、時間軸上で関係づけしたもの。その内容をタイムスケジュールで表記したものが工程表。

## 光度

　ある方向の光の量（強さ）のことで、記号はI、単位はcd(カンデラ)で表す。光源から四方に出ている光の量は、方向によって異なる場合があるが、その方向の単位立体角に含まれている光束の大きさ（光束の立体的密度）を表す単位として用いる。光度は車のヘッドライトの明るさや灯台の投光器など、一方向に強い光の評価に用いられる。

## 購買行動

　消費者がある商品やサービスを購買するときの選択行動のこと。購買行動は、地域選択行動、店舗選択行動、ブランド選択行動、商品選択行動、数量・頻度決定行動などに分けて考える。購買行動は心理的要素が影響力をもつので、判断が難しいといわれている。類語に消費者の行動を経済学的に分析する消費者行動がある。
（→消費者行動）

## 購買心理

　消費者の商品購入時における心理学上の仮説。注意、興味、連想、欲望、比較、信頼、決定及び購入後の「満足」を加えた8段階を経て購買行為に至るまでの心の動きを指す。心理プロセスモデルはインターネットやスマートフォン、SNSの普及によって著しく変化を遂げ、時代の流れとともにAIDMA（AIDA/AIDCA）→ AISAS → ARASL

と変化してきている。

## 購買動機

　消費者が商品を購入しようという気持ちになる要因をいう。商品のもつ性質、用途、経済性、必要度などの基本的動機、ブランド性、財産性、優越性などの選択的動機に分ける考え方や、良い、悪いといった実質的価値、好き、嫌いといった感情的価値、自己確認の試みである実存的価値に分ける考え方がある。

## 購買頻度

　消費者がある一定期間に何回買い物をしたかの頻度をいう。商品やサービスの購入では日常的で消耗の高いものほど購買頻度は高く、非日常性の高いものほど低くなる。購入に際して店に来店する頻度を「来店頻度」という。

## 購買力

　消費者が商品やサービスを購入することができる経済力のこと。産業レベルで使われるときは、バイイングパワーのことで、強力な買い手が有利な取引条件を得て、市場支配力をもつことをいう。

## 小売業

　商品を仕入れて最終消費者に販売する事業者のこと。小売業態は、百貨店、スーパーマーケット、ショッピングセンター、ホームセンター、コンビニエンスストア、

専門店などのリアルショップの他に、カタログやテレビショッピングなどの通信販売、またオンラインでつなぐネットショップ、さらに二次流通（一度売られたものを再販）といわれるリサイクルショップなど多岐にわたる。

## 交流

コンセントからの電流のように、電流の大きさ、方向ともに周期的に変化するものを交流（AC）という。交流の電流の方向の変化を表すために、ある方向を正とし、これと反対の方向を負とすることがある。（⇔直流）

## コーキング材
（caulking material）

接着性のある材料を主な原料とし、表面が硬化しても内部は長期にわたり粘着性、接着性を保ち、温度変化にも耐える。また、振動を吸収するクッション効果もある。スチールとガラスのように、硬度、温度変化の異なる素材を組み合わせる場合に、そのジョイント部分に利用する。

## コーチング
（coaching）

語源であるコーチ（coach）とは馬車の意。馬車が目的地まで人を運ぶことから、転じて人を目標達成に導く人をコーチと呼ぶ。一般的にはスポーツ選手の指導員が知られている。

現在ではスポーツの分野のみならず、ビジネスや個人の目標達成を導く人材開発の方法として多方面で採り入れられている。心理学的手法を応用した質問型コミュニケーションにより、人の能動的な意欲や行動を引き出すのがコーチングの特徴である。ＶＭＤにおいても、指導員による実技指導を含むコーチングを行うことが大変有効である。

## コーディネート
（coordinate）

調整すること、釣合をとること。あるスタイルや色、柄、素材といった二つ以上のものを組み合わせて一つのイメージにまとめること。

## コーディネート陳列
（coordinate display）

コーディネートとは、全体を調整するという意味。全体の調和を考え、複数のものを組み合わせて行う商品プレゼンテーション手法。

小売業の取り扱う商品の類似化が進む中で、顧客が気づかなかった使い方や組み合わせ方を提案することにより、商品価値が上がり店舗の独自性が発揮される。ファッション商品だけでなく、すべての商品に有効な陳列手法。

## コーティング加工
（coating process）

防水、耐熱などのために、表面にウレタン、ビニール、ゴムやパ

ラフィン、油脂などの薄い被膜で
被覆加工を施すこと。主に紙、木材、
金属、布地、皮革の表面に用いら
れる。仕上げの美的効果のために
用いる場合もある。

# コート
（coat）

　外套類の総称。丈の長めのもの
で、衣服のいちばん外側に着用す
る袖付きのアウターウェア。防寒、

## ［コート（メンズ）の種類］

ステンカラーコート

アルスターコート

チェスターフィールドコート

トレンチコート

ライディングコート
（ルダンコート）

ダッフルコート

ドンキーコート

ピーコート

コ

## ［ コート（ウィメンズ）の種類 ］

チェスターフィールドコート

プリンセスコート

トレンチコート

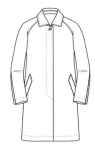

ステンカラーコート

ケープコート

ダッフルコート

ピーコート

ケープ

テントコート

ポンチョ

マントー

防雨、防塵の機能的なものや、礼装用、おしゃれ用などがある。種類は、型、丈、用途、素材、仕立て方などにより、さまざまな呼称がある。

## コーナーディスプレイ
（corner display）
店舗内の商品を品目ごとに分類した固まりをコーナーといい、その一角で展開されるディスプレイのことを指す。

## コーペラティブチェーン
（co-operative chain）
同じ理念や目的をもつ中小の小売企業が協業した組織、及びその方式のこと。小売業者が主宰するチェーン本部に加盟し、商品の仕入れや物流、在庫、広告宣伝などを共同で行い、チェーン全体の利益の創出を目指している。1920年代から30年代にかけて、大手チェーンストアに対抗するためボランタリーチェーンと並んで登場した。

## コーポレートアイデンティティ
（corporate identity）
直訳すると、企業の対外的・対内的な理念の統一性のことであり、企業の社会的存在証明となるもの。ブランドアイデンティティとしての「企業名」「ブランド名」「スローガン」や、ビジュアルアイデンティティとなる「ロゴ」「コーポレートカラー」などの構成要素により、企業の特色や独自性を明確に印象

づけ、企業イメージの定着化と企業価値の向上を図る経営戦略。

## ゴールデンスペース
（golden space）
人間の視野との関係で最も見やすく、手の届く範囲で最も触りやすい高さの空間域のこと。一般的には床高600 ～ 1250㎜前後、あるいは850 ～ 1350㎜前後など、高さの範囲は諸説あり、店舗形態やターゲット、商品などによって異なる。視覚訴求が高く、購買行動にも結び付く貴重な空間という意味から、ゴールデンと呼ばれている。ゴールデンゾーン、ゴールデンラインともいう。

## ゴールデンライン
（golden line）
（→ゴールデンスペース）

## 顧客満足度
Customer Satisfaction（CS）の訳語。人が商品を購入したり、サービスを受けたときに感じる満足感の度合いのこと。満足度が高いほど、顧客がリピーター化するといわれている。満足度の調査にあたっては、アンケートを実施し、アンケートの結果をデータ化し、分析を行うのが一般的。

## 52週MD
52週マーチャンダイジングの略称。1年を52週で区切り、1週間ごとに重点商品を中心にした商品

計画、販売計画、販促計画などを連動する組織的仕組みづくりのこと。これにより販売計画の精度がアップし、収益向上を導き出すことができる、という理論。計画を立てる際には、生活者のライフスタイル、流行、季節のイベントなどのさまざまな情報を考慮する必要がある。

**個人消費支出**

個人が生活に消費した家計支出のこと。国民総支出のなかでも比重が大きく、その増減は景気動向、経済成長に大きな影響を与える。個人所得から広義の租税を引いた残額が可処分所得となる。

**コストパフォーマンス**

（cost performance）

費用対効果比率のこと。ある商品に投下した資本に対し、期待される効果や内容のバランスをいう。期待以上である場合「コストパフォーマンスが高い」といい、期待以下の場合「コストパフォーマンスが低い」という。コスパ、CPなどと略称される場合もある。

**五節句・五節供**

五節句の「節」は、唐時代の中国の暦法で定められた季節の変わり目のこと。

暦の中で奇数の重なる日（3月3日、5月5日など）には、奇数(陽)が重なることで(陰)になるのを避ける目的で、季節の旬の植物から生命力をもらい邪気を祓(はら)う、「避邪(ひじゃ)の行事」が行われた。この中国の暦法に由来する行事と、日本の農耕儀礼の風習が合わさり、定められた日に宮中で邪気を祓う宴会が催されるようになり、それが「節句」になったといわれる。

年間にわたり存在していたさまざまな節句のうちの五つを、江戸時代に幕府が公的な行事・祝日として定めた。それが人日(じんじつ)の節句、上巳の節句、端午の節句、七夕の節句、重陽の節句の五節句である。五節句には、3月3日、5月5日のように奇数の重なる日が選ばれているが、1月だけは1日(元旦)を別格とし、7日の人日を五節句の中に取り入れている。「五節句」の制度は明治6年に廃止されたが、今日では年中行事の一環として定着している。

五節句には、邪気を払う目的で季節に応じた植物を食することが習わしとなっているが、以下に五節句と季節の草木や節句料理との関連を示す。

・人日（じんじつ）正月7日
　七草の節句……七草粥
・上巳（じょうし）3月3日
　桃の節句・雛祭り…菱餅、桃花酒→江戸時代以降は白酒
・端午（たんご）5月5日
　菖蒲の節句……ちまき→江戸時代以降は柏餅
・七夕（しちせき）7月7日
　七夕……さくげ→江戸時代以降はそうめん

・重陽（ちょうよう）9月9日
　菊の節句……菊酒
（→年中行事）

## 国旗

（national flag）

　国旗はその国の象徴で、歴史が色やデザインなどに反映されている。宗教による影響も大きい。ヨーロッパのキリスト教国では十字架が、イスラム教国では三日月と星がデザインの中に取り入れられることが多い。三日月と星はトルコの支配下でも使われている。アフリカ諸国では独立前の統治国の影響を受けている。アジアでは太陽と月がデザインされている国が多く、日の丸は太陽を象徴している。オセアニアではイギリス連邦内の独立国としてユニオンジャックと南十字星が配されている。アメリカ合衆国は独立当時の州の数を横縞に、現在の州の数を星の数で表わしている。その他カナダやハンガリーのように紋章の色を配している国もある。

### <国旗の掲揚方法>

・日本国旗の場合、1本の場合は門外より見て左側に立て、2本の場合は交差と並立がある。
・日本国旗と外国国旗を掲揚する場合、交差と併揚があるが、掲揚する国の数によりいくつかの方法がある。

### <国旗の並べ方>

　国旗は国の象徴であり、国旗に敬意を表することは国際社会の基本的なマナーである。
　右（向かって左）上位が原則（日本では相手国旗が上位）。
　国旗の国連基準サイズ…縦：横＝2：3（英国、ネパール等例外もある）

（1）外国からお客を迎える際の外国国旗、日本国旗の並べ方
①2か国の場合
日本では，外国に敬意を表すという意味から，右（向かって左）上位に外国国旗を，左（向かって右）下位に日本国旗を掲揚する。なお，自国旗を優先して上位に掲揚する国（アメリカ合衆国，カナダ，フィリピンなど）もある。

②3か国の場合

　通常、日本国旗を中央に配し、他の2か国の国旗は、国連方式による国名アルファベット順に従って、先順位の外国国旗を日本国旗に向かって左側に、その他の1か国の国旗を右側に掲揚する。

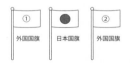

③4か国以上の国旗を掲揚する場合
・国連方式による国名アルファベット順に従って、向かって左から右に並べていく方法が一般的。

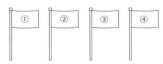

・国の数が奇数で，日本がホスト国や議長国の場合は，日本国旗を中央に配置し，外国国旗を国連方式による国名アルファベット順に中央より向かって左側から左右交互に掲揚することもある。

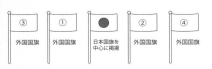

・多数の国が参加する国際会議においては、議長国の国旗を向かっていちばん左に置き、その他の参加国の国旗を国連方式による国名アルファベット順に従って、向かって左から右に並べていく方法がとられている例もある。

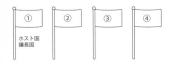

以上は、あくまでも一般的な掲揚例であり、具体的に掲揚方法を検討する際には、その会議における先例、会議の趣旨等も考慮する必要がある。

※国旗とその他の旗は同列に扱わないことが原則。やむを得ない場合は、最上位の位置である向かって左から外国旗、日本国旗、外国の州旗等、日本の県旗等の順に旗を掲げる。国旗以外の旗（県旗）はサイズを小さくする。

複数の国の旗を掲揚する場合は、向かって左から国連方式によるアルファベット順に並べ、県旗等は

いちばん下位（向かって右側）に置く。

（2）卓上旗の置き方

2国間会議や調印式のテーブルの上などに2国の旗を置く場合や、多国間会議の席上、各国代表団の席に各国の旗を置く場合の置き方。

① 2か国の場合
（日本がホスト国の場合）
通常の国旗と同様に、右（向かって左）上位に外国国旗を，左（向かって右）下位に日本国旗を配置する。
※図中のAは来賓国側、Bは日本国側の座席を示す

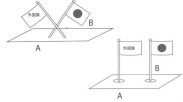

② 3か国以上の場合
（日本がホスト国か議長国の場合）
通常の国旗と同様、向かって左から国連方式による国名アルファベット順に配置する方法が一般的。また、主催国（この場合日本）を中央に置き、向かって左側にアルファベット順の早い国を配置する方法もある。

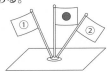

③ 留意点
交差する場合の国旗の位置は，向かって左側に外国国旗，右側に日本国旗となる点は変わらないが、

ポールの交差する部分は外国国旗
のポールが手前になる。
※記録用写真撮影や取材（TV・写
真）がある場合は，カメラ写りを
優先し，卓上旗を下図のように配
置するのがよい。

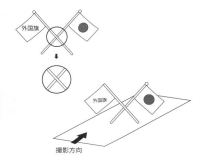

外国旗

外国旗

撮影方向

参考資料：外務省ホームページ
プロトコールの基本

## 固定資産

経営や営業活動のために長期間
継続して使える財産のこと。会計
上は有形固定資産（土地、建物、
機械設備など）、無形固定資産（商
標、営業権、特許権など）、長期保
有の有価証券、預入金などがある。

## 固定費

営業を続けることで売上げの増減
に関わらず必要とされる、一定の決
まった費用のこと。具体的には人件
費、福利厚生費、地代家賃、水道
光熱費、接待交際費、リース料、広
告宣伝費、減価償却費などがある。

## 小道具

（→プロップス）

## こどもの日

5月5日。男児の節句として祝っ
ていた、五節句の一つである「端
午の節句」を戦後1948年、子供
の人格を重んじて幸福を願う「こ
どもの日」と決め、国民の祝日と
した。古代中国では、端午の日（5
月の最初の午の日）を災厄を祓う
日としていた。

奈良時代にこの習わしが日本に
入り、宮中では菖蒲を冠に付け無
病息災を祈った。武家の世になる
と、武を尊ぶ尚武の気運が高まり、
馬上で弓を射る騎射が行われ、菖
蒲を尚武にかけて男の子の節句と
なった。兜や武者人形を飾り、ち
まきや柏餅を供え、幟（のぼ）り
を立てて祝い、菖蒲湯に入り災厄
を祓う習わしが現在に続いている。
（→五節句、五節供）

## コピー

（copy）

本来は複製、模写、模倣の意味
であるが、広告の分野では広告文
案のこと。印刷広告の中ではメッ
セージを活字化した部分であり、
ラジオ、テレビなどの電波広告用
の文案はCM（コマーシャルメッ
セージ）という。印刷広告用のコ
ピーにはヘッドライン（見出し）
とボディコピー（本文）とがあり、
こうした広告文案を書く人をコ
ピーライターと呼ぶ。

## コマーシャルフォト

（commercial photography）

商業写真、広告写真のこと。商品の広告宣伝用に撮影されるもので、伝達力は極めて大きく効果的。

## 小間

展示会や見本市において、参加企業や出展者に貸し出すために仕切られた空間を小間（こま）と呼び、ブースの貸出し方式の一つとして扱われている。

## 小間展示

（booth display）

（→ブースディスプレイ）

## 小間割り

展示会場などの空間を、ある一定単位（＝小間）で分割し配置すること。

## コミュニケーション

（communication）

意思疎通、伝達のことで、情報の送り手と受け手の相互のやりとりすべてを指す。新聞、雑誌、テレビ、などのマス・メディア（大量媒体）による広告や宣伝活動をマスコミ（mass communication）、少数を対象にした情報宣伝活動を俗にミニコミという。（→マスコミ）

## コモディティ

（commodities）

商品、必需品、日用品などの意味。マーチャンダイジングでは生活必需品の中でも品質・価格・機能などが均一化・共通化・安定化した商品群を指す。消費者がその品質を信用し、実物を見なくても買えるのが特徴である。食品やトイレットペーパー、洗剤などの家庭用品から肌着などの基礎衣料品まで毎日の生活に不可欠な日用品、生活必需品を指す言葉として使われている。（→ステープル商品）

## 小紋

小さな同じ柄の連続模様を型染めしたもので、もともとは大紋や中紋に対して小紋と呼んだ。裃を中心に江戸時代に普及、確立した古典的な小紋を江戸小紋と称し、明治以降は着尺、羽織などに広がりをみせ、男女ともに愛用した。

江戸小紋が一色染めであるのに対して、現代の小紋は多色染めが多く模様や素材もさまざまなため、帯や小物との組み合わせ方で着用範囲の広いおしゃれ着になっている。なお、「江戸小紋」の呼称は、現代小紋の登場、普及に伴い、古典的な小紋を他と区別するために、昭和30年に定められたものである。（→着物）

## コラージュ

（collage 仏）

もとは立体派のピカソや、ブラックのパピエコレ (papier collé) を発展させたもので、シュールレアリスムの代表的画法の一つ。

1920年、ダダの展覧会でエルンストが初めてコラージュを創意発表した。新聞、冊子、広告、写

真などの切り抜きや、布片、木片、針金などの各種平面材料を張り合わせ、それぞれの材料による相乗効果で新たな意味を創り出して表現する絵画構成法、及びその作品。デザインのジャンルにも用いられる。

## コラボレーション
（collaboration）

合作、共同制作の意味。コラボと略称して使われることもある。異なる立場の人や組織による共同作業及びその成果のこと。単なる役割分担の関係で共同制作作業を行うのではなく、参加する人や共同体の自主性が重要となる。

自動車メーカーと家具メーカーによる共同開発など、異なる業種や業態の意外な組み合せによって新たな付加価値が創造される事例がある。アートの世界では作品の「合作」や「協力関係」を指す。

## コルトン
（colton）

乳白色から半透明の、光を通すフィルムや素材の総称。内照式のフレームにビジュアルなどを印刷したコルトンフィルムを取り付けたものをコルトンボックスや電飾コルトンという。

## コレクション
（collection）

本来は収集、採集の意味。ファッションでは、シーズンに先駆けて開催する新作発表会のことで、主にジャーナリスト、バイヤー、顧客に対し、ファッションデザイナーや服飾団体が春夏と秋冬の年2回、定期的に開催するいくつかのファッションショーや展示会をまとめた総称のことをいう。近年、海外ではファッションウィークという名称が一般的である。

世界の代表的コレクションには、モードの首都として歴史的伝統のあるパリコレクションをはじめ、ミラノコレクション、ロンドンコレクション、ニューヨークコレクション、東京コレクションなどがある。このうちパリ、ミラノ、ニューヨーク、ロンドンで開催されるものは特に規模が大きく、世界4大コレクションと呼ばれている。

ファッションデザイナーが発表するコレクションは、オートクチュールコレクションとプレタポルテコレクションの2種類に大別される。オートクチュールコレクションとは、オートクチュール（高級衣装店）組合に加盟しているデザイナーのコレクションで、特定の顧客を対象とする独創性の高い高級注文服として、1月に春夏、7月に秋冬がパリ、ローマで発表される。プレタポルテコレクションとは、各国デザイナーがバイヤーや顧客を対象として開催する高級既製服のコレクションで、3月に春夏、10月に秋冬が発表される。一般的には、メンズ（2月、9月）、ウィメンズの順に。また開催都市は、ミラノ、

ロンドン、パリ、ニューヨーク、東京の順で発表される。

コレクションは、ブランドのシーズンコンセプトや世界観を伝えることで、豊富なアイデア源やトレンドセッター（先導者）として、ファッション業界に多大な影響を及ぼす。（→オートクチュール、プレタポルテ）

## コロニアルスタイル
（colonial style）

コロニアルとは植民地の意味。大国が植民地をもつ時代に、統治国の建築デザインが、植民地の自然、風土、素材などと融合し、土地ごとの建築様式が生まれた。それらを総称してコロニアルスタイルと呼ぶ。

ファッションにおいては植民地時代 (17 ～ 18 世紀) のアメリカにおける移民の服装、または、インドやアフリカにおける英国植民地スタイルのこと。白麻素材のサファリ・ジャケットや短いパンツなどのエレガントなスポーティスタイル。婦人用には白麻素材やレースなどを用いた、エレガントなマニッシュスタイルが特徴。

## コンサバティブ
（conservative）

保守的な、保守主義の、の意味。ファッションでは、流行に左右されず、実用性を優先させる保守的傾向の人たちのベーシックな服装や考え方をいう。コンサバとも略

称される。トレンディの対義語。

## コンサルタント
（consultant）

専門分野の知識・経験・技術をもとに、診断や助言・指導する専門家。経営顧問・技術相談員・会社の経営技術など各種のコンサルタント業務がある。ＶＭＤ分野に特化した専門家をＶＭＤコンサルタントといい、活躍の場が広がっている。

## コンサルティングセールス
（consulting sales）

顧客の相談に応じたり、提案や助言をしながら販売する方法。化粧品のように、顧客の好みや要望を聞き、買い物の目的に合う商品を推薦して販売するなど、商品に関する専門知識や経験を要する販売方法。

顧客とのコミュニケーションが図れることから、固定客の獲得などに効果がある。また、逆に顧客の要望や問題点をメーカーや取引先へ提案するなど、商品やサービスの改善に必要な情報を提供することができる。
（→セルフサービス）

## コンシューマー
（consumer）

生産者に対する消費者のこと。使用目的の商品を使う人をユーザー（使用者）ということもある。

## 混色
（color mixture）

二つ以上の色を混ぜ合わせて得られる色のこと。混色には、色光の加法混色と色料の減法混色とがある。加法混色では、色光の三原色を全部混色すると白色光となる。減法混色では、色料の三原色を全部混色すると暗灰色となる。色料の三原色のみで各種の色相が得られるが、さらに白と黒を混色することにより、さまざまなトーン色を得ることができる。

## コンセプチュアルアート
（conceptual art）

概念芸術の意味。1960年代末、ソル・ルウイットの論によって一般化した。芸術におけるコンセプトを重視するため、作品の物質的、視覚的側面よりも観念的な側面が強調される。行為や観念、意思を言語、記号、図表、写真などを用いて表現する。ミニマルアート以降の現代美術の一つの傾向。

## コンセプト
（concept）

概念、構想、基本的な考えのこと。商品開発、販売戦略、店舗開発などにおいて、根幹となる考え方及び考えられたもの。

コンセプトをもつことで、より明確な戦略を立てることができる。VMDには、商品陳列、ディスプレイ、空間演出表現などを通し、企業やブランドのコンセプトとその意図を視覚的に表し、顧客に伝える役割がある。

## コンセプトショップ
（concept shop）

企業やブランドの主張、思想、感性や哲学などを一つのコンセプトにまとめ、特徴を打ち出した店舗。品揃え、商品特性、ブランド、顧客特性、販売方法、店舗環境などに一貫したテーマをもって運営する。

## コンセッショナリーチェーン
（concessionary chain）

大型店の売り場の一部を借りて出店しチェーン化する店舗。出店は店名を明示する場合としない場合がある。貸す側は自店にない品揃えに限り委託し、借りる側は集客や投下資本の節約など相互のメリットがある。

## コンテ

continuity の略で、撮影（放送）用の台本のこと。コンテには絵コンテと文字コンテの2種類があるが、絵コンテの略称として使われることが多い。

絵コンテは一つのカットの中で被写体のサイズ、構図、動きなどを説明するもので、イラストのみによる表現ではなく、簡単な文字、文章が付けられる。素描やデッサンなどに用いる鉛筆より柔らかいクレヨンの一種もコンテという。

## コンテンツ

（contents）

　本来の意味は、内容物、中身、書籍の目次などを指す。インターネットなどの情報サービスにおいては、ウェブサイト上で提供される画像、動画、文書、音声、映像、ゲームソフトなど、個々の情報の内容そのもののことをいう。

## コンテンポラリー

（contemporary）

　現代の、同時代の、の意味。芸術の分野で使われていた表現で、ファッションでは現代的なファッション概念を表現する用語。今日的で個性的なファッション感覚、感性を求める人の新しい価値観のあるファッションを意味している。

## ゴンドラ

（gondola）

　ゴンドラケースの略。4～5段の棚板を持ち、表裏両側から商品を手に取れるオープン型の陳列什器で、セルフサービス販売の基本什器である。側面の部分をゴンドラエンドといい、ここは POP 集視ポイントとして重要なスペースであり、ステージなどを置いて PP の場にも使われている。

## コントラスト

（contrast）

　対比のこと。異なる性質のものが二つ以上組み合わされることによって起こる明暗、大小、直線と曲線などの差異感が、互いをより引き立てて相乗効果を生み出すこと。美的秩序の形式的な条件である形式原理の一つ。

## コンビニエンスストア

（convenience store）

　消費者に買い物の利便性を提供する業態。比較的住宅地に近いところに立地し、必要なときにすぐ買い物ができるように、24 時間または早朝から深夜までの長時間営業で年中無休の店が多い。食料品を中心とし、使用頻度の高い必需品に絞り込んだ品揃えが特徴でセルフサービス方式で販売する。フランチャイズチェーンの形態を取る店が多い。

　経済産業省の商業統計、業態分類としての「コンビニエンス・ストア」の定義は、飲食料品を扱い、売り場面積 30 平方メートル以上 250 平方メートル未満、営業時間が 1 日 14 時間以上のセルフサービス販売店を指す。

## コンビネーションストア

（combination store）

　異業態のスーパーマーケットとドラッグストアが結合した複合的な店舗形態のこと。コンボストアとも呼ばれ 1970 年代アメリカで登場した。

　生鮮食料品、日用品や医薬品のワンストップショッピングの利便性を打ち出すなど、競争激化のなかで開発されたフォーマット。

コ

## コンピュータアート
（computer art）

　絵画、文学、音楽などにおいて、制作過程にコンピュータを使用して新しく生み出された作品とその方法のこと。グラフィックデザインや写真、動画、音楽の分野で用いられ、専用のソフトでデータを入力、プログラミングすることによって音楽や造形を製作する。言語や音声などの分野では既存の楽器や声と同一の音声をコンピュータが創り出したり、絵画やグラフィックデザインの分野ではさらに発展著しく、技術的には人の想像する視覚的造形はほとんど表現可能なレベルまで達している。

　現在ではスマートフォンのソフトを使用して、描いて欲しい絵画のイメージを言葉で入力するとAIが自動的に描いてくれるなど日常化している。

## コンピュータグラフィックス
（computer graphics）
（→ CG）

## コンプライアンス
（compliance）

　「法令遵守」の意味。文字通り、企業活動を取り巻く法律・規則を遵守し違反しないということを指す。近年その意味するところは多様になり、広義には企業倫理、社会倫理の遵守も含まれる。

　法令違反による企業の不祥事、不正行為が続発したことから、企業倫理を確立し、公正で誠実な業務遂行をすることが企業に対して強く求められている。さらに、国際的な人権意識の高まりから、ダイバーシティ促進や持続可能な開発目標（SDGs）への取り組みへの要請もみられる。

## コンペ

　コンペティション (competition) の略称で、試合、競技、コンテストの意味。ゴルフの競技会やピアノのコンテスト、建築の公募、商取引を獲得するために行なう受注競争などに使用される。

## コンペティター
（competitor）

　競合相手、競争相手の意味。競合会社、競合企業などをいう。

## コンポジション
（composition）

　構成、組み立てなどのこと。デザイン用語では構図を意味し、設定された枠組内に、点、線、面、形、色彩などの造形要素を組み立て構成すること、またはしたもの。
（→構成）

## サーキュレーション

（circulation）

①循環、巡る、回ること。流通。②普及度。広告を伝える媒体の流布の度合い。新聞・雑誌の発行部数やラジオ・テレビの普及率・視聴率などのこと。③店舗、展示会場構成における動線処理のこと。（→導線）

## サイケデリックアート

（psychedelic art）

ＬＳＤなどの幻覚剤を服用したときに起きる心理的な恍惚・陶酔状態を作品として再現させたもので、多彩な色彩と流動的な形に特徴がある。60年代のヒッピー文化、ロックの流行と切り離せない芸術活動。

## 在庫管理

物流過程にある材料、製品、商品の量を適正に調整し管理すること。適正量については生産計画、仕入計画、販売計画に基づき、市場戦略と財務戦略の両方から検討する。在庫に対する投資額と在庫の変動は回転率が一つの目安となる。

小売業においては定番商品に見られる一定量の入荷方法と、当用買い商品に見られる必要時に入荷する方法の二つを調整して行なう。これらによって適正な商品供給が可能となり、販売機会の喪失を少なくすることができる。コンピュータを使ったPOS（販売時点情報管理）やEOS（自動発注システム）により効率化が進んでいる。（→適正在庫）

## サイズマーチャンダイジング

（size merchandising）

マーチャンダイジングの方法の一つ。サイズをコンセプトに重点展開を行うこと。

## 最低陳列量（安全在庫）

内外を問わず不測の要因により、購買量や販売量が変動することを見越して欠品を防ぐために必用とされる在庫の水準のこと。正確には、許容できるリスク水準を設定した上で、統計的なバラツキ（標準偏差）を用いて計算式で表す。

## サイバーパンク

（cyberpunk）

ＳＦのジャンルの一つで、コンピュータネットワークによって世界が支配される未来社会を描くのが特徴。

## サイン

（sign）

印、符号、合図などの意味。行為や記号によって情報を伝達する機能あるいは表示物を指す。公共施設や商業施設においては、標識、記号、マーク、シンボル、看板、表示板などの総称として使われる。（→次頁 図参照）（→看板、デジタルサイネージ）

[ 建築に付帯するサイン ]

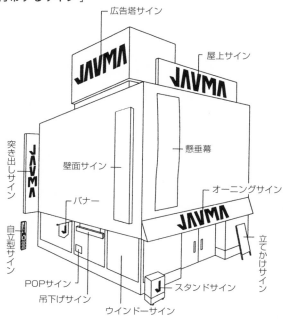

広告塔サイン

屋上サイン

懸垂幕

突き出しサイン

壁面サイン

オーニングサイン

バナー

立てかけサイン

自立型サイン

POPサイン

スタンドサイン

吊下げサイン

ウインドーサイン

## サイン照明

（signs lighting）

　サイン照明は、デジタルサインと組み合わせて利用されている場面が増えており、①直射式（ネオンやイルミネーションなど）、②反射式（投光照明）、③透過式（プラスチック板などの背面からの透過光を利用）の三つの方法に分けられる。

　投光照明方式によるサイン面の照度は、立地する周囲環境の明るさによって異なるが、500〜1000lxを確保することが望ましい。透過式では、サイン背面に設備したランプのシルエットが現れたり、サイン面に輝度ムラが生じないよう、パネル材質の透過率、ランプとパネル面との距離やランプ取付間隔に注意する。

## サウンドロゴ

（sound logo）

　企業や商品のイメージ伝達を目的として定めた効果音や音楽のこと。主にCMで使われており、聴覚で認識される商標は「音商標」と呼ばれている。（→CM）

## 作業面

（work plane）

　照明の基礎用語。視作業が行われる平面として指定される被照面。室内照明で特に指定がない場合は、店舗では一般に床上1m、事務室などでは床上0.85m、和室では床

上 0.4m の水平面を指す。これらの
面はいずれも仮想面である。

## 錯視

（illusion）

　人の視覚における錯覚のことで、
さまざまな外的条件によって、大
きさ、長さ、方向などが、客観的
事実と異なって見えること。デザ
インではこれを効果的に使う場合
がある。

## サステナブル

（sustainable）

　「sustain（持続する）」と「able（〜
できる）」を組み合わせた造語。日
本語では「持続可能な」という意味。
　1987年WCED（環境と開発に関
する世界委員会）の報告書『Our
Common Future（我ら共有の未
来)』（ブライトン・レポート）の中で、
地球環境破壊の深刻さをデータを
基に伝え、人間社会の破局を警告
し、その破局を避けるには、「持続
可能な開発」という考え方に基づ
いた行動に転換する必要があると
提唱した。ここから「サスティナ
ブル」は、地球環境問題克服と新
たな社会構築の概念として世界に
広まり、2015年に国連サミットで
提唱された「SDGs」に繋がってい
る。（→ SDGs）

## サッシュ

（sash）

　服飾用語では幅広の布地か皮革
製で、しわを寄せてウエストに巻く
飾り帯のこと。中世の騎士の制服
の一部で、肩から腰に斜めにかけ
た肩帯のこともいう。建築用語では
建具財、ガラスのはめ込まれた建
具枠と建具が納まる窓枠をいう。

## サバーバン地区

（suburban area）

　市外・郊外の新興開発住宅地域
のこと。都市部と比較して地価が
低いため、広い店舗、十分な駐車
場を設けた大型店、複合商業施設、
ロードサイドの専門店チェーンな
どが出店し成長してきた。

## サバンナ効果

（savanna effect）

　暗い森から明るく広がるサバン
ナ（大草原）に出たとき、さらに
先へ進んでみたいという好奇心を
もたせるような効果。店舗では奥
の壁面を明るくすると、光が期待
感を高め奥へ誘導するので店内に
奥行き感が生まれ、入りやすい印
象を与える効果のことをいう。

## サプライチェーンマネジメント

（Supply Chain Management）

　サプライチェーンとは、製品や
サービスが、原材料の段階から製
品となり、消費者の手に届くまで
の全プロセスの繋がりのことをい
う。このサプライチェーンを分析
し、ITを活用して総合的に管理す
る手法がサプライチェーンマネジ
メント（SCM）である。
　具体的には、原材料・部品の調

達、製造、在庫管理、販売、配送までの製品の全体的な流れを一連のビジネスプロセスとしてとらえ、企業や組織の壁を越えて全過程の最適化を行うことをいう。企業に高収益をもたらす戦略的な経営手法といえる。

### サプライヤー
（supplier）
商材供給側（購買取引先）の総称。小売業の場合、継続的に商品を供給する業者のことで一般的に卸売業を指す。また、小売業と直接取引きをしている製造業も含まれる。

### サブスクリプション
（subscription）
商品やサービスを購入するのではなく、一定期間利用することができる権利に対して、決められた料金を支払うビジネスモデルのこと。「サブスク」とも呼ばれている。

### サブリミナル広告
潜在意識に刺激を与えることで表れるとされるサブリミナル効果を応用した広告手法。無意識のうちに商品情報を記憶させることができるといわれるが、科学的にはまだ証明されていない。1995年に日本放送協会、1999年には日本民間放送連盟が、番組放送基準でサブリミナル的表現方法を禁止することを明文化している。

### 三六（さぶろく）
3尺（約900㎜）×6尺（約1800㎜）の大きさの定尺物の略称。ベニヤ、合板などの建築資材の規格寸法に使われる。4尺（約1200㎜）×8尺（約2400㎜）の大きさのものは、四八（しばち）という。

### 三角形構成
ディスプレイの代表的な構成の一つ、仮想の三角形の枠の中に商品やプロップス（小道具）を収めて配置する構成法。安定感がありバランスがよい構成法とされる。
（→構成）

### 三角スケール
断面が三角形の棒状で6種類の異なったスケール（縮尺）の目盛りがついた物差しのこと。

### 産業財産権
知的財産権のうち、特許権、実用新案権、意匠権、商標権の四つを「産業財産権」といい、特許庁が所管している。新しい技術、新しいデザイン、ネーミングなどについて独占権を与え、模倣防止のための保護を行い、研究開発へのインセンティブを付与したり、取引上の信用を維持したりすることによって、産業の発展を図ることを目的にしている。
特許庁に出願し登録されることによって、その権利が発生する。
（→知的財産権）

| 産業財産権 | 保護の対象 | 保護期間 |
|---|---|---|
| 特許権 | 新しい発明を保護 | 出願から 20 年<br>（一部 25 年） |
| 実用新案権 | 物品の形状、構造又は<br>組合わせの考案を保護 | 出願から 10 年 |
| 意匠権 | 物品、建築物、画像のデザインを保護 | 出願から 25 年 |
| 商標権 | 商品やサービスに使用する商標（マーク）<br>を保護（動き、ホログラム、音、位置、<br>色彩なども保護の対象となる） | 登録から 10 年<br>（更新あり） |

## 三原色

（three primary colors）

原色とは、他の色を混合して得られない独立した色をいう。すべての色は三原色を基本につくられる。

「色光の三原色」とは、赤みの橙、緑、青紫の 3 色で、混色するごとに光が加算され明るくなるため加法混色といい、3 色を混色すると白色光となる。赤みの橙＋緑＝黄（イエロー）、緑＋青紫＝緑みの青（シアン）、青紫＋赤みの橙＝赤紫（マゼンタ）、赤みの橙＋緑＋青紫＝白となる。

「色科（物体色）」の三原色」とは、赤紫（マゼンタ）、黄（イエロー）、緑みの青（シアン）の 3 色で、混色するごとに光が減算されて暗くなるため減法混色といい、3 色を混色すると暗灰色となる。赤紫＋緑みの青＝青紫、黄＋赤紫＝黄みの赤、緑みの青＋黄＝緑、赤紫＋黄＋緑みの青＝灰となる。（→混色）

## サンプリング

（sampling）

①検査や統計などの調査のために、対象全体からサンプル（見本、試供品、標本、実例）を抽出すること。②マーケティングでは、開発中の商品などのサンプルを特定のターゲットとなる消費者に無料で配布し、その効果を測定することをいう。

## サンプルケース

（sample case）

商品の見本を顧客に見せるためのケース。レストランのメニュー展示によく見られる。

## ＣＩ（シーアイ）

（→コーポレートアイデンティティ）

## ＣＡＴ端末

Credit Authorization Terminal
の略称。クレジットカードの信用
照会端末機のこと。クレジットカー
ド会社とCAT端末を設置した加
盟店とが通信回線によるオンライ
ンで結ばれ、盗難や紛失、有効期
限切れカードのチェック、利用限
度額のチェックなど、信用状況の
チェックを即座に行えるCATシス
テムの端末。通常キャットと呼ば
れている。

## ＣＭ（シーエム）

Commercial Message の略称。
本来、宣伝文句全般を指すが、
テレビ・ラジオの普及によって、
民間放送で番組途中に放送される
広告・宣伝のことを指すようになっ
た。コマーシャルと略されること
もある。テレビ・映画・インターネッ
トなどの動画広告を特に区別する
場合、CF(Commercial Film)と呼ば
れる。

## ＣＳ（シーエス）

（→顧客満足）

## ＧＭＳ（ジーエムエス）

（→ゼネラルマーチャンダイズ
ストア）

## 直付け形照明器具

建築構造材に直接取り付ける照
明器具。器具が天井面から露出す
るのでカバーなどがインテリアの
一部になるような選択が望ましい。

## Ｇケース

（glass case）

ガラスケースの略。高額商品の
陳列とストックを兼ね、対面販売
に使われるガラス製の箱型の什器。
側面販売の、壁面や柱面に置かれ
たりするケースや冷凍冷蔵などの
設備をもった特殊な用途のケース
もある。

## ＣＧ（シージー）

（computer graphics）

コンピュータグラフィックスの
略。コンピュータに図形や色彩な
どのデータを入力し、基本図形を
縮小、拡大、並行移動、回軸させ、
プログラム操作によって作成する
映像を指す。

建設機械や飛行機、自動車など
の工業製品の設計、衣服の設計デ
ザイン、あるいは、ＣＦ、アニメー
ションやゲームソフトの製作まで、
入力データの変更だけで思う通り
の図形（形状、色、サイズ）をグ
ラフィックディスプレイ画面に立
体的に表現できる。これにより、
実際に製造・施工する前に完成形
をシミュレートすることができる。
ＣＧは、リアルな映像、鮮やかな
色彩、編集・修整の容易さなどが
特徴。

シ

**シアー素材**

シアー（shree）とは、透明感のある、あるいは透き通るようなという意味で、透け感のある薄い素材のこと。オーガンジー、レース、チュールなどを指す。

**CRM（シーアールエム）**

「Customer Relationship Management」の略称。顧客満足度と顧客ロイヤルティの向上によって売上拡大と収益性の向上を目指す経営戦略のことで、顧客関係管理と訳されることもある。

**CSR（シーエスアール）**

「Corporate Social Responsibility」の略称で、「企業が果たすべき社会的責任」のこと。企業が品質のよい製品を提供することにより社会に貢献し、環境に配慮して事業活動を改善していくことや、関連法規が遵守される組織を構築することなどが挙げられる。

**シースルーウィンドウ**

（see-through window）

外から店内を見通せる透視型のウィンドウをいう。

**シースルールック**

（see through look）

シースルーとは、何かを通して見るの意で、透ける素材を通して素肌が見えるファッションの総称。1968年にサン・ローランがシフォンを用い素肌が透けて見えるスタイルを発表、シースルールックと呼び話題となった。シフォン、レース、ボイル、オーガンジーなどの素材を使ったものが多い。

**シーズンショップ**

（season shop）

特定の季節のみオープンする店のこと。リゾート地の店舗に多い。

**シーズンディスプレイ**

（season display）

季節や季節の行事などを表現するディスプレイ。大規模小売店舗やショッピングセンターなどの閉鎖型施設内で多く用いられる手法。商店街でもアーケードや店先、街灯などを利用して行われている。

**シーズンマーチャンダイジング**

（season merchandising）

季節感を訴求するマーチャンダイジングの方法。主に衣料品・食品のマーチャンダイジングに多く試みられる。

**C to C（シーツーシー）**

「Consumer to Consumer」の略称で、一般消費者同士がインターネットを通じて行う取引のこと。特に電子商取引の分類として用いられることが多い。

**シーリングディスプレイ**

（ceiling display）

天井面に取り付けたり、天井か

シ

ら吊り下げたりして、店舗や売り場、モール通路の上部空間を利用したディスプレイ。

## 仕入管理

経営目標を達成するために、仕入れの効率化をコントロールすること。主な内容は仕入れ予算管理、仕入れ枠の設定、補充、検品、処分品の管理などがある。

## 仕入計画

売上予測に基づいて仕入れる商品の種類、数量、価格、仕入時期、仕入先などを計画すること。アイテム別、シーズン別、仕入先別に計画される。

## 仕入原価

商品を仕入先から買い取る（仕入れる）価格、すなわち原価のこと。
（→原価）

## シェア

（share）

（→ AISAS、ARASL、市場占有率）

## ジェネリックブランド

（generic brand）

generic は「一般的な、包括的な」「無印の、ノーブランドの」という意味。ジェネリックブランドとは、商標を付けず、一般的な品目名のみが表示されたものをいう。医薬品をはじめ、食料品や日用品、さらに家電や衣料品など幅広い分野で見受けられる。ノーブランドと

同意語。
（→ノーブランド）

## ジェネレーティブデザイン

（generative design）

コンピュータのソフトウエアに目的に関する一定の情報を入力すると、ゼロの状態から条件に応じたデザインや設計が自動的に生成される技術のこと。

人工知能（AI）が膨大な蓄積情報資料を統計学の応用によって、自律的に多数の結果を提示するもの。コンピュータが提示したものをユーザーが絞り込み、カスタマイズして最適なものにするのが一般的なデザイン手順。

## シェルフディスプレイ

（shelf display）

棚及び棚で構成された空間を使ったディスプレイの総称。棚部への商品陳列や商品陳列を変化づけて見せるポイントディスプレイのこと。

## ジェンダーレス

（gerderless）

生物学的な性差を前提とした社会的、文化的性差をなくそうとする考え方を意味する。世界経済フォーラムが発表するジェンダーギャップ指数が注目されるなど、性差による不平等解消への理解が徐々に浸透している。ジェンダーレスをコンセプトとする商品も開発されている。

シ

## ジオラマ

（diorama 仏）

透視画、透視画館、情景模型の見世物のこと。風景の一部や場面を透視画的立体によって見せる展示物。パノラマが全景なのに対し、ジオラマは状況の一部、一場面を表現するのに使われる。

## 紫外線

（ultraviolet radiation）

電磁波は波長の長短でいろいろの物理現象を示す。可視光より波長の短い約 1 〜 380nm の波長範囲に含まれる放射は紫外線で、目には感じない。（nm：ナノメートルとは 1 メートルの 10 億分の 1 の単位）

商品の変色、退色などの化学反応を起こしたり、殺菌効果がある。殺菌灯やブラックライトなどが紫外線の成分を多く放射する。蛍光ランプは紫外線によって蛍光体を励起させる作用の応用。

## 視覚言語

（visual language）

音声や文字によって伝達する通常の言語を用いないで、色や形など、視覚を通じて意思の疎通を行うことを目的とした図記号、絵ことばの類を指す。G・ケペッシュが自著の題名としたのがこの言葉の起源であるが、発想としては古くからあった。

## 視覚伝達

（visual communication）

視覚を通じて情報を伝達すること。視覚伝達の表現要素は文字、写真、映像、色、図形などさまざまで、それぞれに表現特性がある。ビジュアルコミュニケーションともいう。

## 視覚誘導

顧客の視線や視野を考慮し、商品プレゼンテーションや演出、表示物など店内のすべての物を効果的に配置し、顧客の興味を引き出すように視覚的に誘導すること。顧客が店内を回遊しながらくまなく商品を見て選ぶことができるようにすることで滞留時間が長くなり、自然に購買意欲が高まり、購入に至ることを目的にしている。

## 視感度

（spectral luminous efficacy）

人間の明るさの感覚は波長によって異なり、波長 555nm の黄色の部分は明るく感じ、380nm や 760nm 付近の青味紫や赤の部分は暗く感じる。この波長に対する明るさの感覚の違いを視感度という。

波長 555nm の明るさを 1 とし、これと同じエネルギーをもつ他の波長の明るさ感を比較値で表したのが比視感度である。しかし、視感度には個人差があるので、国際的に標準比視感度（2 度視野、明所視）が定められている。また、明るい所と暗い所では目の網膜細胞の働き

が異なる。比視感度の最大値が短波長にずれ、青い色を明るく感じる現象をプルキンエ現象という。

## 色彩

（color）

　目に感じる光は光源色と物体色に分けられる。光源色は太陽や電灯など自ら発する光の色のことであり、その光を受けて現れる物体の色を物体色という。

　また、色には赤・黄・青・緑などのように彩のある有彩色と、白・灰・黒のように明るさの度合い（明度）だけで色の違いを感じる無彩色がある。色の分類は、一般に色相・明度・彩度の三つの尺度（色の三属性）によって行われる。
（→色の三属性）

## 色彩計画

（color planning）

　企業イメージ（CI）カラーやブランドコンセプトカラー、オフィス（ショップ）空間など、対象とする総合的なイメージに合致した色の設定から、商品パッケージや名刺一枚の細部にわたる色の決定までの過程と内容をいう。特に環境空間の快適性には色彩調整が重要で、色の機能と効果には大きな関心がもたれている。
（→カラースキーム）

## 色彩照明

（color lighting）

　ショーウィンドウディスプレイ

などの演出は、光と影を活用して効果的なモデリングを表現するが、場面によっては、よりリアルな表現を作るために舞台、スタジオ照明手法を応用してカラーライトによる演出を行なう場合がある。

　以前は、スポットライトの前面に赤・青・緑（光の三原色）のカラーフィルターを設置し、組み合わせて使用することで、色彩照明を行っていた。1997年にLED（発光ダイオード）と制御技術を組み合わせた「デジタルカラーライティング」がアメリカで開発され、照明の世界に大きな変化がもたらされた。

　「デジタルカラーライティング」は、省電力で発熱が少なく、多彩な色と発光パターンを表現できるので、舞台、イベント、アミューズメントパーク、ショップ、アートなどさまざまな場面で使用されている。また、ショーウィンドウなどで、簡便に色彩照明を取り入れる場合は、赤色、青色、緑色のカラーLED電球が活用されている。（→三原色）

## 市場価格

　市場で売買されている価格のこと。「市価」ともいう。

## 市場細分化

（market segmentation）

　市場を、類似した世代、居住地、趣味、嗜好、ライフスタイルなどの消費者グループに分類し、それ

130

それのニーズを抽出し最適な商品開発や販売プロモーションの立案や施策を実行すること。これにより対象を絞り込むことができ、対象客の需要に適合させていくことが可能となる。（→マーケットセグメンテーション）

## 市場占有率

（share）

市場におけるある商品の販売総額に対して、ある特定企業の商品がどの位の割合を占めているかを示すもの。また業界総売上高に占めるある特定企業の比率のこと。この率の大小によって独占市場、寡占市場などの市場の性格が決まる。競争分析をすれば自社の強さや弱さが分かる。シェア、マーケットシェアともいう。

## 自主マーチャンダイジング

百貨店、専門店、量販店がメーカーに頼らず、自らマーケティング商品の企画、生産、販売戦略までを主体性をもって計画・実行すること。ここから他店との差別化が図られる

## JIS（ジス）

（Japan Industrial Standard の略称）

日本産業規格のこと。工業製品やサービスに対して国が定めた品質基準や規格のことで、これに合格したものにはJISマークが付けられる。昭和24年（1949年）7月

1日施行された工業標準化法が、令和元年（2019年）7月1日に産業標準化法へと改正された。これに伴いJISは日本工業規格から日本産業規格に変わった。

JISマーク

鉱工業品　　　　　加工技術　　　　特定側面
電磁的記録、役務

## JIS 照度基準

平成22年（2010年）1月20日、照明に関するJIS Z 9110:2010照明基準総則の改訂に伴い、JIS照度基準が改訂された。照明基準総則（JIS Z 9110:2010）とは、人々の諸活動が、安全、容易、かつ快適に行えるような視環境をつくり出すためにさまざまな分野ごとの照明基準をまとめた規格のこと。

旧基準の照度基準（JIS Z9110:1979）は、安全で健康的な生活環境の提供を目的に、各施設、空間や領域に必要とする照度の推奨範囲を規定したものだった。昭和33年（1958年）に制定されて以来、広く照明の基礎となってきたが、ライフスタイルの変化に伴い、照明に対する欲求は複雑かつ高度になり、明るいだけの照明では満足されなくなってきていた。また、省エネルギー、省資源、環境保護に対する社会の意識なども大きく変化した。

平成22年（2010年）1月20日、推奨照度だけを規定する照度基準

から照度均斉度、不快グレア、演色評価数などの照明の質的要件を加えて規定した照明基準に改正された。

平成23年(2011年)に追補(JIS Z 9110:2011)が発行され、電力不足に際しての節電に配慮された。その後も時代背景や技術進展に合わせて各種分野で照度基準などが新設・統廃合されている。
(→次頁 別表参照)

## システム天井照明器具

施工の省力化と工期の短縮をはかるため、天井工事と設備工事(照明を含む電気、通信、防災、配管)を総合的にシステム化したとき使用する照明器具。

天井部材のTバーの組み合わせ方でラインタイプとクロスタイプに大別され、それぞれに対応した照明器具がある。

## シズル

(sizzle)

臨場感のこと。シズルとは、肉を焼くときの「ジュウ、ジュウ」という音を表わす言葉。

食欲をそそる音から、転じて商品の魅力をビジュアルに表現したり聞かせたりして、見込み客の感覚を刺激する広告・販売促進手法のことをいう。例えば、うなぎを店頭で焼いたり、ビールやコーラのビンに水滴が付いた広告表現などがシズルを伝えている。

## 実演販売

店頭や展示場などで販売促進のため商品の使用方法、性能、効用、優秀性などを実際に試して見せたり、試させたりして販売すること。化粧品や食品などの新開発商品の販売時に実施されることが多い。

## 実測

空間や物の長さ、高さ、面積などを実際に測ること。(→現場調査)

## シナジー効果

(synergy effect)

相乗効果のことで、1プラス1が2以上の答えになるような効果のこと。企業戦略に関わる言葉として使われることが多く、それぞれの計画が単独で作用するのではなく、お互いに影響し合い、より大きな効果や成果を上げること。

## 品揃え

対象とする顧客に合わせて、商品の種類と数量を取り揃えること。一般には、幅(商品の組み合わせ)と深さ(同一商品におけるサイズ、色、量など)から検討される。品揃えの重要性は、これによって顧客に対する吸引力が左右される点である。貧弱な品揃えは顧客を逃がすことになり、多すぎる品揃えは非効率な売り場スペース使用や無駄な在庫となる。(→商品構成)

## 死に筋商品

販売計画に反し売れないで残っ

## JIS照度基準

■ 商業施設（物品販売店）

| 領域、作業、又は活動の種類 | | 維持照度<br>Em (lx) | 照度均斉度<br>Uo | 屋内統一<br>グレア制限値<br>UGRL | 平均演色<br>評価数<br>Ra | 注 記 |
|---|---|---|---|---|---|---|
| 商店の一般共通<br>事項 | 陳列の最重要部 | 2000 | − | 22 | 80 | |
| | 重要陳列部 | 750 | − | 22 | 80 | |
| | エスカレータなどの乗降口 | 750 | − | − | 80 | |
| | エレベータホール | 500 | − | − | 80 | |
| | エスカレータ | 500 | − | − | 80 | |
| | レジスタ | 750 | 0.7 | − | 80 | |
| | 包装台 | 750 | 0.7 | − | 80 | |
| | 商談室 | 300 | − | 19 | 80 | |
| | 応接室 | 200 | − | 19 | 80 | |
| | 休憩室 | 100 | − | − | 80 | |
| | 洗面所 | 200 | − | − | 80 | |
| | 便所 | 200 | − | − | 80 | |
| | 階段 | 150 | − | − | 40 | |
| | 廊下 | 100 | − | − | 40 | |
| | アトリウム・モール | 300 | − | − | 60 | |
| 大型店<br>（デパート、量<br>販店など） | ショーウィンドウの重要部 | 2000 | − | − | 80 | 大型店などで<br>売り場別に業<br>態別の効果を<br>必要とすると<br>きは、対応す<br>る項を準用す<br>る。 |
| | デモンストレーション | 2000 | − | − | 80 | |
| | 重要陳列台 | 2000 | − | − | 80 | |
| | 一般陳列台 | 1000 | − | − | 80 | |
| | 重要階の全般 | 750 | − | 22 | 80 | |
| | 特売会場の全般 | 750 | − | 22 | 80 | |
| | 店内全般 | 500 | − | 22 | 80 | |
| | 案内コーナ | 1000 | − | − | 80 | |
| | コンサルタントコーナ | 750 | − | − | 80 | |
| 高級専門店<br>（貴金属、衣服、<br>芸術品など | ショーウィンドウの重要部 | 2000 | − | − | 80 | |
| | 重要陳列部 | 1000 | − | − | 80 | |
| | 一般陳列部 | 750 | − | − | 80 | |
| | デザインコーナ | 500 | − | − | 80 | |
| | 着装コーナ | 500 | − | − | 80 | |
| | コンサルタントコーナ | 500 | − | − | 80 | |
| | 接客コーナ | 300 | − | 19 | 80 | |
| | 店内全般 | 300 | − | 22 | 80 | |
| ファッション店<br>（衣料、装身具、<br>眼鏡、時計など） | ショーウィンドウの重要部 | 2000 | − | − | 80 | |
| | 重要陳列部 | 750 | − | − | 80 | |
| | スペシャル陳列部 | 500 | − | − | 80 | |
| | スペシャル陳列部の全般 | 150 | − | − | 80 | |
| | デザインコーナ | 750 | − | − | 80 | |
| | 着装コーナ | 750 | − | − | 80 | |
| | 店内全般（スペシャル部を除く） | 500 | − | 22 | 80 | |
| 生活別専門店<br>（日曜大工、育<br>児、料理など） | ショーウィンドウの重要部 | 1000 | − | − | 80 | |
| | デモンストレーション | 750 | − | − | 80 | |
| | コンサルタントコーナ | 500 | − | − | 80 | |
| | 店内全般 | 500 | − | 22 | 80 | |
| スーパーマーケット<br>（セルフサービ<br>ス店など） | 特別陳列部 | 2000 | − | − | 80 | |
| | 店頭 | 750 | − | − | 80 | |
| | 店内全般 | 500 | − | 22 | 80 | |

注記：1　昼間、又は屋外向きのショーウィンドウの重要部は、10,000lx 以上が望ましい。
　　　2　重要陳列部に対する局部照明の照度は、全般照明の照度の3倍以上とすることが望ましい。

ている商品。死に筋商品には早期発見と早期対応策が求められる。（⇔売り筋商品、売れ筋商品）

## シミュレーション
（simulation）

実物に類似した現象を創出した中での模擬実験。モデルを使って実験物のもつ機能や特性の調査、研究をすること。最近では、各種調査データの収集や訓練（模擬体験）などの他、市場調査や商品開発、デザインワーク、各システムの検討など、その範囲も広がってきている。

## 下手（しもて）
（⇔上手　かみて）

## 視野

頭を静止した状態で見える空間の範囲を角度で表したもの。一般に成人の視野範囲は両眼静視野状態で左右100°ずつ、また垂直方向では、上方 50°、下方 75°といわれている。

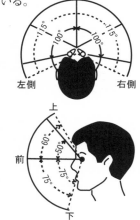

左側　　　　　右側

前

上

下

## 紗（しゃ）

搦み（からみ）織りの一種で、織り目が荒く、透けて見える布。経糸（たていと）2 本と緯糸（よこいと）1 本を交互に織った単純な組織。紗の地に平織り、綾織などの組織で地紋を表わしたものを紋紗、金糸を織り込んだものを金紗という。

## 借景

山などの自然や美しい建造物を庭の遠景として取り入れること。日本式庭園の造園技法の一つ。

## ジャケット
（jacket）

外衣としての上衣の総称。袖付き、前あきで丈はウエストからヒップラインまでのものが一般的で、ブレザータイプ、ブルゾンタイプなどがある。広義にはプルオーバータイプのものや袖のないものまで含まれる。最近ではコーディネートの変化を楽しむアイテムとして欠かせないものになっている。
（→次頁 イラスト参照）

## 遮光角

天井に取り付けられた照明器具を見上げた時にランプ ( 光源) が目に入らなくなる限界線と器具の水平線とでできる角度のこと。遮光角が大きいほど器具の近くでも光源が見えにくくなるのでまぶしさが抑えられる。一般的には、遮光角 15 度タイプは、天井高 2.7m 程

シ

# ［ジャケット（メンズ）］

ブレザー

ハンティングジャケット

ノーフォークジャケット

ヨットパーカー

ボマージャケット

エイビエータージャケット

サファリジャケット

フィールドジャケット

マウンテンパーカ

ベルボーイジャケット

ウエスタンジャケット

ボンバージャケット
（MA-1）

# ［ジャケット（ウィメンズ）］

テーラードジャケット
シングルブレステッド　ダブルブレステッド
　　　　　　　　　　ジャケット　　　ブレザージャケット　　ノーフォークジャケット

ガーディガンジャケット　マオカラージャケット　　ボレロ　　ペプラムジャケット

サファリジャケット　　パドルジャケット　　ジージャン　　ライダーズジャケット

ダウンジャケット　　パーカ　　スタジアムジャンパー

136

度の商空間のベース照明器具として、遮光角 30 度タイプは、天井高 2.7m 以上の天井の高い商空間のベース照明として用いる。

### ジャージー
（jersey）

メリヤス地の総称。イギリス海峡のジャージー島の漁師の衣料として作られたメリヤス生地のこと。毛、綿、絹、科学繊維などの生地を用いて、丸編み機または、縦編み機で編み縮絨（しゅくじゅう）仕上げを施したもの。

伸縮性、成形性があり布地同様に裁断して使われる。軽くて伸縮性があるため、スポーツ着や部屋着などに多く用いられる。体操服やユニホームもジャージーといわれている。（→スウェットシャツ）

### ＪＡＳ（ジャス）

Japanese Agricultual Standard の略称。日本農林規格の英語名称の略である。農林物資の規格化及び品質表示の適正化に関する法律（JAS 法、1950 年交付）に基づく、農・林・水・畜産物及びその加工品の品質保証の規格である。この規格に適合した食品には JAS マークと呼ばれる規格証票を付した出荷・販売が認められている。

### シャツ、ブラウス
（shirt、blouse）

肩から胴、または腰までの丈の胴衣のこと。スーツやジャケットのインナー（中衣）として着たり、単独でスカートやパンツと合わせて着る。一般的には、シャツは男性型アイテム、ブラウスは女性型アイテムとされることが多い。（→次頁 イラスト参照）

### シャネルスーツ
（chanel suit）

フランスのデザイナー、ガブリエル・シャネルによって創案されたスーツ。ミックス調のファンシーツイードを用い、襟なしで、ネックライン、前打ち合わせから裾へかけてブレードで縁取りしたカーディガン風ジャケットと、膝下 5 〜 10cm 程度のシャネルレングスのタイトまたはセミタイトスカートとの組み合わせが特徴。また、これに類似したスーツもシャネルスーツと呼び、ともに広く愛用されている。

1971 年のシャネルの死後は他のデザイナーによりアレンジされ新作が発表されている。（→スーツ）

### 紗幕（しゃまく）

舞台で用いる紗布で作られた幕のこと。布目が粗く透けて見えるため、照明の当て方によって幻想的な表現や瞬時の場面転換が可能になる。

前方からの光では幕として機能し、裏側に照明が当たると幕が透けて後方にあるものが見えてくる。紗布に絵を描くこともできる。

[ シャツ ]

アジャスタブルカフス　シングルカフス

ダブルカフス

ドレスシャツ
（ワイシャツ）

コンバーチブルカフス

シ

レギュラーカラー　　ワイドスプレッドカラー　　ホリゾンタルカラー

ロングポイントカラー　　ボタンダウンカラー　　ワンピースカラー

ポロシャツ　　　　ヘンリーシャツ　　　　Tシャツ　　　　アロハシャツ

ウエスタンシャツ　　オープンカラーシャツ　　バンドカラーシャツ

[ ブラウス ]

ボーブラウス

パフスリーブブラウス

タイフロントブラウス

スモックブラウス

チャイナブラウス

キャミソール

## シャワー効果

　多層階の商業施設において、集客力のある魅力の高い売り場やサービス施設を上層階に設けることで、シャワーが降り注ぐように下層階への客の流れを作り、回遊効果をもたらすこと。

## JAN（ジャン）コード

　JANは Japanese Article Number の略称。日本で最も普及している商品識別コードであり、JANコードから生成されたバーコードシンボルは、市販される多くの商品に印刷または添付されている。POSシステムや在庫管理、受発注システムなどで価格や商品名を検索するためのキーとして使われる。

　JANコードは日本国内のみの呼称。国際的には EAN コード（イアンコード / European Article Nu mber）と呼ばれ、アメリカ、カナダにおける UPC（Universal Product Code）と互換性のある国際的な共通商品コードである。

## ジャンクアート

（junk art）

　廃品、特に自動車、機械、電気製品などのがらくたを素材として製作された芸術。物質文明への批判的視点がある廃品芸術作品。

## シャンデリア

（chandelier）

　装飾的要素が強い多灯形吊り下げの照明器具のこと。きらきら輝くクリスタルを用いた豪華なデザインのものからシンプルなものまで、バリエーションも豊富である。光源は白熱電球、蛍光ランプや、最近では LED などもありそれぞれの空間のイメージに合わせて選ぶ必要がある。チェーンやパイプで吊り下げるタイプと、天井に直接取り付ける直付けタイプがある。

## 什器

　販売空間やオフィスにおいて、商品を展示するための陳列棚やショーケース、環境演出のための家具や植栽など、単体で可動性があり、目的に応じた機能をもつ道具を指す。

　ただし、大型小売業では、固定資産税の対象となる大型・高額なものを什器と呼び、小型・低額で税の対象外のものを器具、備品と呼んで区別している。
（→器具、MPツール）

シ

[ 什器・器具・MP ツールの種類 ]

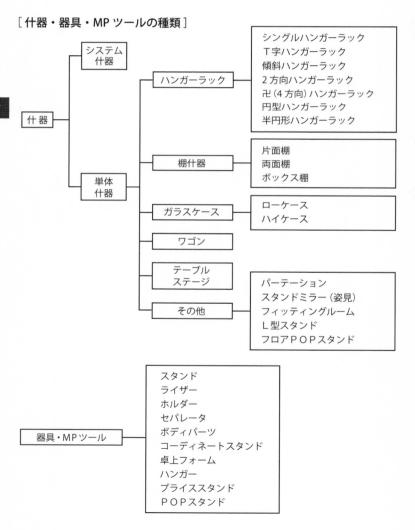

## 商品展示用什器の展示形態による分類

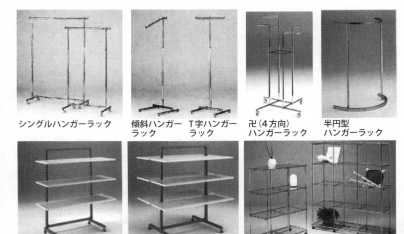

シングルハンガーラック　　傾斜ハンガー　T字ハンガー　卍(4方向)　　半円型
　　　　　　　　　　　　　ラック　　　　ラック　　　ハンガーラック　ハンガーラック

片面棚　　　　　　　両面棚　　　　　　　ボックス棚

ガラスケース

ワゴン

テーブル

141

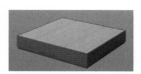

ステージ

シ

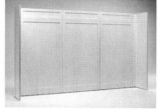

パーテーション　　　フィッティング　　　L型スタンド
　　　　　　　　　　ルーム

スタンド
ミラー（姿見）

フロアPOP
スタンド

システム什器

## 十五夜

9月17日頃（陰暦8月15日）に出る月を「十五夜」または「中秋の名月」と呼ぶ。平安時代以降、宮中で月見の宴が催され、江戸時代になると一般家庭でも月見をするようになった。また陰暦9月13日の月を「十三夜」といい、季節の豊作物にちなんで十五夜を「芋名月」、十三夜を「豆名月」という。

## 集中仕入れ

本部一括仕入れのことをいう。チェーンストアの場合、店は販売に専念し、本部商品担当者（バイヤー）が仕入れ、商品管理を行う

システムとなる。しかし、消費者欲求の多様化により、これに応えるためにきめ細やかな品揃えが要求される。そのため、近年は地区本部や店による仕入れ機能が重要視されるようになった。

## 集中仕入れ方式

分散している複数店舗の仕入れを本部が一括して管理するシステム。各店舗の販売品目、仕入れ時期、仕入れ数量など仕入れ業務全般の権限と責任をすべて本部がもつ。各店舗は販売に専念することができ、仕入れ・販売業務の遂行力の向上、計画的・組織的仕入れの実現、有利な仕入れ条件の獲得、物流コストの削減などの利点がある。セントラルバイイングシステムともいう。

## 重点照明

店舗の重要な箇所や、商品のセールス・ポイントなど、比較的小面積の限られた場所だけを部分的に照らす局部的照明をいう。店内の全般照明とのバランスを考え、およそ、その3〜5倍の照度が必要である。ベース照明とコーディネートして使用することで空間にメリハリをつけたり、商品を引き立せるなどの効果的な店舗演出ができる。スポットライトなどがこれにあたる。(→全般照明)

## 重点販売商品

企業が優先的にあるいは政策的に、販売を強化しようと決めた商品のこと。これから育成する商品や、主力として取り扱う商品が主となる。

## 修復士

汚損や破損した美術品、工芸品などを補修、復元する専門家。この修復のテクニックをインテリアの壁装などに用いることをウォールアート、トロンプルイユともいう。(→トロンプルイユ)

## 秋分の日

9月23日頃。太陽が秋分点を通る日で、昼と夜の長さが同じになる。秋の彼岸の中日。もとの秋季皇霊祭で祭日であったが、現在は国民の祝日。祖先の霊を慰める日。

## シュールレアリスム

(sûrréalisme 仏)

超現実主義。ダダイズムの運動から分離、発展したもので、1924年の詩人アンドレ・ブルトンによる超現実主義宣言以来、イズム(主義、主張)として明確化した。合理的で知的なものを捨て、無意識の世界、夢や潜在意識の世界を表現するためにフロイトの精神分析学を活用した。

今日までその思潮は続いているが、運動としては第二次大戦前頃までが頂点であった。ダリ、ミロ、マグリット、デ・キリコらの作家がいる。デザインの分野では特にコマーシャルデザインに影響を与えた。

## 主通路

小売業の店舗で、来店客を入口から売り場の奥へと誘導するための通路のこと。店舗の通路の中で最も幅が広く、通行量も多い。来店客を効果的に店内回遊させるための重要な要素である。一般的に、回遊性を高めるため、主通路沿いに視覚的誘因要素となる売り場などを配置する。

## 主力商品

取り扱い商品の中で、その企業やブランドを特徴づけ、差別化するための要となっている商品及び商品群のこと。売上構成比の高い場合が多いが、単に売上げの高い商品を指すわけではない。主力商品は、自店の強みとして戦略的視点から育成することが必要。

## シュリンクパック

（shrink pack）

シュリンクとは収縮する、萎縮するという意味。熱を加えると収縮するフィルムや袋で物品をおおい、シュリンク機械に通して加熱するとフィルムが収縮し、物品を固定保持できるように密封加工される。これをシュリンクパック（パッケージ）、または収縮包装ともいう。主に物流業で、商品の密封、汚れ防止などの目的で多用されている。

## 純色

（pure color）

各色相において最も色味の強い色、すなわち彩度の最も高い色のこと。色料でいえば、白・黒・灰色の混色されていない純粋な飽和色のことで、色相の分類表である色相環に用いられる色。

## 春分の日

3月21日頃。太陽が春分点を通る日で、昼と夜の長さが同じになる。春の彼岸の中日。彼岸とは仏教では欲を捨て悟りに行きつくことで、春分（秋分）の日を中心に前後3日間ずつの7日間をいう。

もとは春季皇霊祭（天皇が毎年春分の日に歴代の天皇、皇后、皇祖の霊を皇霊殿で祀る祭祀）で祭日であったが、今は国民の祝日となり、広く一般の人々も墓参りをして祖先の霊を慰める。

## 純利益

総収益から総支出を引いて算出する企業の最終的な利益のこと。会計上、利益には売上高総利益（粗利）、営業利益、経常利益、税引前利益、税引後利益というように区別されるが、純利益は最終段階の税引後利益にあたる。（→経常利益）

## 書院造り

武家住宅建築の様式で、室町中期に起こり桃山時代に完成した。特徴は、床や棚付書院が設けられ、畳敷で、角柱の柱間には舞良戸、明り障子、襖などが用いられた。代表的な建物として、二条城二の丸御殿や桂離宮がある。

シ

## 正月

　歳神様（としがみさま）を祀り、作物の豊作とその年が無事に過ごせるように願う行事。1月1日〜1月3日までを三が日（さんがにち）、1月7日までを松の内といい、一般的にこの期間を正月といっている。（地方によってはその限りではない）

## 商業施設

　商業を営むための、売り場やそれに付随する事務所、トイレなどを含む各種施設のこと。個別施設と集積施設がある。

　個別施設には小売物販、卸売物販、飲食サービス、その他のサービス（美容、理容、ホテル、旅館、金融、保険、娯楽）などがある。集積施設には卸売市場、小売市場、百貨店、ショッピングセンターなどのほか、金融、ホテル、病院、美術館、劇場、映画館などの文化施設を組み合わせた複合商業施設と呼ばれるものもある。

## 商業デザイン

　（commercial design）

　工業デザインに対応する用語で、商業目的のためのデザインの総称。グラフィックデザイン、パッケージデザイン、サインデザイン、POPデザイン、ディスプレイデザインなどに分類される。

## 商圏

　来店客の居住地の範囲のこと。出店戦略においては重要な要素となる。商圏を設定する際は、居住地から店舗までの距離ではなく来店までの所要時間が重視される。

　商圏分析の主な要素としては、人口特性、交通事情、産業特性、商環境特性などが挙げられる。現実には複数の競合地域や競合店舗が存在するので商圏の設定は難しいが、ライリーの法則やハフモデルによって、ある程度は計算することができる。

## 障子（しょうじ）

シ

　建具の一種で、格子状の桟に和紙を張ったもの。室内の仕切りに立てる。明かり障子をはじめさまざまな形がある。

障子の種類

### ＜明り障子＞

　紙張り障子のこと。扉を閉じたまま採光できる機能をもち、古くは薄絹布が張られた。

### ＜大阪障子＞

　上部に細かい格子を組み、腰高までにガラスを組み込んだ障子。関西地方に伝わる。

### ＜織部戸（おりべど）＞

　上部に格子を組み、腰高までが板張りとなった障子。東海地方の民家に見られる。

### ＜簾障子（すだれしょうじ）・簾戸（すど）＞

　紙を張る代わりに、簾を張った夏用の建具。簾には、細い蘆（あし）または竹を細かく割ったものが使われる。

## ＜造り付け障子＞

開閉のできない障子。取り付けは上下または左右に溝を作りはめ込む倹飩式（けんどんしき）になっている。

## ＜開き障子＞

開き戸の形式をもつ障子。片開き障子、両開き障子、2枚折り両開き障子などがある。

## ＜雪見障子＞

障子の下半分位に、上げ下げのできる障子をはめたもの。開口部に透明ガラスを取り付け、眺望の機能をもつ。ねこま障子、上げ下げ障子ともいう。

## ＜枡組み障子＞

桟が枡目状に組まれた障子。

## ＜横ガラス障子＞

腰付障子の中央よりやや下段部分にガラスをはめ込んだ障子。

## 仕様書

制作物や施工の仕上がり、材料とその内容、工法などを詳細に記載した書類のこと。

## 上代、下代（じょうだい、げだい）

上代とは小売販売価格（売価）のこと。下代とは仕入価格（仕入原価）と卸し価格のこと。上代から下代を差し引いたものを値入高（売買利益高）と呼び、その割合を値入率（売買利益率）という。売価を基準に、その値入高（利幅）が何％になるのかを計算することを上代建て（外掛け）といい、仕入価格を基準にして計算する方法

を下代建て（内掛け）という。

## 商店街

一定地域に多数の小売商が集積し、それぞれの商店の延長によって街を成し、ともに買い物の場を形成しているもの。郊外の商業開発、駅前再開発の活発化により衰退と空洞化が起こり、近代化を図ることが求められる。近代化事業では国や自治体が支援、助成を行う制度により活性化を図っている。

## 照度

光を受ける面、例えば床面やテーブル面、商品の表面の明るさの度合いのことで、光束の量をその光を受ける面の面積で割った値で求められる。記号はE、単位は1x（ルクス）で、この数字が高いほど光を受けている面が明るいことになる。

一般に照度といえば水平面照度を示す場合が多く、水平面に直角な鉛直面照度は、売り場の壁面陳列面やディスプレイ面の明るさを表す場合に用いる。

| 照　度　(lx) | | | | | | |
|---|---|---|---|---|---|---|
| 0.1 | 1 | 10 | 100 | 1000 | $10^4$ | $10^5$ |
| 満月の夜 | | 夜間の道路照明 | 事務所照明 勉強用スタンド | テレビスタジオ 野球場（ナイター） | 晴天の日かげ | 晴天の日向（夏） |

## 衝動買い

入店前には購入の意思があいまいな消費者が、店内で見た商品に

146

購買意欲が生じ、購買する行為のこと。衝動買いに関する研究対象は、衝動買いの可能性を高める商品配置やディスプレイなどの状況要因から、人間の衝動性と自己抑制といった心理的要因へと広がっている。

## 照度のバランス

業種、業態に適した照明環境イメージは、重点照明とベース照明のバランス、通路部と売り場など照度のバランスが重要になる。一般に、二つの場の明るさが1：2を超えるあたりから明暗の差を感じはじめ、1：5のバランスになると明るい場が明確になってくるといわれている。また、入口の照明の照度を1としたときに中央部が1.5～2、ショーウィンドウが2～4、壁面1.5～2、店舗奥が2～3という照度のバランスが一般的。

## 消費財

生活用品と表現することもあり、生活の中で使用し消費する購入商品のこと。消費に要する時間の長短で耐久消費財と一般消費財に分ける。また、購入する際の購買用途によって最寄り品、買回り品などに分けたりもする。

## 消費者インセンティブ

消費者に見本配布、デモンストレーション、キャンペーン、各種講習会などの刺激策を実施し購買を喚起させること。セールスプロモーション（SP）の一環。

## 消費者行動

消費者が商品やサービスを購買するときの行動形態のこと。消費者行動を見るには、所得を消費と貯蓄へどのように振り分けるか、さらに消費項目（衣、食、住、レジャーなど）への分配率を基準に判断する。一般的には消費者の属性である性別、所得、職業、未婚・既婚、家族構成、ライフスタイル、趣味、思考によって一定の消費行動の傾向を見る。類語に店舗、商品、銘柄などの選択を基準とする購買行動というものがある。
（→購買行動）

## 消費者プロモーション

（→セールスプロモーション）

## 消費生活センター

消費者保護基本法と都道府県の消費者保護条例により、消費者保護の立場から設けられている機関。消費者からの苦情処理、商品テスト、消費者の啓蒙を業務としている。今日のように多量の商品が出回るなかでトラブルは多く、同センターが果たしている役割は大きい。

## 消費者の権利

消費者の基本的な権利をいう。J・F・ケネディが大統領時代の1962年「消費者保護特別教書」で四つの権利を掲げたのが有名。①安全

の権利②知る権利③選ぶ権利④意見の反映される権利である。その後、国際的消費者団体組織「国際消費者機構」が次の四つの権利を加え、「消費者八つの権利」を提唱した。⑤消費者教育を受ける権利⑥生活の基本的ニーズが保障される権利⑦救済を求める権利⑧健康な環境を求める権利、である。日本では、2004年施行の消費者基本法にも明記されている。

### 消費動向

　消費動向とは、消費者の意識の変化や消費支出の動向などのことをいう。

　景気の動向を判断するため内閣府により「消費動向調査」が定期的に実施されており、調査対象事項として消費者の意識、物価の見通し、自己啓発、趣味、レジャー、サービス等の支出の予定、主要耐久消費財等の保有・買替え状況、世帯の状況などがある。内閣府経済社会総合研究所が調査を行い、消費者の意識を表す指標として消費者態度指数を公表している。また、調査結果は、景気動向の把握や経済政策の企画・立案の基礎資料となっている。

### 商品

（merchandise）
　販売を目的として生産された財のことであり、消費財と生産財（産業用・業務用）、具体的な形をもつ有形財、教育・医療・サービスな

どのように形を伴わない無形財がある。あくまでも流通や商業上で取引（売買）されるモノやコトを指す。一方、製品とは製造品のことであり、生産者側から見た有形財を指す。

（→商品分類）

### 商品回転率

　ある期間（通常1年・半年）に、新旧の在庫商品が何回入れ替わったかをみる商品管理計数をいう。計算式は「商品回転率」＝「売上高」÷「平均在庫高」で求める。回転数が多ければそれだけ売れていることを示す。商品投下資金の回転を見るもので販売効率ではない。

### 商品広告

　商品そのものをテーマに、名称、価格、魅力、新規性、利便性、経済性など商品に直接関係あることを訴求して販売促進に役立てるための広告。企業イメージの創成と認知を狙う企業広告（corporate advertising）に対して使われる用語。

### 商品構成

　対象とする顧客に合わせて、商品を計画的に組み合わせて配置すること。顧客の購買行動や商品の特性を考慮し、用途別、客層別、価格別、シーズン別、アイテム別、仕入れ先別、売上げ別などに分けて計画する。

（→品揃え）

## 商品照明

　商品に関する情報を正しく的確に伝達することを目的とする照明。商品の形や色彩、テクスチャーなどを正しく魅力的に表現し、顧客に用途の想像をかきたてる照明をいう。（→重点照明）

## 商品装飾展示

　商品装飾展示とは、百貨店や専門店をはじめとする商業施設において、ビジュアルマーチャンダイジングに関する知識をもとに、感性と商品を見せる技術（マーチャンダイズプレゼンテーション技術）を駆使して、商品を効果的に陳列、演出、表現すること。VMD計画に基づいてマーチャンダイジングをセンスと技術・技能で的確に視覚伝達し、顧客に快適な買い物を提供する魅力ある店づくりや売り場表現をすること。マーチャンダイズプレゼンテーションと同義語。

## 商品装飾展示技能検定

　マーチャンダイズプレゼンテーションの専門家のための国家資格検定。

　日本ビジュアルマーチャンダイジング協会が支援をする「商品装飾展示技能検定」は、VMDの考え方をもとにマーチャンダイズプレゼンテーションを担当するスペシャリストの技能・知識を一定の基準によって検定し公証する国家検定。1986年から労働省（当時）が実施し、現在では厚生労働省が毎年実施している。

　この技能検定は試験の難易度によって1級、2級、3級に区分され、実技試験と学科試験により実施される。

## 商品装飾展示技能士

　商品装飾展示に携わる人に必要な技能について、厚生労働省が一定の基準により検定し、国として証明する技能の国家検定制度に合格した人を指す。

　1級の合格者には厚生労働大臣名、2級・3級の合格者には都道府県知事名の合格証書と、それぞれに技能士章が交付され技能士と称される。技能検定は現在130種について実施。商品装飾展示技能検定は1986年にまず1級、2級が実施され、1998年に3級が新設された。商品装飾展示技能士はマーチャンダイズプレゼンテーションのスペシャリストであり店舗や企業におけるVMD担当者として、常に柔軟で効果的な売り場づくりと商品プレゼンテーションを担う重要かつ専門的な存在といえる。

　商品装飾展示技能士に類似した呼称としてはデコレーター、ディスプレイコーディネイター、エタラジスト、ＶＭＤコーディネイター、ビジュアルコーディネイター、ビジュアルマーチャンダイザーなどがある。（→デコレーター、ビジュアルマーチャンダイザー、ＶＭＤコーディネイター）

シ

## 商品分類

　商品分類とは、商品を特性や価値などの一定の基準によって分けること。商品分類は VMD の基本であり、分類した商品グループを適切に売り場に配置することによって、品揃えを見やすく、分かりやすく、選びやすくすることができる。分類方法は目的によってさまざまであるが、商品特性と顧客特性などにより大分類・中分類・小分類に分けるのが基本となる。

　分類基準には性別、年齢、ライフスタイル、品種、品目、シーズン、デザイン属性、ブランド、価格帯、用途など、さまざまある。

## 照明器具

　光源から出る光を効率よく、必要な方向へ照射するよう制御するのが照明器具である。

　外郭構造は、環境条件から光源を保護し外観のデザインを決める重要な機材である。他に建築の造営材への取り付け部分、電源への接続部分、点灯に必要な安定器などの電気部品からなる。器具構造、建築物への取り付け方などにより各種ある。

## 照明制御システム

　照明回路をコンピュータを用いてシステム的にコントロールする機器。制御信号の搬送に電話回線や電力線を用いた有線式と、ワイヤレスや赤外線リモコンを用いた無線式がある。

## 照明設計

　照明の対象となる場所や場面の光環境を適切に整えるために行う。立地条件を考慮しながら対象となる空間を利用する人々の年齢、性別などの条件を明確に設定し、照明の全体基本計画をまとめたあと、照明設計の作業をすすめる。

　照明手法を含めてどのような照明要件を満たすべきか、そのためにはどのような光源、器具、配置が最も効果的かを検討し、照明のチェックを行うのが照明設計である。

## 照明設備電気容量

　使用する電気設備機器の使用電力量を算出し、電気設備の配線設計などを検討する。一般に、「ＶＡ計算」と略称されている。「電力 (ＶＡ)」=「電流 (Ａ)」×「電源電圧 (Ｖ)」

## ショーイング

（showing）

　見せること、示すこと、表示、展示（会）、展覧（会）、などの意味がある。ビジュアルマーチャンダイジングにおいては VMD 計画をベースにしたビジュアルプレゼンテーションプランを具現化する、フィニッシュワーク全般のことをいう。マーチャンダイジング、ストアコンセプト、販売計画などを理解することや VP プランを具体化するための感性と独創的なアイディア、さまざまな MP テクニック、ショーイングスキルなどが求められる。

## ショーウィンドウ
（show-window）

　店舗で道路や通路に面し、前面をガラスで区切るなどした特定の演出スペースを指す。店の存在を知ってもらうためのディスプレイや、商品を魅力的にディスプレイして見せる飾り窓として利用される。その形状は、背面を開放型にしたシースルーウィンドウと、背面をもったクローズド・ウィンドウに大別される。

## ショーウィンドウディスプレイ
（show-window display）

　ショーウィンドウで展開されるディスプレイ。ウィンドウディスプレイともいう。企業理念の伝達、季節感の表現、プロモーションの訴求、新商品やテーマ商品の紹介などが行われる。

## ショーカード
（show card）

　商品の特徴、特性、取扱方法などを記して商品に付けたり、そばに置くカード。説明文や写真、図などで構成されているもので、品名や価格を表記するものをプライスカードと呼び区別している。サジェストカードとも呼ばれている。
（→ＰＯＰ広告）

## ショールーム
（show room）

　商品を展示し、紹介とPRを行う販売促進の場のこと。

## ショールーミング
（showrooming）

　消費者が実店舗で商品を検討した後、その場では購入せずに、オンラインショップを利用し購入する消費行動を指す。実店舗がショールームのように利用されることを表現する、米国で生まれた造語である。

　逆に、オンラインショップなどで商品の品定めをした後、実店舗で購入する消費行動を「ウェブルーミング」という。
（→ウェブルーミング）

## ショッピングセンター（ＳＣ）
（shopping center:）

　ショッピングセンターとは、ディベロッパーにより計画、開発され、所有、管理運営される商業・サービス施設の集合体であり、駐車場を備えるものをいう。

　（社）日本ショッピングセンター協会によると、次の４条件を備えることが必要である。①小売業の店舗面積は、1,500㎡ 以上であること②キーテナントを除くテナントが 10 店舗以上含まれていること③キーテナントがある場合、その面積がショッピングセンター面積の 80％程度を超えないこと。ただし、その他テナントのうち小売業の店舗面積が 1,500㎡以上である場合にはこの限りではない④テナント会（商店会）等があり、広告宣伝、共同催事等の共同活動を行っていること。

キーテナントとしては百貨店、ＧＭＳ、スーパーストア、スーパーマーケット、ホームセンター、ディスカウントストア、ドラッグストア、専門店、単品種を扱う大型小売店、生協などがある。店舗の集積規模により、ネイバーフッドＳＣ、コミュニティＳＣ、リージョナルＳＣに分類される。

## ショルダーアウト
（shoulder out）
（→スリーブアウト）

## シルバーマーケット
（silver market）
　高齢者市場のこと。長寿化により今後さらなる高年齢層の増加は確実であり、その市場性は大きい。市場の特性としては、時間的ゆとり、資産家層、上質なサービス指向、健康への配慮などが挙げられる。

## シングルライナー
（single liner）
　「アイテム専門店」。単一商品で品揃えした店を指す。例えばセーターのみ、ブラウスのみのバリエーション展開により、商品構成に厚みをもたせた専門店。

## 芯材、心材
　樹木の横断面の、中心に近い部分の材を指す。色調が濃く、表面財に比べて硬く、使用後の狂いが少ない。年輪の中心が通っているものを心材といい、通っていないものを心去り材（しんざりざい）という。

## 進出色
（advancing color）
　近くにあるように見える色を進出色という。一般的に暖色系の赤・橙・黄などで、明度の高い色も低い色と比べると進出色といえる。膨張色とも呼ばれる。（⇔後退色）

## 芯芯、心心、真真
　部材間の距離測定基準の一つで、部材の中心線から他部材の中心線までの長さ。

## 新造形主義
（Neo-Plasticism）
　ネオプラスティシズムのことで、単純化された幾何学的形式の抽象主義運動。1917 年にモンドリアンとドースブルグが中心となってオランダのライデンにデ・スティール・グループを結成し活躍した。1920 年に発表されたモンドリアンの理論と諸作品は建築、絵画、彫刻、デザインなどに大きな影響を与え、今日においてもインテリアデザイン、グラフィックデザインなどにその思潮をみることができる。

## 寝殿造り
　平安、鎌倉時代の貴族の住宅の建築様式。敷地のほぼ中央に、南に面して寝殿を建て、東、北、西に対の屋を設け、南に中島をもつ池を築き、池の東西に釣殿を配置

する。各建物は渡り廊下でつながれている。代表例として11世紀中頃の東三条殿がある。

## シンプル
（simple）

単純な、素朴な、などの意味。ファッションの分野では、デザインを簡素化し、単純な機能性を追求した美しさをもったものをいう。

## シンボルゾーン
（symbol zone）

博覧会や展示会などにおいて、その催し物や空間を形成する基になった考え方を象徴的に表した場所。空間全体の中心的役割を果たす。

## シンボルタワー
（symbol tower）

都市やレジャー施設、博覧会場などで、全体の象徴や記念の意味づけがされた搭状の建造物を指す。導入口や中心部に設けられることが多い。

## シンボルマーク
（symbol mark）

国旗、商標、社章、校章、家紋など団体や個人を表す象徴的な記号のこと。店内のサインなど公共の場で一般に認知されるもの、固有の商品に付けられるもの（ブランドマーク）などがある。

## シンメトリー
（symmetry）

対称、相称の意。中心に対し、左右、上下が同形の配置となるもの。雪の結晶などは点を中心とした放射対称である。安定性、均整などの印象により、古くから建築や造形物に取り入れられてきた。美的秩序の形式的な条件である形式原理の一つ。
（⇔アシンメトリー、美的形式原理）

**ス**

## 水平面照度

　光源に対して水平な面の受ける照度をいう。一般に照度というとき、この水平面照度をいう。売り場のベース照度やカウンター、ステージ面の照度などがこれに相当する。（→照度）

## スーツ
（suit）

　上下服を共布で作った一揃いの衣服の総称。男子服ではジャケット、ベスト、パンツの組み合わせによる三つ揃いのセット。婦人服ではテーラードなジャケット、スカートなどの組み合わせによる一揃いのセットが代表的。

［ スーツ（メンズ）］

シングルブレステッドスーツ

ダブルブレステッドスーツ

ブリティッシュモデル

トラディッショナルモデル

イタリアンクラシコモデル

タキシード

# ［スーツ（ウィメンズ）］

テーラードスーツ

スペンサースーツ

ペプラムスーツ

ノーカラースーツ

ミリタリースーツ

ジャンプスーツ

ス

サファリスーツ

## スーパーグラフィック

（super graphic）

ビルの壁面などにポップアートのような色彩と図柄で大胆に拡大されたグラフィックデザインのこと。

## スーパースーパーマーケット

（super super market）

大型スーパーマーケットのこと。アメリカでは1970年代に登場し80年代以降約3,300〜4,000㎡の売り場面積をもつものが主で、非食品の商品構成比が高いのが特徴。日本では売り場面積約2,000〜2,700㎡が主流で生鮮食品、惣菜、日配品、家庭用品雑貨が充実している。

## スーパーストア

（super store）

大型店舗のこと。量販店や低価格帯販売の通常より規模の大きいスーパーマーケットで、より幅広い品揃えの提供に特徴がある。

## スーパーセンター

（super center）

1988年に「ウォルマート」が開発した業態で、ディスカウントストアとコンビネーションストアを合体した店舗形態をいう。日常の購買頻度の高い品揃えでワンストップショッピングを狙う。売り場面積は平均9,300〜1万9,000㎡。

## スーパーバイザー

（supervisor）

監督者、管理者の意。流通ではチェーンシステムの形態をとる店舗の運営管理・監督を行う職位のことをいう。

フランチャイズなどでは加盟店を巡回し、品揃え、作業や売り方、陳列方法、在庫管理、従業員指導など行い、店舗を良い方向に導く指導を行う。本部指示のチェックや情報の収集、共有などの役割も担う。略してSVとも呼ばれる。

## スーパーマーケット

（super market）

セルフサービスとキャッシュアンドキャリー方式で食料品を中心として日用品を廉価販売する小売業態をいう。

1930年に、ニューヨーク州ジャマイカにオープンした「キング・カレン・グローサリー」がスーパーマーケットの1号店といわれている。日本では1953年に紀伊国屋が東京青山に第1号店を開業し、急速に成長した。コンビニエンスストア、量販店、ディスカウントストアとの違いは、あくまで食料品を中心とし廉価販売をすることである。

## スーパーリアリズム

（super realism）

超写実主義。第二次世界大戦後の美術の一つの傾向。写真をもとにして、さらにそれを克明に写実的に描き出す。写真という虚構を対象として、極度に写実的であろうという姿勢はエアブラシの多用

によって感情移入を拒絶するような画面を作り出す。ハイパーリアリズムともいわれる。

## スウェットシャツ
（sweat shirt）

　スウェットとは汗、汗をかくの意味で、運動選手がトレーニングのときに着るシャツのこと。トレーナー、トレーニングシャツともいう。裏起毛したコットン、ニットなどで作られたプルオーバー式や前ファスナー式があり、襟、カフス、裾にリブ編を付ける。
（→ジャージー）

## スカート
（skirt）

　ボトムの代表的ウェアで、主に女性の下半身に着用する筒形の独立した衣服の総称。ドレスやコートなどのウエストから下の部分もスカートと呼ぶ場合もある。丈やシルエットの変化がファッションポイントとして重要視される。

[ スカート ]

タイトスカート

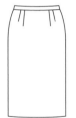
セミタイトスカート

フレアースカート

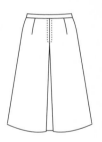
インバーテッドスカート
プリーツスカート

ボックスプリーツ
スカート

ワンウエーブプリーツ
スカート

サイドプリーツ
スカート

アンブレラプリーツ
スカート

# ［スカート］

サーキュラートスカート

バルーンススカート

ティアードスカート

ゴアードスカート

ヨークスカート

マーメイドスカート

ジャンパースカート

ラップスカート

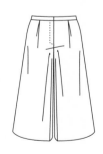

キュロットスカート

ス

## スカルプチュアヘア
（sculpture hair）

リアルマネキンとアブストラクトマネキンのほぼ中間的な存在といえるのが、スカルプチュアヘアマネキンである。文字通り彫刻風のヘアが特徴で、高感度でコンテンポラリーな表現に適している。単色塗装、またはメイクを施すことにより、表情を変えることができる。（→マネキン）

## スキャナ
（scanner）

走査（スキャニング）を行い、情報を読み取るものをいう。数多くの種類のスキャナがあり、バーコードやOCR（光学的文字認識）文字を読み取るバーコードスキャナ、画像情報を読み取りパーソナルコンピューターに入力するイメージスキャナ、人体などの断面を読み取るCTスキャナなどがある。

## スクエアショルダー
（square shoulder）

肩パッドなどを入れ、肩を誇張した角ばった肩線のこと。

## スクラップアンドビルド
（scrap and build）

老朽化した建物や設備を解体、廃棄し、新たに建設し直すこと。組織の改廃と新設にも用いられる。市場の変化に対応して、将来性や採算効率の悪い部門を整理し、新鋭設備や新たな部門を設けること。

## スケール
（scale）

目盛り、尺度、縮尺、物差しのこと。物差しには、長さ、角度などを測る器具、拡大尺、比例尺がある。また、規模や大きさを表す言葉としても使われる。

## スケッチ
（sketch）

写生画。簡単に描写する画、略画。

## 筋交い（すじかい）

柱と柱の間に斜めに入れる補強材のことをいう。斜めに1本補強する場合と2本をたすき掛けに交差させて補強する場合がある。木材のほかに鉄骨や鉄筋などで補強するときにはブレースともいわれている。構造体の耐震性を強める効果があり、建築基準法では一定の割合で筋交いを使用することを義務づけている。

## スタイリスト
（stylist）

日本では、ファッション関係の撮影やショーの衣服を中心とした洋品・小物を含む関連商品を、状況に応じて収集、組み合わせることのできる専門家を示すことが多い。本来は欧米のアパレル企業で、ファッション予測に基づいて、次シーズンの商品企画を構成することのできるプロフェッショナルをいう。ファッションディレクターやフランスのようにファッション

デザイナー（スチリスト）を示すこともある。

## スタジオ
（studio）
　写真・映画の撮影所、テレビ・ラジオの放送室、音楽家の演奏・録音施設のこと。また、アーティストやデザイナーの制作室をいう。

## スタンダード商品
　（→定番商品）

## スタンディング
（standing）
　テーブルやステージ、棚上などのスペースに、立てて置いたボディ、卓上フォーム、各種スタンドなどのＰＰ器具を用いて、商品を表現するＭＰテクニック。
（→マーチャンダイズプレゼンテーションの表現方法）

## スチレンボード
　ポリスチレン樹脂に発泡剤を混合して押出発泡させた製品のこと。軽量で加工がしやすいという特徴がある。スチレンパネルやウッドラックパネルなどとも呼ばれている。
　表面処理の違いにより、素板タイプ、粘着タイプ、紙貼りタイプなどがある。ＰＯＰ、写真・ポスター用ボード、看板資材、各種印刷用ボード、断熱材、各種産業資材など幅広く使われている。サイズは、定尺物のメーター板（1000mm

× 2000mm）、シハチ板（1200 mm × 2400 mm）、サブロク板（1800mm × 900mm）のほか、紙の規格サイズのＡ判、Ｂ判に対応したものがある。

## ステイタス商品
　所有することで、本来の用途とは別の社会的地位や経済的豊かさ、心理的価値を表現すると考えられている商品。希少性のある商品に多い。

## ステージ
（stage）
　舞台、演壇。ディスプレイでは、マネキンなどを置く展示台や低い陳列台を指す。
（→什器）

## ステープル商品
　生活者にとって常に必要で基本的な商品のこと。季節や流行に左右されず機能だけを追求した商品。生活上誰もが必要とする中核となる商品。固定的な定番品であり、絶対に品切れをさせてはならない常備商品を指す。
（→コモディティ、定番商品）

## ステッカー
（sticker）
　裏に接着剤が付いている小型シールのこと。広告やマークなどが印刷されており、目的に応じて対象物に簡単に貼って使用することができる。

## ステマ

（stealth marketing）

ステルスマーケティングの略称。その制作物や活動情報（動画像、文章、レビュー、口コミなど）が宣伝であると一般消費者に気づかれないように欺く宣伝行為のこと。俗にいう、サクラの行為にあたる。

インフルエンサーマーケティングを行う上で必ず直面する重要事項であり、一つ誤ると、最悪インターネット上で炎上し、インフルエンサーだけではなく依頼している企業のブランド価値も大きく損なう可能性のある非常にセンシティブなもの。

## ステンドグラス

（stained glass）

色ガラスをデザイン画に基づいて切り取り、鉛骨で組み合わせたもの。教会などでは宗教的な意味あいをもたせた図柄をステンドグラスで構成したものが多い。

## ストアイメージ

（store image）

消費者が店舗に抱くイメージ。店舗の発信する情報である広告宣伝、店舗の外観、店内環境、商品構成、サービスなどの要素を経営理念のもとに統一表現する。また外部要因で顧客の信頼性が高いパブリシティである口コミやSNSでの評価なども大きく影響する要素となる。

## ストアコンセプト

（store concept）

店舗におけるすべての活動の拠り所となる基本的な理念、考え方を指す。このストアコンセプトが明確にされた上ではじめて、店舗の開発・再開発、日常の仕入れ、販売活動など適正な店舗運営が図られる。

## ストアコンパリゾン

（store comparison）

店舗の比較対照のこと。競合する他店舗と自店舗を比較分析することによって、自店舗の総合的な販売力（営業力）の強化に役立てることができる。比較対照する項目としては、立地環境、店舗企画、品揃え、価格、従業員数、販売形態、サービス、売上げ、利益、販売促進手段などがある。

## ストアブランド

（store brand）

メーカーのもつブランドに対して、小売業者が独自に開発し所有するブランドを指す。店舗の差別化に効果的だが、開発製造コストを伴うのでリスクも大きい。
（→プライベートブランド）

## ストアロイヤルティ

（store loyalty）

ロイヤルティ（loyalty）とは忠誠心のこと。ストアロイヤルティとは客がその店に対して抱く信頼性、満足度のことをいう。店の継

続的な品質の高いサービスや商品
提供により、客も購買欲求を満た
されることで、継続的にその店で
商品を購入し支持することとなる。
（→ストアイメージ）

## ストアロケーション

　店舗の立地条件のこと。店舗が
どのような地域背景の中におかれ
ているかということ。例えば、地
域の環境条件、人口密度、住民の
ライフスタイル、競合店の状況、
交通手段、地域の将来性など店舗
を取り巻くさまざまな状況を指す。

## ストリートディスプレイ

（street display）
　街路を装飾すること。景観づく
り、季節感や歳事の表現、地域の
販売促進を目的として、統一した
モチーフの装飾物を利用して演出
することが多い。

## ストリートファッション

（street fashion）
　デザイナーやアパレル企業主導
ではなく、街に集まる若者たちの
なかから自然発生的に生まれ発信
されるファッションのことをいう。
それぞれの時代背景、ライフスタ
イル、文化、音楽やサブカルチャー
の動向などとの関連が深い。
　1990年代に入り特にその影響力
は強まり、デザイナーがコレクショ
ンのテーマに取り上げることもし
ばしばみられる。モッズ、ヒッピー、
パンク、ヒップホップなどが代表

的。ストリートスタイル、ストリー
トカジュアルなどともいう。

## ストリートファニチュア

（street furniture）
　公園、街路、広場などに設置さ
れている設備や用具類。ベンチ、
屑籠、プランター、電話ボックス、
街灯などのこと。都市の環境計画
の一環として、植栽とともに重視
される。

## ストリームライン

（streamline）
　流線、流線形（型）のこと。空
気や水などの抵抗が最も少ない形
状である。1930年代後半、機能
面から発展してスタイリングとし
て流行し、各種工業製品に採り入
れられた。

## スパッツ

（spats）
　19世紀末から20世紀初期にか
けて流行した男女両用の布製ゲー
トルの一種。長さは足の甲から足
首まで、あるいは膝下までで、装
飾や防寒、ほこりよけを目的とし、
男子の白やグレーのスパッツは礼
装にも用いられた。今日では脚に
ぴったりフィットしたタイツ型の
パンツもスパッツと呼ばれている。
（→レギンス）

## スプリンクラー

（sprinkler）
　火災で室温が68℃前後になる

と、金属片が溶けてスイッチが入り、自動的に散水する天井付の消化装置。建築基準法で特殊建築物への設置が義務づけられている。スプリンクラーヘッドから下方に450mm、水平方向に300mm以内に物を置くことはできない。

## スプレーガン
（spray gun）
塗料を加圧空気によって噴霧上に吹き付けるピストル型の器具。（→エアブラシ）

## スペシャルティストア
（specialty store）
（→専門店）

## スポッター
（spotter）
（→ＰＯＰ広告）

## スポット商品
単発的に仕入れ、販売する商品のこと。シーズン、期間、数量、価格などその時期でないと購入できない、再入荷見込みのない限定品全般を指す。（⇔定番商品）

## スポットライト
（spot light）
発光部の口径が小さく、光束（ビーム）角が小さな投射器具をいう。天井直付けタイプやライティングダクトに取り付けて使用するものがある。店舗では、ディスプレイ上のマネキンや商品を局部的

に照明するときによく用いる。反射板の種類で散光型と集光型がある。

## スポーツの日
1964年の東京オリンピックを記念し、開会式の10月10日を1966年に「体育の日」として国民の祝日に制定した。2000年からは「ハッピーマンデー制度」により10月の第2月曜日となり、2020年には名称が「スポーツの日」に変更された。心身の健康を考え、スポーツに親しむ日。

## スポンサー
（sponsor）
資金面の後援者。電波媒体（テレビ・ラジオ）の番組提供者や広告主のこと。印刷媒体の広告主や顧客のことはクライアント（client）、またはアカウント（account）という。

## スラブ
（slab）
橋や建築物などに用いる鉄筋コンクリート製の厚い床板。または、鉄筋コンクリート造りにおける上階住戸と下階住戸の間にある構造床のこと。

## ３Ｄプリンター（スリーディープリンター）
３Ｄ（三次元）のデジタルデータをもとに立体物を造形する装置。コンピュータ上で作成した立体物の３Ｄデータを設計図とし、その断

面形状の薄い層をいくつも積層して立体物を造形するというのが基本的な仕組みである。製造方式としては、熱で融解した樹脂を少しずつ積み重ねていくＦＤＭ方式（熱溶解積層法）、光硬化性樹脂に紫外線などを照射して硬化させていく光造形方式、樹脂や石膏粉末に接着剤を吹きつけて積層にする粉末固着方式などがある。三次元プリンターともいう。

工業分野をはじめ、建築・医療・教育・航空宇宙・先端研究など幅広い分野で普及している。2009 年に、「熱溶解積層方式（ＦＤＭ）」の特許期限が切れ、低価格な個人向け３Ｄプリンターが市場に出回るようになり、ホビーやＤＩＹなどの個人用途での利用も激増している。

## スリット
（slit）

切れ目、すき間、穴などのこと。ファッションではジャケットやスカートなどの裾に装飾性や動きの幅をもたせた機能性のために入れる切り込みのこと。

店舗では什器や壁面に棚柱を埋め込んで棚受けを支持する場合、その柱をスリットと呼ぶ。棚柱は埋め込み式と露出式がある。

## スリーブアウト
（sleeve out）

フェイスアウトに対して使われる言葉で、商品の側面である袖を見せて陳列すること。サイズやカラーが豊富に展開されている商品に適した陳列方法で、ショルダー（肩）アウトともいわれる。
（⇔フェイスアウト）

## スローガン
（slogan）

団体や政党、企業などが民衆に呼びかける主義、主張を表現した短い語句。標語、宣伝文句。広告業界では、人々に企業の主張や商品の特徴を記憶させ、好感をもたせるために反復して使う。

## スローフード
（Slow Food）

ファストフードに対抗して 1989 年イタリアで生まれたムーブメント。食べる喜びを権利として求めること、味の画一や食物の同質化に対抗し伝統を守ること、動植物の多くの種を救うこと、味覚教育を行うこと、がスローフードの活動である。それは、人類の健康を約束してくれ、また環境保護にもつながる活動。

## 生活文化提案型産業

暮らしの豊かさをモノの充足によって満たすのではなく、モノは素敵な時間と空間を創造するためにある、とする暮らし方（ライフスタイル）の提案。

そうした時代の思潮を背景に、近年はファッションショップにおいても、服飾のアイテムだけではなくおしゃれな生活用品を扱ったり、カフェを併設したりする店が増えてきた。「ファッションビジネスも今後は生活提案型産業（企業）に転換していくことが求められる」などといった使われ方をする。

## 成人の日

（Coming of Age Day）

1月の第2月曜日、国民の休日の一つ。「おとなになったことを自覚し、みずから生き抜こうとする青年を祝いはげます」日とされている。2022年4月より18歳を成人として認め、祝う日。飲酒、喫煙は、従来通り20歳から認められる。

## 製造物責任法（ＰＬ法）

（Product Liability Act）

平成7年(1995年)7月1日に施行された法律で、製造物の欠陥により人の身体、財産などに損害が生じた場合における製造業者等の損害賠償責任について定めた被害者の保護を図ることを目的とする法律。製造物とは、製造または加工された動産と定義され、サービスや不動産、未加工のものは含まれない。略称をPL法という。

これに関する損害賠償請求権は、損害及び賠償義務者を知ったときから3年間行使しないとき、または製造業者等が当該製造物を引き渡したときから10年を経過したときに時効となる。平成29年(2017年)の民法改正を受けて、令和2年(2020年)4月1日に製造物責任法の一部が改正され、人身傷害の場合に時効期間が5年に長期化し、損害賠償請求権の権利消滅期間は「時効期間」であると明記された。

## 聖バレンタインデー

（St.Valentine's day）

2月14日。殉職した聖職者バレンタインを記念するキリスト教の祝日で、古代ローマのルーパカス祭（娘たちが愛の手紙を瓶に入れ、それを引いた若者が娘を口説く）と結び付いて生まれた。この日はお互いの愛を確かめ合う日であり、プレゼントをするようになった。

## 製販同盟

（strategic alliance）

小売業者、流通業者、メーカーの戦略的なパートナーシップのことをいう。商品の販売情報の共有化などにより、製品開発や生産計画などの精度を高めることができる。世界最大の小売業ウォルマートと、世界最大の日用品メーカー

165

P&G の同盟が代表的な事例。

## セールスコーディネーター

（sales coordinator）

商品販売を促進するため、消費者の購買意欲を喚起させるセールストーク、接客術、その他の販売技術知識などを教育・指導する専門家。

## セールスプロモーション

（sales promotion）

販売促進のこと。略して販促、SP という。需要を喚起・刺激し、販売を拡大するための手段で、広告、DM、チラシ、POP、ディスプレイ、イベント、展示会などがある。狭義には広告、人的販売、パブリシティ以外を指す。

対象によって、消費者の感情に訴えることを目的とした消費者プロモーション、系列販売店などに効率や利益性向上を目的とする販売店プロモーション、従業員の士気向上を促す企業内プロモーションなどに分けられる。

## セールスポイント

（→セリングポイント）

## 赤外線

（infrared rays）

電磁波の波長約 780nm 〜 1mm の長波長は赤外線で、熱線ともいわれる。目に光の感覚を起こさせないが、皮膚に熱感を起こしたり、毛細血管を拡張させたりする作用がある。

赤外線電球や電熱器などに応用され、乾燥や暖房などに利用される。また、スポットライトなどの強い照射に伴う照明熱は、商品の変質、変・退色の原因となるので注意する。（→光線）

## 積算

計算結果を累積していくこと。建築工事、内装工事では、設計図、仕様書、現場状況をもとに工事内容の分類をし、諸材料の数量、手数（各職種の工数）などを数量化し、工事に必要な費用を算出すること。

## 石庭

主に石と砂で構成させた日本風の庭園。竜安寺の石庭や大仙院の枯山水はその一例。

## セグメント

（segment）

マーケティングにおいて、対象となる市場や顧客のもつ属性、性質などによって分割したグループのこと。

## 施工

設計図書に基づき工事計画を立て、定められた工程内に工事を実施すること。

## 施工計画

施工を円滑に実施するために事前に方法や順序を計画すること。仮設物の配置、資材運搬経路、施工方法などが含まれる。

## 施工図

実施図面に基づいて施工するにあたり、さらに詳細な部分を図面で表現したもの。原寸図、工作図、取付図、割付図などがある。

## 施工費

施工に必要な費用で、労務費（人件費）と材料費で構成される。

## 設計図

ものや空間をつくる際の具体化にあたって、意図や計画、デザインなどを図面で表したもの。基本設計、実施設計の順に行われる。

## 接着剤

同種あるいは異種のものを張り合わせるために使用される物質。通常、主成分は有機物質であり、天然ゴム・でんぷん・にかわなどの天然系と多種類の樹脂による有機系に大別される。素材によっては強固な接着が得られるものもあり、一度接着したら分離することが難しく被着材を損壊させるものもあるので、扱う被着材に適した接着剤の使い分けが求められる。造形によく用いられる発泡スチロールは、シンナー系の接着剤を使用すると本体が溶けるので注意を要する。

接着剤の選択においては、①素材による適合性、②施工内容に相応しい硬化時間、③使用環境の耐熱、耐水、衝撃度などを考慮した耐久性、④仕上がりの見た目の施工性など、事前の十分な検討が必要となる。

## セッティング

（setting）

ものを置く、据付ける、配置する、の意味。映画や演劇では撮影機器や照明器具などの装置、小道具の組立ての意味となる。ディスプレイでは、商品、小道具などを配置し、完成させることをいう。

## Z世代

日本では 1990 年後半から 2010 年代序盤までに生まれた世代。この世代の特徴は、デジタルネイティブであり SNS ネイティブ、さらにスマホネイティブである。

## 節分

2 月 3 日または 4 日。季節の分かれ目を指す言葉で、立春、立夏、立秋、立冬のうち、現在では立春の前日だけが節分として残った。この日は豆をまいて邪気を払い、年齢の数だけ豆を食べるとまめ（健康）になるといわれている。また、イワシの頭を柊（ひいらぎ）の枝に刺し、戸口に飾って魔除けとする。

## ゼネコン

（general contractor）

ゼネラルコントラクターの略。土木工事から建築まで工事全般を一括契約し請け負う総合建設業者。

セ

## ゼネラルマーチャンダイズストア

（general merchandise store、GMS）

衣料と住関連の実用品を取り扱い、保険、サービス商品が加わる総合小売業。略して GMS。米国で始まった小売業態の一つ。日本の GMS は、米国とは異なり食品も扱っている。

## セパレーション

セパレーションは「分離」「独立」の意。対比が強すぎる2色の配色や、明度や色相が近い2色の配色のときに、色と色の間に別の色を配置して、それぞれの色を分離させることで配色の調和をとるテクニック。間にはさむ色をセパレーションカラーといい、強烈すぎる配色を和らげたり、弱すぎる配色を引き締めるなど、コントラストの調整をする働きをもつ。

セパレーションカラーは配色内ではあくまで補助的役割なので、アクセントカラーのような強い色は避け、無彩色や低彩度色、金属色などを使用することが多い。

## セリングポイント

（selling point）

販売基点。商品やサービスを販売するときに積極的に強調する特徴のこと。顧客に商品の購入を決定させる鍵となる。対象とする商品により需要適合性、耐久性、価格、デザイン、スタイル、使いやすさ、他の類似商品との違いなどが挙げられる。

## セルフサービス

（self service）

顧客自身が自由に商品を選び、レジまで運び、精算後それぞれに袋詰めや飲食を行うシステム。1916 年にテネシー州メンフィスでクラーレンス・サンダースによって生み出されたアイデアで、労働力の削減による経営効率の向上を目的とするといわれているが、大手チェーンストアの店頭実験により客単価が上昇することが分かり一気に広まった。スーパーマーケットやコンビニエンスストア、カフェテリアなどで見られる販売形態。（→コンサルティングセールス）

## セルフセレクション

（self selection）

顧客が自分で自由に商品を選択すること。誰にも邪魔されず気軽に買い物できる利点がある。店舗にとっても商品知識のないアルバイトを使うことができるなど、販売経費の中で大きな比率を占める人件費の節約につながる。（→セルフサービス）

## セレクト

（select）

選ぶ、選り分けるの意味。ＶＭＤ活動では、特に商品セレクト、什器セレクト、小道具セレクト、マネキンセレクトなどと使われる。多くのモノの中から、テーマに最適なモノを選ぶことを意味する。

## 繊維の分類

（→ファッションマテリアル）

## 潜在購買力

消費者が実際の購買行動をしている以外に、表面には出ていないが本来的にもっている貯蓄などの経済的余裕。新商品の開発や商品提案の方法を変えることにより、消費者のニーズを掘り起こし購買行動へつなげることができる。

## 潜在需要

現実の消費活動には現れていない需要のこと。特定の商品群において価格設定、商品情報の不足など購買意思決定における阻害要因を取り除けば顕在化する可能性のある需要のこと。

## 千社札
## （せんしゃふだ、せんじゃふだ）

千社参りの際に使う自分の氏名や生国を記した紙の札。参拝の際、しわを寄せずに社殿のできるだけ高いところへ張り付ける。

## 前進立体陳列

棚陳列などで商品を棚板のいちばん前まで出し（前進）、その上に積み上げて（立体）陳列する方法。前に出すことにより商品の正面がよく見え分かりやすくなり、お客にとっては選びやすく買いやすい。店にとっては商品管理がしやすく、立体にすることでボリューム感が出るなどの利点がある。特にセル

フサービスの業態では基本となる陳列手法。

## 鮮度管理

食品において製造年月日を基準にし、販売期限を決定して管理することをいう。食品の鮮度を維持するためには、発注管理と適正な保管方法の厳守がポイントとなる。

コンビニエンスストアや食品スーパーなどでは、鮮度管理マニュアルの厳守が徹底されている。

## セントラルバイイングシステム

（central buying system）
（→集中仕入れ方式）

## 全般拡散照明

（general diffuse lighting）
照明すべき場所や作業面へ光を均一に当てる方法の内、乳白色やフロスト加工されたガラスやプラスチック、和紙などの透過性の覆い（照明グローブ）で光源を包み込み、透過した拡散光を全方向に配光する照明方法のこと。

光源による発散光束（光の量）が作業面に到達する割合は、下向きにおいて 40 ～ 60% である。透過光なので、柔らかく眩しさ（グレア）が少ない。光源に白熱球やＬＥＤを用いた場合はグローブ形器具が多く、蛍光灯の場合は逆富士形蛍光灯器具などを用いる。

## 全般照明

空間全体を均一に照らす照明。

ベース照明ともいう。全体照明だけでは平坦なイメージになりやすいので、重点照明を上手に取り入れたりする。
（⇔重点照明）

## 専門商社

商社は「総合」と「専門」の二つに分類されるが、特定の分野に特化した商材を扱っているのが専門商社。また一つの商材が扱い品の50％以上の場合もそう呼ばれたりする。

## 専門店

（speciality shop、speciality store）

特定の顧客を対象に、単品種または同一用途品を取り扱う店。特定分野の品揃えが深く、豊富な専門知識によるコンサルティング販売を特徴とする店。従来はオーナーが直接運営する小型の独立店舗が多かったが、各分野の専門化が進みチェーン展開している店舗も多く見られる。

## 専門品

顧客が特に価格以外の要素にこだわり、特別な購買努力を払おうとする魅力をもった商品。例えば高級ブランド品やヴィンテージ品、希少性の高いコレクション的価値のあるものなどが挙げられる。購買者は居住する地域や商圏を超えて、それを扱う店にわざわざ出向き指名買いすることがある。
（→最寄り品、買回り品）

## 造花

紙、布、化繊、プラスチックなどさまざまな素材を利用して作った花や、それらを使った装飾物の総称。本物に限りなく似せたものや、花をモチーフにアート性を追求して作られたものがある。

## 造作（ぞうさく）

古くは家屋を作ることを意味したが、現在では内部工事における仕上工事の総称を指す。幅木、羽目、出入口、窓回り、天井、壁、床などを取り付けること。ディスプレイや展示会では、制作物以外の現場での作り付け作業をいう。

## ソーシャルコマース

（social commerce）

ソーシャルメディア（SNS）とEコマース（ネットショップ）を組み合わせ、商品やサービスを販売する仕組み。以前は、主に情報発信や情報収集の場であったSNSが、数クリックで簡単にオンラインショッピングができるプラットフォームに変化したのがソーシャルコマース。

Instagramのショップ機能や商品タグなどもその一例。

## ソーシャルネットワーキングサービス（SNS）

（Social Networking Service）

インターネット上の交流を通し

て社会的ネットワーク（ソーシャルネットワーク）を構築し、コミュニケーションの場を提供するサービスをいう。参加者が自分のプロフィールを登録・公開することにより、信頼をもった交流ができるのが特徴である。Facebook、Instagram、Twitter、TikTok などがある。

## 装飾
（decoration）

本来は飾り装うことや、その飾りのこと。宗教的行事、祭事、家具、室内など、人々を取り巻くすべての要素に、表層的な飾り付けをすること。

## 装飾照明
（decorative lighting）

照明器具そのものの輝きやきらめき、オブジェとして装飾性を活用する照明手法で、いわば見せる照明である。シャンデリアやブラケット、ペンダントなどの器具を使用して店舗に活気とにぎわい、華やかさなどを演出する。

## ゾーニング
（zoning）

ゾーンは地帯、区域のこと。ゾーニングは、都市計画や建築計画などで、空間を役割や機能によって区分すること。店舗計画の中の売場構成計画もゾーニングと呼ばれる。

## ゾーンマーチャンダイジング
（zone merchandising）

商品を素材、色、デザイン、テイストなどの要素によってグルーピングして陳列する商品政策。一点一点見せるよりも、ゾーンとして訴えたほうが商品の魅力が伝わると思われるマーチャンダイジング手法。

## 素材、素材の種類
（material）

原料、物の素になる材料。ここでは主として「内装に用いる素材」について説明する。生地、織物類はファッションマテリアルとして別掲する。
（→ファッションマテリアル）

### ＜木材（wood）＞

伐採した樹木を製材し、角材や板材にしたもので、針葉樹材（ヒノキ、マツ、スギなど）と広葉樹材（ナラ、ケヤキ、ブナなど）に大別される。針葉樹材は主として構造材、仕上げ材などに、広葉樹材は建具、家具などに用いられる。種類は多く、材質の密度、堅さ、強度、伸縮性、加工性、耐水性、色、香り、樹脂の程度などに特徴があるので用途、デザインによって使い分けられる。

原材からの材の取り方には、板目取りと柾目取りがある。柾目は幹の中心を通って縦割りにした面で、収縮率が小さく、狂いが少ない。板目は幹の中心を通らない樹皮に

近い面で、木目は不規則で変化に富む。（→板目、柾目）

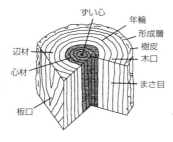

ずい心
年輪
形成層
樹皮
木口
辺材
心材
まさ目
板口

<竹材（bamboo）>

　イネ科の多年性植物で、主にアジアに産し、種類も多い。縦方向に割りやすく、曲げに対する弾力性をもつ。この特性を生かし、装飾に用いたり、和風建築の構造材や柱、垂木などに使われる。

<化粧板>

　内装、家具、什器などの仕上げ材に使われる装飾的な合板の総称。天然木化粧板と特殊加工化粧合板に大別される。前者は、合板の表面に天然木の化粧単板を張ったもの。後者は、プリントを施した単板や塗装を施した単板などを張ったもの。どちらも難燃処理や防災処理の施されたものがある。

<籐材（rattan）>

　熱帯アジアに産するヤシ科のつる性植物。茎の皮の部分（籐皮）と、皮をはがした芯の部分（籐心、丸籐）があり、それぞれ編み加工に適し、家具、インテリア小物などに利用される。

<合板（plywood）>

　薄く削り取った木材（単板・ベニヤ板）を木の繊維の方向が直行するように交互に張り合わせて1枚の板にしたもの。通常、張り合わせる枚数は奇数。表板の樹種ごとに特徴があり、厚みの種類もある。建築の内外装、家具類をはじめ多くのものに用いられる。通称では、本来、単板を意味するベニヤ板という名称を合板の意味で使用している。

<積層材、集成材
　（laminated wood）>

　積層材は、薄い単板を繊維方向が同じになるように数層重ねて接着したもの。集成材は、ひき板または小角材を同じ方法で接着したもの。どちらも伸縮、変形、キズ、節などをできるだけなくし、均一で安定した素材を作るための加工。また、大材やわん曲材を作ることができるので、構造材から仕上げまで内部造作に広く利用される。

<繊維板（fiber board）>

　植物繊維や木片を原料として接着剤を加え、板状に成形したもの。断熱材・吸音板として用いられる軟質繊維板、仕上げ材としての半硬質繊維板、床・壁・天井・家具に用いられる硬質繊維板、内装・家具・各種下地・心材として用いられるパーティクルボードなどがある。

## ＜ＭＤＦ（エムディーエフ）、中密度繊維板＞

MDFは "Medium Density Fiberboard" の略称。木材を繊維状にほぐし、接着剤などを配合してボードに成型した「繊維板」の一種。木材のように軽量で高い加工性があり、バラツキが少ない安定した強度と均質性をもち極めて安価であることから、住宅建築、家具や工業製品の材料として利用されている。

## ＜パーティクルボード（Particle Board）＞

木材その他の植物繊維質の小片（パーティクル）に合成樹脂接着剤を塗布し、一定の面積と厚さに熱圧成形してできた板状製品のことで削片板ともいう。イギリスではチップボードのこと。日本では JIS によりパーティクルボードという名称に統一され、その構成によって単層、3層、多層ボードに分けられる。割れ・そり・節がなく均質で、大量生産や大面積の板の生産が可能であり、耐候、断熱、遮音、耐衝撃、防火にもすぐれている。

## ＜ベニヤ板（veneer）＞

材木を薄く製材した薄板のこと。これを2枚以上張り合せて合板とする。ベニヤ板は、本来は単板のことであるが，日本では合板もベニヤ板と呼んでいる。

## ＜金属材料（metallic materials）＞

総体的に、電気と熱の伝導性にすぐれ、延性、展性が大きい。腐食、酸化、軟化などの変化に注意を要する。一つの金属元素からなる純金属と、二つ以上の金属、非金属元素からなる合金に分類される。

化粧鋼板、ステンレス鋼、銅、銅合金（しんちゅう、ブロンズ、ホワイトブロンズ）、アルミニウム合金などの種類がある。

## ＜石材（stone）＞

天然石と人造石（擬石）に分けられる。天然石には花崗岩（御影石等）、凝灰岩（大谷石等）安山岩（鉄平石等）、粘板岩（スレート等）、大理石（オニックス等）などがあり、色ツヤ、硬度、風合いにそれぞれ特有の持味がある。人造石にはテラゾ（大理石の砕石を白色セメントと混ぜ固めたもの）と擬石（大理石以外の石と白色セメントを混ぜ合わせたもの）の種類がある。

## ＜砂材＞

天然砂は、砕屑物（さいせつぶつ）のうち、礫（れき、つぶて）とシルトの中間（粒径が2ミリメートル (mm) - 1/16 mm (62.5マイクロメートル (μm)) の粒子）のものをいう。岩石が風化・侵食・運搬される過程で生じた岩片や鉱物片などの砕屑物（砕屑性堆積物）から構成され、サンゴ・貝殻などの石灰質の化石片を含むこともある。

砂漠、河川の下流、河口、海岸、海底など、さまざまな堆積環境により、色や粒子が異なるので特徴

ソ

によって使い分ける。
このほかに人工的に加工された装飾用カラー砂などもある。

## ＜ガラス（glass）＞

　平らな板状のガラスからブロック状のもの、特殊な機能をもったものと、種類は多く、それぞれの目的に合わせて使用されている。次のような種類がある。

　熱線や紫外線を反射または吸収する特殊ガラス、自動車の窓ガラスやテーブルトップに用いられる強化ガラス、ガラスブロックに代表される成形ガラス、２枚のガラスの間に別の素材を挟み込むことで特殊な機能をもたせた複合ガラスなど。

## ＜れんが（brick）＞

　粘土に砂を混ぜて練り、直方体にしてかまどで焼いたもので、建築材料として古くから用いられている。

## ＜タイル（tile）＞

　粘土を薄い板状に焼成したもの。原料と焼成温度の違いによって、磁器質と陶器質に大別される。形状、色彩、光沢などの違いにより多くの種類がある。外装壁、内壁、床などの用途、デザインによって使い分けられる。

## ＜セラミックブロック
（ceramic block）＞

　粘土質原料を成形、焼成した建築用の中空ブロック。強度吸水性があり、収縮も小さいが高価。

## ＜セメント、石膏製品＞

　セメントや石膏（せっこう）を主材料として、他の素材を配合し成形したもの。

## ＜FRP（fiber reinforced plastic）＞

　ファイバー強化プラスチックの略称。補強材の繊維（ガラス繊維など）に成型用の樹脂（ポリエステル樹脂など）をしみ込ませて成型し、強度を向上させ、軽量化したプラスチック。耐食性にもすぐれる。金属に変わり、車両、船舶、ヘルメット、椅子など、広く用いられる。ディスプレイでもマネキン小道具などに用いられる。

## ＜床材＞

　床の仕上げ材は、木質系、プラスチック系、敷物系に大別される。それぞれに色、形状、風合いなどの特徴があり、種類も豊富である。
・木質系床材 (wood flooring)
　木質素材を用いた床材料。単層のものと複合のものがある。
・合成樹脂系の原料を用いた床材
　ロール状のものとタイル状のものに大別される。ロール状のものは適度な弾性があり歩きやすいクッションフロア、長尺シートと一般的に呼ばれている重歩行性にすぐれた塩ビシート、Ｐタイルと呼ばれているタイル状のプラスチックタイルがある。表面加工方

法が進歩し、色、柄、素材感のバリエーションが豊富になっている。

## <敷物系材料>

カーペット（じゅうたん）、畳、薄縁などの種類がある。最近では、木質床材を加工してロール状とし、敷物としたものもある。

・カーペット (carpet)

絨毯（じゅうたん）とも呼ばれる。手織りと機械織りがあり、手織りでは緞通が代表的。機械織りはループパイルタイプとカットパイルタイプに分類される。ループパイルタイプは、耐久性にすぐれ歩きやすくほこりも立ちにくい。カットパイルタイプは、カットの長さ、方法で風合いや特徴が異なる。一般的にパイルの長さが3センチ以上のものをシャギーカットタイプという。また、50cm四方ぐらいの正方形のタイル状のカーペットをタイルカーペットといい、不織製法のフェルト状のカーペットにはニードルパンチカーペットがある。この他に、ラグ、マットなどがある。

・畳

畳は、畳表（い草の茎と麻糸を織ったもの）、畳べり（絹、麻、綿などで織られた布）、畳床（こも、ゆらで作られた芯地）で構成される。保温、弾性、触感にすぐれるが、吸湿性、非耐久性の欠点をもつ。今日では、畳床は機械床（機械で作られた畳床）が主流で、畳の芯地にスタイロフォーム、上下ゆら入りなどもある。畳べりのないも

のは坊主畳という。

## <壁装材>

室内の壁、天井、建具などの仕上げ材。紙、布、ビニールなど素材の種類は多い。最近では、素材のもつ風合いを表現したものがあり、安価で施工が容易である。

・紙製壁装材

施工性は良いが、耐水性、耐久性に劣る。和紙、洋紙、アスベスト紙に大別される。アスベスト紙は防火製品。

・布製壁装材

施工性が良く、吸音性、断熱性などにすぐれる。ほこりを吸いやすいのが欠点。化繊、絹、毛織物、植物繊維に大別される。ガラス繊維のものは防火製品。

## <塗装材料>

ものの表面に塗る表面処理材のこと。薄い皮膜（塗膜）を作り、対象物の保護（防食、防水、防湿、耐油、耐薬品、汚れ防止）と外観効果（着色、ツヤ出し）を目的とする。一般的には塗料またはペイントと呼ばれる。種類は多く、使用目的や材質によって使い分けられる。主なものとして、油性塗料、揮発性ワニス、ラッカー、合成樹脂塗料、水性塗料、特殊塗料などがある。

## <その他の素材>

・プラスチック

熱可塑性樹脂と熱硬化性樹脂に

ソ

大別される。主な熱可塑性樹脂に
はポリエチレン、ポリプロピレン、
ポリ塩化ビニル（ＰＶＣ）、ＡＢＳ
樹脂、フッ素樹脂、生分解性プラ
スチック、繊維系プラスチック（Ｆ
ＲＰ）、アクリル樹脂など。熱硬化
性樹脂ではユリア樹脂、メラミン
樹脂、ポリウレタン、シリコーン
樹脂、エポキシ樹脂などがある。

　特徴としては、アクリル、ＰＥＴ、
ポリ塩化ビニルは無色透明。ポリ
エチレン、ポリプロピレンは乳白
色。ＡＢＳ樹脂、フェノール樹脂
は不透明。透明度が高いのはアク
リルで接着や裁断、染色も容易で
ある。

・バイオマスプラスチック

　近年環境に配慮したグリーンプ
ラとともに普及してきた再生可能
な生物由来の資源を用いたプラス
チックで、マネキンやボディなど
にも使われている。（→バイオマス
プラスチック）

・発泡スチロール（foamed styro、
polystyrene foam）

　合成樹脂素材の一種で、気泡を含
ませた ポリスチレン（ＰＳ）で発
泡プラスチック の一種。 なお、ス
チロールとは スチレン の別名であ
る。型に入れてさまざまな成型が
できる。熱線により裁断、着色は
ラバー系の塗料で可能。

### 袖

　（sleeve）

　衣服の腕を覆う部分のこと。袖
の構造の基本的なものはセットイ
ンスリーブで、アームホール（腕
の付け根）の位置に付けられる。
その他襟ぐりから腋（わき）下の
切り替え線に付けられるラグラン
スリーブ、身頃から裁ち出される
キモノスリーブなどがある。長さ
では、長袖、七分袖、半袖などが
代表的。袖のディテール、デザイ
ンによりさまざまな種類の名称が
ある。（→次頁 参照）

### ソフトウェア

　（software）

　コンピュータのプログラム（何
をどのような手順で実行させるか
という指示手順）や技術などの総
称。ハードウェア（コンピュータ
本体と周辺機器類）に対する言葉。
コンピュータシステムの分野以外
で拡大解釈され、各種の機器利用
法やハードウェア以外のシステム
全般をいうことがある。

　店舗においても内外装、販売機
器（計器・備品）などをハードウェ
アとし、販売、サービス、販売促
進といった人的な運営方法をソフ
トウェアと呼ぶ場合がある。

### 損益計算書

　（Profit & Loss statement）

　企業の経営成績を表にしたもの。
一会計期間に得られた収益とその
ために発生した費用を対比し表示
した会計書類、決算書類のこと。
ＰＬともいい収益、費用、利益の
三つの要素から構成されている財
務諸表の一つ。

[ 袖の種類 ]

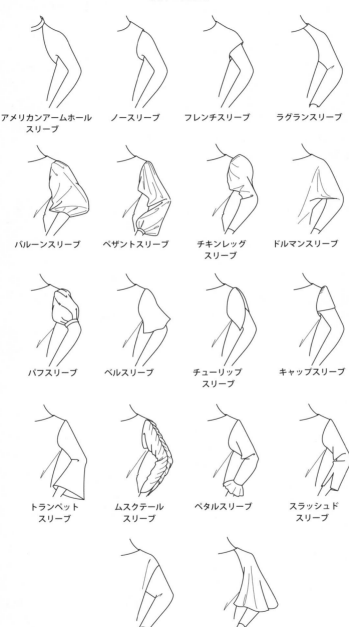

アメリカンアームホール
スリーブ

ノースリーブ

フレンチスリーブ

ラグランスリーブ

バルーンスリーブ

ペザントスリーブ

チキンレッグ
スリーブ

ドルマンスリーブ

パフスリーブ

ベルスリーブ

チューリップ
スリーブ

キャップスリーブ

トランペット
スリーブ

ムスクテール
スリーブ

ペタルスリーブ

スラッシュド
スリーブ

ドロップショルダー
スリーブ

ケープスリーブ

ソ

## 損益分岐点

　損も得もない分岐点の売上高のこと。これ以上だと利益が出て、以下だと損失が出ることを意味する。つまり費用と同じ売上高ということになる。計算式は「損益分岐点」＝「固定費」÷「（1－変動費÷売上高）」。目標の利益を上げるには固定費をいくら抑え、いくらの売上げが必要かを見る指針となる。

## ターゲット

（target）

　標的、まと、目標の意味で、商品マーケティング上では、狙いとする特定のマーケット（客層、地域など）のことをいう。マーケティングやマーチャンダイジングの基本的構成要素の一つである。

## ターミナルデパート

（terminal department store）

　鉄道の駅やバスターミナルなどに立地し、その集客力を利用した百貨店のこと。主に私鉄の経営多角化の一環として沿線を系列の不動産業で開発し、沿線住民を輸送してその購買力を吸引することを目的としたもの。1929年、小林一三が鉄道沿線に住んでいる人への利便性を目的に、世界初のターミナルデパート「阪急百貨店」をつくった。現在では駅の大型化に伴い、ターミナルビルとして、より多様な商業施設が増えている。

## タイアップ広告

（tie-up advertising）

　複数の広告主が相互利益を目的に共同で行う広告活動や広告物をいう。同業・関連業界、商店街で行う「水平的協同広告」と、広告主のもつ流通経路内で行う「垂直的協同広告」に大別され、後者にはメーカーが小売店などと共同で実施するタイイン広告（tie-in advertising）がある。

## 大規模小売店舗立地法
## （大店立地法）

　大規模小売店舗法の撤廃後、平成 12 年（2000 年）6 月に施行された街づくり関連法の一つ。店舗面積 1,000㎡を越える大型店の出店には届出が必要で、地元住民の生活環境への影響に配慮した審査があり、住民の意見を踏まえる。かつての大規模小売店舗法と異なるのは、大型店の出店が地元小売業への影響を出店の基準にしていたのに対し、地元住民の生活環境への影響を中心としたことである。

　中心市街地活性化法、改正都市計画法の二つを加えて、これらを「街づくり関連三法」という。

## 第三セクター

　国や地方公共団体（第一セクター）の事業に、民間企業（第二セクター）の資本とノウハウを導入した共同出資による事業体のこと。また、法人が自治体行政の一環として公共性のある事業を行う場合に、第三セクターと呼ぶことが現実においては多くなっている。

## 貸借対照表

　一定期間における企業の財産のあり方、安定度を判断する財務諸表の一つ。表には左側が借方で資金運用の資産の明細、右側は貸方で自己資本と他人資本の明細が記載される。左右の合計は等しくな

ることから「バランスシート（BS）」ともいう。

## タイトル
## （title）

　題名や表題のこと。タイトルの補助的または内容説明に付けられる文言をサブタイトルまたは副題という。また、テレビや映画では字幕のことを示し、映像の中に表示される文字の総称として使われる。競技会では、個人や団体の最優者に与えられる資格「選手権」のことをいう。

## ダイバーシティ
## （diversity）

　集団において年齢、性別、人種、宗教、趣味趣向などさまざまな属性の人が集まった多様性のある状態のこと。企業も多様な人材を起用することで組織の生産性や競争力を高める施策を取り入れるようになった。多様な考え方やそれぞれの違いや個性を受け入れながら、共に成長するという意味のダイバーシティ＆インクルージョン（inclusion 受容）も使われている。

## タイポグラフィ
## （typography）

　もともとは活字などを適切に配列する活版印刷術のこと。活字の配置や構成、書体やその大きさ、行間などを設定し、紙面の設計をすることで、印刷物を読みやすく、美しくすることを目的としている。

タ

時代と技術の発展により、最近では手描き文字、活字、写植やデジタルフォントにいたる文字表現やデザイン全体を指している。

## 対面販売

　販売員が、カウンターやショウケースを挟んで客と向かい合い、販売を行う方式をいう。高級品、高額品や客に対して情報やサービスなどの説明を必要とする販売に適している。これに対して、客と同じ側に立って販売する方式を側面販売という。

## ダイレクトマーケティング

（direct marketing）

　企業がダイレクトメールや通販カタログ、インターネットなどを活用して、顧客個人と直接的なコミュニケーションをとるマーケティング手法のこと。複数のメディアを組み合わせて活用することで相乗効果を高めている。

　昨今、インターネット環境の急速な発達により、従来からの新聞、雑誌、テレビなどのマスメディアによるアプローチから、ウェブサイトやSNSなどによる双方向のコミュニケーションシステムに移行し、今後もダイレクトマーケティングはさらに進化と広がりをみせていくと予測される。

## ダウンサイクル

（downcycle）

　本来は廃棄するモノに新しい価

値を見い出し、もとの商品や素材より価値の低いモノとして生まれ変わらせること。例えば、着なくなった衣類や使い古しのタオルを雑巾にすることなど。

## ダウンライト

　天井に埋め込み下方に向けて使用する小型の直接照明器具をいう。空間全体の照度を確保するためにベース照明として用いたり、特定の部分を局部的に照射する重点照明としても使用する。特殊なものとして、壁面を明るく照らすように照射角度を設定したタイプや、器具内の反射板が自由に動き、商品の演出や陳列に合わせて照明できるタイプもある。

## タキシード

（tuxedo）

　燕尾服に準じる男性の夜の正礼装。語源は、ニューヨークのタキシード公園のクラブ会合にそろって着用されたことにちなんで名付けられた。すべて白と黒でまとめるのが特徴で別名ブラックタイともいい、ジャケットはダブルかシングルで、シングルの場合は、カマーバンドまたはU字カットのベストを用い、襟は拝絹（はいけん）を付けたピークドラペルかショールカラー。スラックスには、側章（そくしょう）が一本はいり、シャツは白のレギュラーカラーまたはウィングカラーのドレスシャツに、黒の蝶ネクタイを合わせる。

タ

タキシードが黒と白でまとめるのに対して、色柄、デザインを自由に用いたものを、ファンシータキシードといい、夜の準礼服としてファッショナブルに個性を表現できる。

## タグ
（tag）
　商品に付ける札のことで、ブランド名、製造企業名、価格、素材、サイズ、取扱い方法などの情報が記載されている。現在では、小型の情報チップの一つである IC タグの導入により、物流管理や在庫管理、顧客管理などに活用されている。IC タグに関しては、情報技術に関する国際規格 ISO/IEC14443、ISO/IEC15693 で標準規格化されている。

## 竹の子族
　1979 年頃から東京の代々木公園や原宿の歩行者天国で青空ディスコを繰り広げていた若者グループのこと。新宿や原宿に店をもつブティック竹の子が売り出したファッションを、彼らが着て踊りはじめたことから、竹の子族の名が付いた。竹の子のファッションは、中近東と日本の伝統的デザインをミックスさせたものである。

## タスク照明
（task lighting）
　タスクは仕事、作業の意味で、商品演出や販売行動などに支障のない作業する場所だけを照らす照明方法をいう。（→アンビエント照明）

## ダダイズム
（dadaism）
　第一次世界大戦直後の社会的虚無感と幻滅感から生じた芸術運動で、社会的にも美学的にも伝統や因襲、既成の芸術形式を否定し、嘲笑し、破壊的態度をとった。1916 年頃にスイスのチューリッヒから起こり、1917 年機関紙「ダダ」が創刊され国際的運動に拡大していった。1918 年ダダ宣言がなされ、22 年頃まで続いた。
　ダダイズムに属する芸術家をダダイストといい、ピカビア、デュシャン、アルプ、エルンストらの作家が活躍した。ピカソ、カンディンスキーらも関係している。ダダという語に特に意味はない。

## タッキング
　ピンワークの一つ。平面的な布を、いくつかのつまんだ形によって半立体的に造形するテクニック。タッキングの分量を決め、タックの山がバイヤスになるようにピンでとめる。タックの山が潰れず布が重ならないように 1 回ごとにピンでとめて作る。

## たたむ

（→フォールデッド、マーチャンダイズプレゼンテーション）

## タック

縫いひだをとる、生地を折りたたむことでできる「ひだ」のこと。パンツやスカートのウエスト部分にゆとりをもたせるために付けられる。また布に造形的な表情をつくるために装飾的にも活用される。

## 縦割り陳列

（vertical arrangement）

同一品種や同一要素をもつ商品を棚の縦方向に陳列すること。バーティカルアレンジメントともいう。横並びに陳列する場合は横割り陳列（⇔ホリゾンタルアレンジメント／水平陳列）という。

## 棚卸し

小売店舗や工場などで、決算時に在庫を把握するために商品の種類や品目ごとの数量、金額を調査して明らかにすること。これにより利益を確定し、決算書類の作成や在庫管理に役立てることができる。帳簿上の棚卸しや什器、備品などの資産棚卸しもある。

## 七夕

7月7日。五節句の一つ、七夕（しちせき）の節句。古来、わが国には「棚機つ女」（機を織る女）の信仰があり、中国の星伝説「牽牛星と織女星が、天の川で年に一度逢うことができる」と、乞巧奠（きこうでん：裁縫の上達を祈る祭り）が結びつき〈たなばた〉となったといわれている。

江戸時代に五節句の一つに定められてからは、笹竹に願い事を書いた短冊を吊るすようになり、これを〈七夕竹〉といい一般に広まった。七夕竹は6日の夜に立て、7日の夜か8日の朝に海や川に流す。これを〈七夕送り〉といい、海や川のないところでは、翌日燃やすようになった。

## 棚割り

（planogram）

販売時点の情報や、商品計画・政策に基づき、陳列スペースに、何を、どこに、どのように、どれだけ陳列するかを決めること。コンピュータによる運用システムが一般的。

（→プラノグラム）

## 多品種少量生産

文字通り「多様な品種を少量ずつ生産する」生産方式のこと。本来、生産者にとって少ない品種を大量に生産することが経営上は合理的である。しかしこの方式は消費者の成熟化、多様化、個性化が進むなかでは、時代に適応しなくなってきた。売れ残ればコストを下回る価格で処分することになり、小売店においても精度の高いMDが求められることになった。

タ

## タブロイド判

　日本の一般的な新聞紙の判型であるブランケット判（blanket sheet）に対して、その半分のサイズの判型をいう。夕刊紙、業界紙、専門紙などに多く用いられる。

## 太柄（だぼ）

　木材や石材などで、二つの部材の位置合わせ、接合を行う際に、あけた穴に差し込んで用いる木材や金属の短い丸棒。例えば、棚の側板に小穴（だぼ穴）をあけ、それに差し込む棚板の受け材として用いられる。

## ダミーモデル

（dummy model）
　製品の形状、寸法、素材感、色彩等が完成品に非常に近い模型のことで、製品の製作依頼者への提示や生産現場への伝達に使われるためプレゼンテーションモデルと呼ばれる。マネキン人形、ディスプレイ器具、POP、サイン、パッケージなど量産に入る前には必ず製作する。（→モックアップ）

## 多目的ホール

　演劇、音楽、室内競技、展示会、エキシビション、会議など多数の使用目的を果たす機能的なホール。複合機能を集約して、空間の有効利用を図り、さまざまな用途に対応することでアミューズメントやコミュニケーションの場として活用される。都市の公共的な施設や大型複合施設の核として計画されることが多い。

## 団塊ジュニア

　1970 〜 1973 年頃の第二次ベビーブーム時代に生まれた世代のこと。第二次世界大戦後の第一次ベビーブーム時代（1947 〜 1949年）に生まれた団塊世代を親にもつ人達。
　情報とモノの氾濫の中で育ち、マスメディアの影響を強く受けた彼らのインターナショナルな感覚は、味覚、コミュニケーション手段、購買行動にも現れている。人口構成比率上からも、市場に及ぼす影響は大きいが、個人色が強い特徴がある。団塊二世ともいう。

## 暖色

（warm color）
　色には連想による感情作用があり、暖かく感じる色を暖色といい、赤、橙、黄系の色が該当する。暖色は、膨張進出性、高揚感がある。（→寒色、中間色）

## 単品

　商品管理上の最小単位。ファッション店ではスカートやブラウスなどのようにそれぞれバラバラに販売されていて、顧客が自由に組み合わせて購入し着用する商品のこと。
（→アイテム、ウェア）

タ

## 地域一番店

　ある地域内で、他店と比較して一番と評価される店のこと。一般的には、規模、知名度、集客力、販売力などの総合力が一番の店を指すが、顧客の店舗選択における評価項目（立地、規模、品揃え、品質、サービス、売上げなど）の一つまたは二つ以上に対して一番店と評価することもある。

## チェーンオペレーション

（chain operation）

　一つの本部（あるいは複数）が地域の違う多店舗（チェーン店）を一元的に統括、管理、運営する仕組みのことをいう。米国で発生した経営の一つ。管理、運営における権限は集中、分散が行われてきたが近年では地域のニーズに迅速に対応するため個店の権限を拡大している。

## チェーンストア

（chain store）

　単一資本が多数の店舗を直営する経営形態のこと。マネジメントと商品政策など主要な事柄は本部で決定され、すべての店舗が同じシステムで運営される。日本では昭和40年代に各種業態に普及、発展した。

　チェーン方式を大別すると3種類あり、本社直営のレギュラーチェーン（チェーンストアと同義）、独立した店舗同士が繋がり一つの組織で事業展開するボランタリーチェーン、そして独自資金で店舗をもち、契約を結んだ本社の管理、監督、経営ノウハウによって事業運営を行うフランチャイズチェーンがある。また商圏による分類だと、全国的な規模で展開しているものをナショナルチェーン、一定地域に限り店舗をもつものをリージョナルチェーン、一都市を中心に店舗をもつものをローカルチェーンという。

## 父の日

（Father's Day）

　6月の第3日曜日。お父さんに感謝する日。1910年にアメリカのドット夫人が、父の墓前に白いバラを捧げたのがはじまりで、公式に制定されたのは1972年のこと。日本では黄色いバラやリボンを売り場で用いることがある。

## 知的財産権

　知的創造活動によって生み出された技術やアイデアなど形のないものを、創作した人の財産として保護する権利のこと。知的財産権は、特許権や著作権などの創作意欲の促進を目的とした「知的創造物についての権利」と、商標権や商号などの使用者の信用維持を目的とした「営業上の標識についての権利」に大別され、それに「産業財産権」が加わる。

　知的財産の特徴の一つは、「もの」

ではなく、「財産的価値を有する情報」である。情報は、容易に模倣されるという特質があり、しかも利用されることによって消費されるということがないため、多くの者が同時に利用することができる。こうしたことから知的財産権制度は、創作者の権利を保護するため、元来自由に利用できる情報を、社会が必要とする限度で制限する制度。

## チャネル
（channel）

水路、道筋のこと。通信の世界ではデータの流れを指すが、流通の世界では生産から消費者までの商品の流れ（流通経路・販売経路）をいう。また、流通経路の中で主導的な役割を果たすものをチャネルリーダーという。最近は、流通経路・販売経路の多様化を受け、

知的創造物についての権利等

|  | 保護の内容 | 保護期間 |
|---|---|---|
| 著作権（著作権法） | 文芸、学術、美術、音楽、プログラム等の精神的作品を保護 | 作者の死後70年<br>（映画は公表後70年） |
| 特許権（特許法） | 新しい発明を保護 | 出願から20年<br>（一部25年に延長） |
| 実用新案権<br>（実用新案法） | 物品の構造・形状の考案を保護 | 出願から10年 |
| 意匠権（意匠法） | 物品・建築・画像のデザインを保護 | 出願から25年 |
| 回路配置利用権 | 半導体集積回路の回路配置の利用を保護 | 登録から10年 |
| 育成者権（種苗法） | 植物の新品種を保護 | 登録から25年<br>（樹木30年） |
| 営業秘密<br>（不正競争防止法） | ノウハウや顧客リストの盗用など不正競争を行為規制 | |

営業上の標識についての権利等

| | | |
|---|---|---|
| 商標権（商標法） | 商品・サービスに使用するマークを保護 | 登録から10年<br>（更新あり） |
| 商号（商法） | 商号を保護 | |
| 商品等表示<br>（不正競争防止法） | 周知・著名な商標の不正使用を規制 | |
| 地理的表示（GI） | （省略） | |

※知的財産権のうち、特許権、実用新案権、意匠権、商標権を「産業財産権」という。

あらゆる流通チャネルや販売チャネルを統合するオムニチャネルという考え方が注目されている。
（→オムニチャネル）

## チャールズ・イームズ
（Charles Eames）

　チャールズ・イームズ（1907 〜 1978 年）は、ワシントン大学で建築を学び、数多くの建築を手がける。初期のエーロ・サーリネンとのコラボレーションは、モダンデザインの誕生のきっかけをつくった。1941 年以降は妻のレイとの活動が中心となる。2 人はハーマンミラー社のジョージ・ネルソンとともに、現代にも通じる画期的で斬新な多くの家具をデザインした。活動は、建築や家具デザインにとどまらず、映画制作、写真、展示デザイン、グラフィックデザインなど、60 〜 70 年代のモダンデザインのパイオニアとして活躍した。

## チャールズ・レニー・マッキントッシュ
（Charles Rennie Mackintosh）

　チャールズ・レニー・マッキントッシュ（1868 〜 1928 年）は、建築家、デザイナー、画家で、スコットランドのアーツ・アンド・クラフツ運動の推進者であり、スコットランドにおけるアール・ヌーヴォーの提唱者の一人でもある。

　妻のマーガレット・マクドナルド、その妹フランセス・マクドナルド、ハーバード・マックニーとチャールズを含むこの 4 人は「The Four（ザ・フォー）」と呼ばれ、グラスゴー、ロンドン、ウィーンの各地で「グラスゴー・スタイル」と呼ばれる展覧会を開き、その評判はマッキントッシュの名声を確立させた。1897 年に画家クリムトを中心に結成された新進芸術家グループの「ウィーン分離派」に影響を与えたといわれている。

［チャールズ・イームズの作品］

［チャールズ・レニー・マッキントッシュの作品］

## 中間色

（neutral color）

色を体系化する際に色相を環状に配置した「色相環」における、暖色と寒色の中間の色をいう。緑、茶系の色で、寒暖、興奮、沈着のいずれにも属さない柔らかい穏やかな感じがあり中性色ともいう。また、純色に灰色を混色した濁色系トーンのこともいう。

（→暖色、寒色）

## 中間決算

企業が年度決算の中間時点で会計帳簿を締めて半期（上期）の営業成績を示すこと。

営業成績が計画通り推移しているかどうかを把握し、下期の見通しと対策をとることができる。上場企業は4半期ごとの決算が義務づけられており、中間決算は第2四半期の決算を指す。

## 昼光照明

（day lighting）

昼光とは太陽光線による昼間の光で自然光ともいう。昼光照明とは昼光を光源として対象物を照らすことをいい、自然光を建物の内部に導入し、自然な環境を形成する照明技術である。

光源としては天空光が最も利用される。建築における「採光」ともいえるが、昼光を人工照明によって補い、調和させることが必要となる。

## チュニック

（tunic）

下着を意味するラテン語のチュニカ (tunica) からきた語で、ヒップラインまたはそれより長めのオーバーブラウスやジャケット、コートの総称。カトリックの司教や、その他の聖職者たちの着る祭服などもいう。

## 鳥瞰図 （ちょうかんず）

飛ぶ鳥が下を見おろしたときに見える景色のごとく、高みにある視点から俯瞰（ふかん）したように描かれる図のこと。記号によって地形や耕地、集落、道路などを示す近代地図の成立以前に、絵画的手法によって実現したのが始まり。

一定地域内の状況が立体的に把握しやすいため、旅行案内図や都市計画の説明図、地形図として活用されている。コンピュータ・グラフィックスによって、視点の移動や現実にはあり得ない視点からの図まで描くことが可能になっている。

## 調光器

（dimmer）

照明の明るさを変化させコントロールする電気設備。明暗の目的とともに、次第に明るさが変化する演出性が有効でもある。LED、蛍光灯、白熱灯など専用の調光器があり、半導体技術の進歩によって半導体調光方式が広く用いられている。

チ

## 重陽（ちょうよう）の節句

　９月９日。古代中国では、奇数を陽（吉）、偶数を陰（凶）とする考えから、陽の数の中でいちばん大きい９が重なる９月９日を祝日とした。またこの日、菊酒を飲み厄災を祓った（菊は邪気を祓い、寿命を延ばす薬草とされていた）。

　日本でも平安時代に宮中行事として菊花の宴を催し、菊酒を飲む習わしがあった。その後江戸時代には五節句の一つに定められ、大奥に菊花を献上し、女性達は菊の花びらを添えた祝い酒を飲んだ。庶民は季節の栗ご飯で祝い、菊酒を飲んで厄災を祓った。このことから菊節句、栗節句ともいわれている。宮中では、古くから菊を観賞し花を競う「菊合わせ」が行われていたが、現在では菊の品評会にその姿が残る。

## 直接照明

　光源からの光で直接対象を照らす照明をいう。効率がよく、陰影を付けやすいが、まぶしさ（グレア）の原因となる場合もある。スポットライト、ダウンライトなどがこれに相当する。
（⇔間接照明）

## 直流

　電気の流れ方には直流（DC）と交流（AC）があり、電気が電線の中を流れる際、電流の大きさ、方向ともに時間的に変化しないものを直流 (DC) という。直流は電池のようにプラス＋（陽極）とマイナス -（陰極）の位置が決まっているので、電気の流れる向きも常に一方通行で一定している。（⇔交流）

## 著作権

　文学や美術、音楽、学術などの著作物・作品を創作した者が有する権利。他人に勝手に使用できないように法的に保護されている知的所有権の一つ。

　特許権や商標権は所管の官庁への出願・審査を経て登録を要するが、著作権は創作した時点で権利が発生する。
（→知的財産権）

## 陳列

　（display）

　原意は、連ねる、一列に並べる、平に並べる、という意味。店舗の売り場や博物館等において、顧客に見せるために商品や展示品を並べることをいう。時代とともに意味に変化をもたせ、単に「見せる」だけではなく、「演出して見せる」という意味にも使われている。ディスプレイ、展示と同義語として使う場合がある。

## 衝立（ついたて）

　室内に立てて簡単な間仕切りとする可動式一枚作りの家具。古くは襖障子（ふすましょうじ）、板障子に台を取り付けたもの。

## 突き出し陳列

　平台やワゴン、専用器具などを用い、ゴンドラやショーケースの前に突き出して陳列すること。注目度は高くなり売上げ増に結びつくが、通路から突き出ているため歩きにくくなる点や、奥に陳列された商品が取りづらくなるなどの欠点がある。テーマ商品、新商品、セール商品などの訴求に適した陳列手法。

## ツーバイフォー工法

　木材による建築工法の一つで、床や壁などの「面」で建物を支える「面構造」が特徴。厚さ２インチ、幅４インチの木材で枠組みしたものに合板、ボード類などの構造用面材を取り付けたものを基本パネルとし、それらを専用の金具類で一体化して強固な構造体とする建築構造法。取り扱いが簡便で作業効率がよいなどの利点がある。北アメリカで発達した。枠組壁工法ともいう。

## ツーウェイ・コミュニケーション

　（two-way communication）
　情報の送り手と受け手が情報を双方向にとり合うコミュニケーションのかたち。ラジオやテレビ、新聞、雑誌などは情報を一方的に届ける傾向があるが、マルチメディア時代には受け手の側からも自分の意思を伝えられることが常態化する。

## 付下げ（つけさげ）

　ミス、ミセスともに用いられる訪問着につぐ略礼服の着物で、袖と身頃の模様が上方向に向くように付けられている。訪問着が絵羽仕立てされているのに対し、付下げは反物から仕立てられる。訪問着風の絵羽付下げと小紋風の着尺付下げがある。
（→着物）

## 包む

　（→包装）

## 坪効率

　（→売場販売効率）

## つるし

　ハンガーラックに服を掛け吊るして陳列すること、また陳列された商品のこと。オーダーメードが全盛だった時代に既製服は「つるし」と呼ばれ、低く見られていた。既製服の蔑称。

ツ

189

## DIY店

（do it yourself shop）
（→ホームセンター）

## DX（ディーエックス）

デジタルトランスフォーメーション
（Digital Transformation）の略称。
（→デジタルトランスフォーメー
ション）

## DM（ディーエム）

Direct mail の略。一般広告が不
特定多数の消費者に対する広告で
あるのに対して、限定した個人に
宣伝目的で直接送られるツール。
カタログやパンフレットなどの印
刷物や電子メールを指す。俗に宛
名広告と呼ばれる。広告効果の測
定が可能で、印象が強く、親近感
がある。開封せずに捨てられるこ
ともあるので、広告目的に適した
対象客を選ぶことが重要。

## DNVB（ディーエヌブイビー）

Digitally Native Vertical Brand
の略称。物心がついた頃からデジ
タル機器が身近にあったデジタル
ネイティブ世代に対し、バーティ
カルマーケット（特定のニーズを
もったニッチな市場）において、
商品やサービスを提供するブラン
ドのこと。自社 EC サイトで「モノ」
の販売を中心にしてきた D2C の手
法に加え、ブランドストーリーを
訴求し、体験型のコンテンツ「コ

ト」を SNS や YouTube などで提
供し共感を得て拡散されることで、
ブランド価値の向上を目指すビジ
ネスモデル。

DNVB のなかには、直営店をオー
プンしたり、イベントを開催する
など、リアルコミュニケーション
の機会を積極的に設け、オンライ
ンとオフラインにとらわれない
マーケティング手法を駆使するこ
とで、ニッチ市場においてコアな
ファンを獲得し続けるブランドも
多くなっている。

## DCブランド

Designer's and character's
brand の略。デザイナーの個性を
全面的に打ち出したデザイナーズ
ブランドと、企業などがマーチャ
ンダイジングに基づいたコンセプ
トによりキャラクター性を打ち出
したキャラクターブランドを合わ
せたファッションブランドの総称。
ブランドイメージを明確に打ち出
し、差別化、高感度化された商品
政策の原点ともいえる DC ブーム
は 1980 年代、日本国内で社会的
な一大ファッションムーブメント
となった。

## D to C（ディーツーシー）

Direct to Consumer の略称。自
社で企画、製造した商品を、自社
の EC サイトで直接、顧客やユー
ザーへダイレクトに販売するビジ
ネスモデルのこと。「D2C」と表記
することもある。

## 定価

正札ともいい、あらかじめ決められた販売価格で、小売業が常時店頭で販売している値引き前の価格のこと。

## 定尺（ていじゃく）

工業規格品など材料の標準寸法を指すが、通常は標準寸法よりさらに集約された汎用性の定まった既製寸法をいう。建築資材で木材や鋼材など、通常に市販されているサイズのこと。これらの材料の既製品を定尺物という。定尺物を利用すればモジュールが一定なので施工が容易になり、コストコントロールにもつながる。

[市販諸材の規格寸法(長さ)の主な呼称例]

| メートル法と尺度法 | 市販諸材の規格寸法と呼称 |
|---|---|
| ㉜法により原則はメートル法による。<br><br>1M＝3尺3寸<br><br>1分＝1/10寸＝3.3mm<br>1寸＝1/10尺＝30.3mm<br>1尺＝1/10丈＝303mm<br>1丈＝1/10尺＝3030mm<br>1間＝6尺＝1818mm | 木材　　　　　（単位mm）<br>丈物（じょうもの）<br>　　　　　　　＝3030<br>間物（けんもの）<br>　　　　　　　＝1818<br>合板・ボード類（単位mm）<br>M板（メーターばん）<br>　　　　＝1000×2000<br>3・6板（さぶろくばん）<br>　　　　＝910×1820<br>4・8板（しはちばん）<br>　　　　＝1212×2424<br>5・10板（ごっとうばん）<br>　　　　＝1515×3030 |

●規格の尺度法は、メーカーによって少々誤差がある。

[合板・ボード類の寸法]
### 1. 巾と長さの寸法

| 区　分 | 巾×長さ（単位mm） |
|---|---|
| 一　般　材 | 1000 × 2000<br>910 × 1820<br>1212 × 2424 |
| 特　寸　材 | 610 × 2430<br>450 × 2730<br>450 × 2430<br>1220 × 2730 |
| コ ン パ ネ | 900 × 1800 |

### 2. 材料区分と厚さ

| 材　料　区　分 | 厚さ（単位mm） |
|---|---|
| 普　通　合　板 | (2.0)、(2.7)、3、4、<br>5.5、6、9、12、15、<br>18、21、24、30 |
| 型　枠　用　合　板 | 12、15<br>（※通称コンパネ） |
| 天　然　木　化　粧　合　板 | 2.7、4.0、6.0 |
| 特　殊　加　工　合　板<br>プ　リ　ン　ト　合　板<br>難　燃　合　板<br>　　　　　　　　など | 2.7、3.0、3.2、4、4.2、<br>5、5.5、6 |
| 繊維板 軟　質 | 9、12、18、25 |
| 繊維板 中　質 | 6、9 |
| 繊維板 硬　質 | 3.5、5、6.5 |
| パーチクルボード | 12、15、18、21 |
| ランバコア合板 | 15、20、25、30、35 |

## ディスカウントストア
（discount store）

安売り店のこと。大衆実用品を集め低価格で販売するセルフサービスの店舗。大量仕入れや流通段階の短縮化、合理化から安値で仕入れ、店舗コストを抑え大量陳列、大量販売を軸に経営していく小売業。1948 年にニューヨークでユージン・ファカウフ（Eugene Ferkauf）が、旅行カバンを安く売る「ディスカウンター（discounter）」として、E.J. コーベット（E.J.korvette）という店を開いたのが起源とされている。

## テイスト
（taste）

味わい、風味、趣味、嗜好の意。ファッションをはじめ、食やインテリアなど生活全般に関わる嗜好やこだわりによって形成されるイメージの世界をいう。ファッションのなかで用いる場合は、かもし

だされる雰囲気、そのもののもつ趣味やセンスといった感覚的な使い方をすることが多い。ミリタリーテイストといえば軍服のようなスタイル、アンティークテイストといえば古めかしいけれどセンスが良い感じといった解釈などである。

## ディスプレイ
（display）

展示、陳列、表示、誇示の意。語源は折り畳んだものや重ねたものを拡げてあらわしにし、目に触れるようにするという意味がある。見せたい、伝えたい、理解してほしい商品や作品や貴重な資料を、単に並べたり置いたりするだけでなく、計画的、戦略的な意図によってそのモノの本質や目的をアピールする。

ディスプレイは、商業施設全般、ショールーム、見本市、展示会、博覧会、美術館、博物館など、生活を取り巻くあらゆる場や空間で行われる。近年、「ディスプレイ」という言葉が一般的にコンピュータやテレビなどの映像表示装置（モニター）を意味する単語ともなっており、区別し誤解を避けるために「ビジュアルプレゼンテーション」と言い換える場合もある。

## ディスプレイカード
（display card）

価格表示や商品特徴などを伝達する役割をもつPOPカードの一種。商品に付けたり、近くに置い

て使用する。

## ディスプレイツール
（display tool）
（→器具、MPツール、プロップス）

## ディテール
（detail）

細部を意味するが、全体感をより強めるための細部、という意味をもつ。ファッションでは衣服の部分、細部のデザインをいう。代表的なものはネックライン、カラー（襟）、ラペル、スリーブ（袖）、カフス、ポケット、プリーツ、ボタンホールなどがある。美術用語では部分、部分画を指す。

## ディナードレス
（dinner dress）

女性の夜の準礼装として着用されるドレスの総称。襟がなく袖つきが特徴で、丈はノーマルのものからロング丈のものまである。イブニングドレスよりも気軽に広範囲で着用される。セミイブニングドレスと同格。
（→フォーマルウェア）

## 定番商品
（regular assortment）

常に品切れがなく長期間一定の売れ行きを確保し続けている商品。スタンダード商品あるいはベーシック商品ともいう。類似語に「ステープル商品」がある。
（⇔スポット商品）

テ

## ディベロッパー

（developer）

開発者のこと。都市や住宅、ショッピングセンターなど大規模な開発を計画、建設し、運営していく開発事業者を指す。住宅産業が盛んになった 1960 年代末頃から使われ始めた言葉で、不動産業者を指して使われることもある。

## ディレクターズスーツ

（director`s suit）

男子の昼間の準礼装として用いられる礼服の一つ。シングルかダブルブレステッドで無地のブラックか、ダークグレーまたは濃紺のジャケットにモーニング用の縞のコール地のスラックスを組み合わせたもの。ベストはジャケットと共地、またはグレー、オフホワイトなどが用いられる。

慶事によっては、ブラックスーツより一段高い格式を要求される場合や、かといってモーニングでは改まりすぎる場合があり、そのようなときにディレクターズスーツが適している。

## テーブルセッティング

（table setting）

テーブルセッティングに必要なものに、テーブルクロス、ナプキン、ランチョンマットなどがある。正式な場合はテーブルクロスを敷くが、イギリスなどではテーブルの素材を見せるためにクロスを使わず、マットを使用する場合もある。また、テーブルクロスの下には、アンダークロスを用いることがある。これはテーブルに厚みを出し、カトラリー（フォーク、ナイフ、スプーン）や食器を置いたときの衝撃を和らげ、音を吸収すると同時に人の声も吸収する役割がある。

テーブルセッティングの種類は、フォーマルディナーのほかにカジュアルなタイプもあり、料理の種類によっても異なる。食器類（プレート、カトラリー、グラス等）も料理によって一応の決まりがある。

### ＜テーブルクロス＞

大きさ……端がテーブル面から 30 ～ 50cm くらい下るもの。狭い部屋の場合は短めに、広い部屋の場合は長めにする。

素材……麻、木綿（ダマスク織、レース等）、ポリエステル混紡他。糸が細く薄手なもの程フォーマルとなる。

色……白色が最もフォーマルで、色が濃くなる程カジュアルになる。

### ＜ナプキン＞

大きさ……各々正方形で、約75cm、50cm、40cm、30cm、25cm。

素材と色……テーブルクロスに準じることが多い。素材としては紙もある。

たたみ方……フォーマルなとき程シンプルにたたむ。ナプキンの大きさによっても、たたみ方は違う。クラウン（ビショップス・マイター）、フラワーバッド、キャンドル他。

[ テーブルセッティング ]

①<モーニング>

（イギリス式・アメリカ式）

・イギリス式・アメリカ式はbreakfast（断食を破る）という意味から
　メニューの種類が多い。

（ヨーロッパ式）

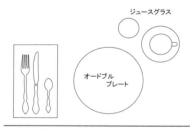

・ヨーロッパ式はフランスを中心にしたスタイルで、
　シンプルなメニューが特徴。

②<ブランチ&ランチ>チ>

・ブランチとは朝食と昼食を兼ねた遅い朝食のこと。
・ブランチもランチも基本的にプレート（ディナープレート）は
　1枚でカトラリーもフォーク、ナイフ、各々1本ずつ使用。
・ワインやビールを飲む場合もある。

③＜フォーマルディナー＞
（イギリス式）

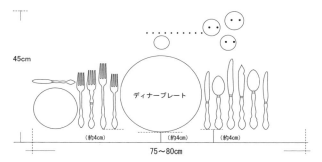

45cm

75〜80cm

（約4cm）　（約4cm）　（約4cm）

ディナープレート

・イギリス式セッティングでは、カトラリーは上向きでデザートスプーン、
　フォークまでを横に並べるのが特徴。
・グラスはナイフの先から図のように三角形に並べる。


（フランス式）

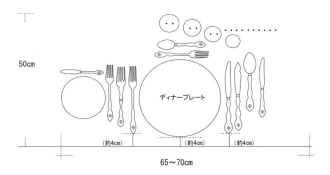

50cm

65〜70cm

（約4cm）　（約4cm）　（約4cm）

ディナープレート

・フランス式セッティングでは、カトラリーは伏せておく。
　伏せたところに家紋が入っているので、こちらが表という解釈からきている。
・グラスはナイフの先から図のように直線に並べる。

テ

クラウン
（ビショップス・マイター）

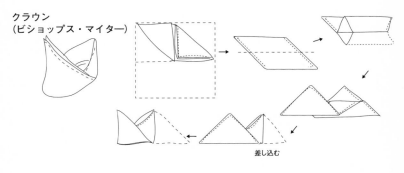

差し込む

フラワーバッド

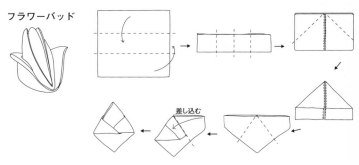

差し込む

スタンディングファン

テ

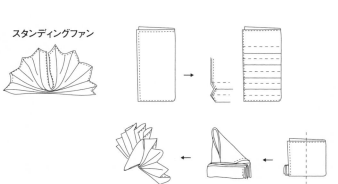

## ［ナプキンのたたみ方］

斜めストライプ

ザ・キャンドル

スウェール

ファン

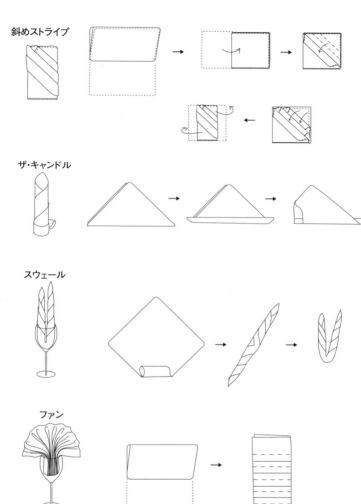

テ

197

[ 和のセッティング ]

<本膳料理>

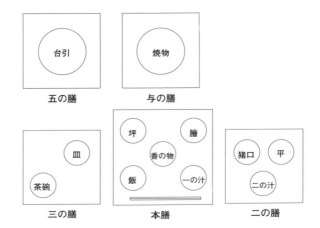

五の膳　　　　　　与の膳

三の膳　　　　　　本膳　　　　　　二の膳

基本の献立例
汁　・・・味噌、澄まし、潮仕立等それぞれの膳によって趣向を変える。
膾　・・・刺し身、酢の物他。
平　・・・平たい蓋物で煮物等の汁気の多い物他。
猪口・・・お浸し、和え物他。
坪　・・・深めの蓋付椀で汁気の少ない煮物、蒸し物。
台引き・・山海の珍味や口取り等で折り詰めにして持ち帰る。


<精進料理>

基本の献立例
汁・飯、煮物、あえ物、香の物
　　※食材は、動物性食品を使わずに、野菜や海草、豆類などの植物性の食品を材料とする。
　　　食器は陶磁器を使わず漆器が用いられる。

## ［ 和のセッティング ］

### ＜懐石料理＞

懐石膳

基本の献立例
汁・飯、向付、煮物、預鉢・強肴、箸洗、八寸、湯桶・香の物
　※懐石料理は独特の取り回し作法がある。客には各々懐石膳が出るが、人数分を盛った焼物
　や香の物を取り回す。又、主人と客との間で酒を酌み交わす。

### ＜会席料理＞

酒膳の場合

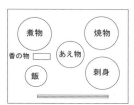

ご飯を出す場合

基本の献立例
汁・飯、向付、煮物、預鉢・強肴、箸洗、八寸、湯桶・香の物

### ＜一般家庭＞

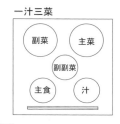

基本の献立例
一汁三菜・・・主食、汁、主菜、副菜、副副菜
一汁二菜・・・主食、汁、主菜、副菜

<ランチョンマット>
大きさ……32cm×42cmくらい（人の肩幅くらい）
素材……布、和紙、漆器他

<テーブルランナー>
　テーブルセンターに掛ける長方形のもので、幅に決まりはないが、テーブルよりも24〜30cmくらい垂れ下る長さのもの。

<花>
　花はテーブルサイズの縦、横1/3の範囲におさまる大きさで、花の高さは25cmくらい。人がテーブルに肘をついたときの手首までの高さ。

<キャンドル>
　背の高いキャンドルはエレガントなときに、カジュアルなときは背の低いキャンドルが使われる。

<和のセッティング>
　和食のセッティングは仏教とともに中国から伝わり、奈良時代から平安時代にかけて貴族の儀式料理として形式化した。
　鎌倉時代に入り、道元禅師（曹洞宗の開祖）によって精進料理が広まった。その後、室町時代に食事作法や礼法が確立され、日本料理の基本形となる本膳料理が武家の正式の料理となり、配膳が形式化された。また、茶の湯の発達とともに懐石料理が生まれた。江戸時代には、会席料理といわれる酒宴のための料理が料理茶屋で出されるようになった。これは、本膳料理の簡略化で現在の宴会や、結婚披露宴の料理のもととなっている。

## テーブルトップ
（table top）
　テーブルの天板のことで、木材、プラスチック、ガラス、石材などが使われる。テーブルの基本的な構造は、天板、幕板（側面）脚、貫、つなぎ貫からなる。

## テーマ
（theme）
　主題、題目。コンセプトの統一効果を生み出す目的をもち、全体を象徴的に表現する。

## テーマカラー
（theme color）
　主題になる色。コンセプトの統一効果を生み出す目的で、全体イメージを表現するために決められた色。例えば、百貨店の売り場で季節を表す色を商品で構成し、色の統一を図る。メーカーでは、商品企画の上でテーマカラーの設定は大切な要素である。

## テーマタワー
（theme tower）
　博覧会場や大型公共施設の敷地内に、会場、施設のテーマ（主題）を表現、象徴するものとして作られる搭状建造物。
（→シンボルタワー）

## テーマディスプレイ
　博覧会や各種催事において、テーマ（主題）を表現する象徴的なビジュアルプレゼンテーションを指

す。会場の中心となる所に集約したり、会場内に分散して表現する。

## テーマパーク
（theme park）

コンセプトに基づきテーマを設定し、ハードからソフトに至るすべての要素を統一して創造された大型のレジャー施設。従来型の遊園地とは異なり、参加型の疑似体験、エンターテインメント性、非日常空間などが特徴である。アメリカのディズニーランドがその考え方の原型となる。日本でも、東京ディズニーランド開業以降、ハウステンボス、USJ など地域開発、活性化を目的とするものが各地で誕生した。

## デカール

デカール（decal）は、英語のdecalcomania（転写法、転写画）またはフランス語の décalcomanieの略で、転写式のステッカーやシールなどのこと。模様をよりリアルに再現するためにプラモデル、模型に貼るもののことをいう。

## デカルコマニー
（décalcomanie　仏）

転写術のこと。ガラス板の上に絵具を塗り上からこすったり、紙に絵具を塗り、二つに折りたたんだりして得られる偶然的な図模様を表現する転写技法。シュールレアリズムの画法としても用いられた。

## テキスタイル
（textile）

ラテン語で織ること、織られたものの意で、広義には繊維原料から繊維製品までを指し、布製品における生地や柄のこと。今日では主として織物について使われるが、編み物、革、不織布にも用いられており、さまざまな柄についてもテキスタイルという。

（→次頁 参照）

## 適正在庫

品切れや廃棄損の最も少ない商品量を在庫すること。少なければ品切れによる売り逃しを生じ、多ければ売れ残りによるデッドストックとなる。的確な需要予測や仕入れ予測を立て、適正な在庫量を決めて、商品（製品）の回転をスムーズにすることが望ましい。

（→デッドストック）

テ

## テクスチュア
（texture）

もともとは織物の用語で、織り方、織り地、手ざわりを意味したが、今では広く素材感を表す言葉としてアートやデザインの広い領域でも用いられている。

## テグス
（fishline）

本来は魚釣り用の透明な糸で、漢字で「天蚕糸」と書くように、もともとはテングスサンなどの蚕の糸から作られていたのでテグス

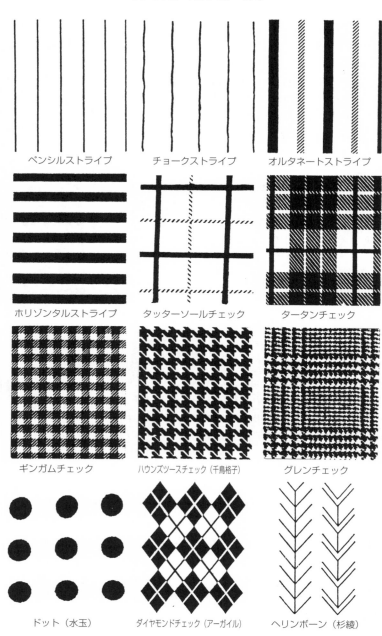

ペンシルストライプ　　　　　チョークストライプ　　　　オルタネートストライプ

ホリゾンタルストライプ　　タッターソールチェック　　　　タータンチェック

ギンガムチェック　　　ハウンズツースチェック（千鳥格子）　　グレンチェック

ドット（水玉）　　　ダイヤモンドチェック（アーガイル）　ヘリンボーン（杉綾）

という名が残っている。現在では
ナイロンやフロロカーボンなどの
化学繊維素材で作られており、非
常に丈夫で透明度が高く、一般的
にはネックレスやブレスレットな
どのアクセサリーにも用いている。
　糸の太さは号数で示され、太く
なるに従い号数が大きくなる。現
在、極細の 0.1 号から素材によっ
て 100、200 号まで多くのライン
ナップがある。売り場における商
品の盗難防止や博物館での展示品
の転倒防止、ウィンドウでの商品
演出の吊り作業など、店舗や展示
会などでの展示作業で使用される
ことも多い。
　空間に商品を展示するフライン
グの技法を「テグスワーク」といい、
一般的には 3、4、5 号を用いるが、
商品や小道具の大きさ、重さ次第
で、細いもので 1 号から、太いも
のでは 10 号〜 20 号なども使用す
る場合がある。テグスは滑りやす
く結びにくいので、しっかりと目
的に合った結び方を会得しておく
ことが肝心である。またテグスは
素材の特性上熱に弱く、発熱する
照明器具などの近くに設置すると
溶けて伸びたり切れたりするので、
注意を要する。

### テグスの結び方
（→次頁 参照）

### テクナメーション
（technamation）
　テクニカルアニメーションの略

語。一定方向の光だけ通過させる
偏光板を数枚重ねて回転させ、錯
視効果によって光と色彩の動きを
出す技法。POP 広告やウィンドウ
ディスプレイ、博覧会などで図解
展示に用いられる。

### テクノ
（techno-）
　技術の、工芸の、という意味。
コンピュータや新素材などを利用
するクリエイティブ表現の総称。
1970 年代から 90 年代にかけて、
シンセサイザーやリズムマシンと
いった電子楽器を用いて作られた
音楽（テクノポップ）やコンピュー
タアート（テクノアート）などが
ある。

### デコルテ
（décolleté 仏）
　肩から胸、背中を大きくあけた
ネックラインのこと。女性の正装
であるローブデコルテの一般的略
称。首から胸元にかけての部分を
示す言葉としても使われている。
（→ローブデコルテ）

### デコレーション
（decoration）
（→装飾）

### デコレーター
（decorator）
　店舗における商品プレゼンテー
ション全般やショーウィンドウな
どのビジュアルプレゼンテーショ

[ テグスの結び方 ]

図1

図2

図3

テ

図4

図5

ンを行う専門家のこと。VMD に関する知識をもとに、感性と MP 技術を駆使し、VMD 計画や VP プランに沿って商品プレゼンテーションを実施する。1986 年度に労働省（現厚生労働省）認定の国家資格となった職種名「商品装飾展示技能士」の呼称の一つ。

## デザイン
（design）

本来は意匠、設計、計画などの意。アートの「美」の追求に対し、デザインは「美＋用」を追求する目的造形であり、創造性豊かで快適な生活環境を実現するための行為である。リアルでもバーチャルリアリティでもそれぞれの材料、構造、機能などが、総合的な美しい調和を保つよう計画、設計すること。デザインの対象が「モノ」から「コト」へシフトしてきた現代においては、生活、ビジネス、レジャー、医療など、造形に限らず行為を含めて、人が生きるすべてのシーンに関わり拡大している。

## デザインポリシー
（design policy）

デザイン活動における政策や方針のこと。目標達成のための手段として採用する特定の方法や方向。

## デジタルサイネージ
（digital Signage）

屋外、店頭、店内、公共空間、交通機関など、あらゆる場所で、ネットワークに接続した映像表示装置で情報を発信するシステムの総称。表示内容をリアルタイムで更新し、複数の広告を配信することができることから、屋外の大型画面による広告（電子看板）として普及している。

タッチパネルや携帯電話を利用して双方向の情報のやり取りができるようになったことで、ホテルのコンシェルジェのような案内＆相談ツール、スーパーで食品の価格だけでなく調理法などを動画で伝える POP ツール、ウィンドウプレゼンテーションの顧客参加型演出ツール、学校や病院での情報共有ツールなど、リアルな消費の現場に近いメディアとして幅広く活用されている。

## デジタルトランスフォーメーション
（Digital Transformation）

略称として「ＤＸ」と表記する。デジタル技術によって、生活やビジネスが変容すること。

経済産業省では、「データやデジタル技術を活用し製品やサービス、ビジネスモデルを変革するとともに、業務そのものや、組織、プロセス、企業文化・風土を改革し、競争上の優位性を確立すること」と定義している。

## デッドストック
（dead stock）

倉庫や売り場に在庫としていつまでも残っている品物のこと。死

に筋商品、売れ残り品、死蔵品ともいう。デッドストックは保管費用の増加、商品回転率の低下や販売の機会ロスを生み、売り場の生産性の低下にもつながる。また過剰在庫の原因となりやすく、値下げや廃棄などの損失にもつながる。（→在庫管理、適正在庫）

## デッドスペース
（dead space）

利用されない無駄な場所や空間をいう。人目につきにくく、あたかも死んだような場所。また活用されてない空間をいう。

## テナント
（tenant）

借地、借家人のこと。ディベロッパーが開発、建設したショッピングセンター、地下商店街、商業ビルなどに賃借契約をして入居する店舗。テナントのなかで最も集客力の強い百貨店やスーパーマーケット、店舗のことをキーテナントあるいはアンカーテナントと呼ぶ。（→ディベロッパー）

## デパートメントストア
（department store）
（→百貨店）

## デフォルメ

仏語 Déformer または Déformation の訳語。絵画、彫刻などで、対象や素材のかたちを意識的、無意識的に誇張、強調し変形すること。

## デマンド
（demand）

需要、要求という意味で、消費や福祉、IT、印刷などの分野で使われている。顧客の〈こうあればいい、こうなっていれば便利だ〉という欲求を伴う需要を指している。同じく欲求を表す「ニーズ」が〈なくてはならないもの〉という最優先すべき欲求であるのに対して、デマンドは優先順位をつけて欲求の解消に取り組む事柄であり、要求の度合いの違いともいえる。

デマンドは他の言葉と接合して使うことが多く、「オンデマンド」は〈需要に応じて〉という意味で、インターネット利用のオーダーサービスに使用される。
（→ニーズ）

## デメリット表示

品質上の欠点や取り扱い上の注意点を、あらかじめ納得してもらうことで使用上の注意を促すための表示。注意点の説明書きをデメリットラベルという。

## デモンストレーション
（demonstration）

広告宣伝においては、店頭、見本市会場などで、実演により商品の解説と優秀性を提示する販売促進手段をいう。また、競技会における公開演技のこと。集団による示威行為のことは略してデモともいう。

## デリカテッセン

（delikatessen独、delicatessen英）

おいしいもの、美食というドイツ語が転じて、調理ずみの商品または一流レストランのつくった比較的高級な惣菜のこと、あるいはそれらを売る店のこと。

## テリトリー

（territory）

領土、領域、学問の分野、縄張りなどの意。例えばテリトリー制は、メーカーによる一種の流通系列化政策で権利と禁止の伴ったもの。営業管理者の管理手法で担当地域性のこと。

## デリバリー

（delivery）

配送、配達のこと。商品をメーカーから小売店へ配送することや、小売店から客へ配送することを指す。商品を相手先に配送する費用をデリバリーコストといい、今日ではこのコストをいかに下げるかが問題となっている。

## テレビショッピング

（TV shopping）

テレビ視聴者に商品を紹介して購入を促し、売買契約を成立させる通信販売。「テレショップ」とも略称される。通信販売だけを放送するテレビショッピング専門チャンネルも複数存在する。

## 電圧

水が高い所から低い所へ流れるように、電流（I）がaからbまで流れたとすれば、ab2点間に電気の流れを押す力がかかっている。これを電圧といい、単位はボルト（V）を用いる。1ボルトは、1クーロンの電荷を運ぶ仕事が1ジュールであるような2点間の電位差をいう。

[電圧の区分]

|  | 交　流 | 直　流 |
|---|---|---|
| 低　圧 | 600V以下 | 750V以下 |
| 高圧 | 600Vをこえ7000V以下 | 750Vをこえ7000V以下 |
| 特高圧 | 7000Vをこえるもの | 7000Vをこえるもの |

## 天蓋（てんがい）

（canopy）

東洋では仏像、棺などの装飾用の覆いを指し、西洋では玉座、ベッドなどの上にかざす覆いなどをいう。また、調理場の上部にあるじょうご型の排煙装置や、窓の上部にある覆い形のひさしのこともいう。（→キャノピー）

## 電球形蛍光ランプ

1980年に開発された発光管と安定器などの点灯装置を内蔵した小型の蛍光ランプで、E26口金を有し、既設の電球ソケットにそのまま取り付けて点灯できる。電球に比べ約1/3の電力でほぼ同じ明るさが得られるため、省エネルギー指向のランプであり、$CO_2$を削減し白熱電球に比べて長寿命である。

## 展示

（→ディスプレイ）

## 天竺様（てんじくよう）

　鎌倉初期の建築様式。僧の重源（ちょうげん）が東大寺再建にあたり中国・宋の建築様式を取り入れたもの。その特徴は、貫（ぬき）といわれる水平方向の木材と柱を強固に組み合わせた構造や天井の化粧屋根、用木の彩色などにある。大仏様（だいぶつよう）ともいう。

## 天井

　室内の上部の面や、物の内部の最も高い所を指す。室内天井には、使用素材や組み方、構造によって板張り天井、鏡天井、落ち天井、折り上げ天井などの種類がある。

### <網代天井>

　杉、桧などの皮や杉柾目などの薄板を網代（あじろ：網の代わりの意）に組んだ天井。数寄屋造り、茶室などに用いられる。

### <板張り天（boarding ceiling)>

　板を張った天井のことで、次の3種類がある。
・さおぶち天井：板張天井の板を支えながら板と直角の方向にデザインとして細長い材（竿縁）を取り付けたもの。
・縁甲板張り天井：縁甲板（桧、松などの小幅板の両端を、本ざね、または相欠きした加工材）を張ったもの。

・格天井（coffered ceiling）：太い木材で大きな格子状のさん（格縁）を組んで平面または折上げ天井などに張ったもの。

### <鏡天井>

　平滑な一枚板の鏡板を、はぎ目が目立たないように張ったもの。

### <落ち天井>

　主として茶室用の天井で高低が2段になっているもののうち低い方をいう。

### <折上げ天井（coved ceiling)>

　天井の中央部を高くした天井。曲面を作ったものもある。

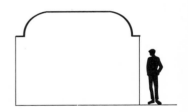

### <掛込み天井>

　軒下の野地裏（屋根葺の材料を取り付けるための下地）を室内に延長した形の、傾斜した化粧屋根裏と、平天井とで構成された天井。茶室に使われる。

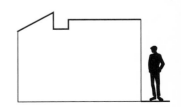

<船底天井 (boat bottom type ceiling)>
　天井の中央部が両端に比べて高くなっていて、断面が屋形（船などに設けた屋根の形）や弓形をしているもの。数寄屋造りに多く見られる。

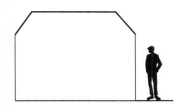

## 天井高
　床仕上げ面から天井仕上げ面までの高さ。建築基準法施行令では、建築物の施工内容、使用目的によって天井高が決められている。室内の天井高が一定でない場合は平均の高さを採用する。

## 天井灯
　天井に取り付けて使用する照明器具で、全般照明に使用する。光源には蛍光灯やLEDが使用される。設置方法によって埋込み形、直付け形、吊下げ形がある。器具重量10kg以上は吊り構造とする必要がある。

## 店頭ディスプレイ
　店舗の入口周辺にある、商品や装飾物によるビジュアルプレゼンテーションのこと。また、店舗の入口周辺を演出するための、ファサード、サイン、ショーウィンドウ、什器に設置された商品を指すこと

もある。

## 天板
　てんいた、てんばんと読み、箱物の最上部の水平部材をいう。一般的にはテーブルなどの表面の部材を指す。（→テーブルトップ）

## 店舗演出
　店舗を構成する各要素を総合して演出すること。その要素には、サイン、看板類、ショーウィンドウ、出入口、商品配置、構成、導線、照明、什器、パッケージ、ユニフォーム、ディスプレイ、人的サービスなどがある。

## 店舗診断
　店舗の機能を有効に発揮させたり、閉鎖を検討するために行う総合的な診断のこと。診断内容は、①店舗の経営姿勢や位置づけ、課題意識の明確化、②店舗環境としての立地（商圏、場所、競合店など）の調査分析、③店舗施設（建物、外装、店頭、店舗レイアウト、装飾、陳列、防災など）が効果的に機能しているか、などである。店舗に求められる機能としては、宣伝、誘導、アメニティ、販促、防災、管理などがある。

## 展覧会、展示会
（exhibition、show）
　展覧会とは美術展覧会を指すことが多く、団体展、グループ展、個人展など作品や資料を陳列し一

般の観覧に供する催しのことである。展示会は新商品紹介や、商品の観覧・売買のため、特定の場所で期間を定めビジネスとして開催される催しで、比較的短期間で行うことが多い。

## 電流

水の流れを水流というように、電気の流れの多少、すなわち単位時間中に電荷の移動する量を電流（I）といい、単位はアンペア（A）を用いる。1アンペアの電流とは、導線を1秒間に $6.25 \times 10$ 個の電子（1クーロンの電荷）が通過することをいう。

## 電力

電圧と電流の積を電力といい、1秒間の電気エネルギー（仕事量）を表す。単位はワット（W）を用い、ワットの1,000倍をキロワット（kW）という。ただし、交流の機器では力率が影響するので、電圧と電流の間に力率を掛ける。また、電力と時間との積を電力量といい、単位はワット時（Wh）を用いる。

## 戸

（door）

門、建物、部屋などの出入口や、扉、窓などの開口部を開閉する建具。

### ＜折たたみ戸（folding doors）＞

複数の戸を丁番で連結し、開口の上部のガイドを利用して、何枚かに折りたたんで開閉する戸。2枚折り、3枚折り、4枚折などがある。住宅では洗面所や浴室など空間の狭い箇所の入口として用いられる。また、室内の移動間仕切りとしても使用される。

### ＜回転扉（revolving door）＞

4枚のガラス扉を、中心となる縦軸に十字形に組み合わせたドア。上下で垂直支持し、一人ずつ順に回転させながら出入りする。外部と内部空間が出入りの際に直接つながらないので、空気の流入によるほこりや温度変化を防ぐことができる。

### ＜自在戸（double-acting door）＞

自由丁番やフロアヒンジで取り付けられ、前後どちらの方向にも開くことができる戸。自由戸、自由扉ともいう。手を放すと自動的に元の位置に戻る。両方向に開くものを両自由、片側一方向のみ開くものを片自由という。

## ＜蔀戸（しとみ戸）＞

　格子の裏側に板を張ったものを、通常上下２分割して柱間に付けた戸。上部が吊られていて水平開口し、下部は固定もしくは差し込み式になっている。最も原初的な外部用建具。

## ＜引戸（sliding door）＞

　溝やレールに沿って開閉する形式の建具の総称。開き戸に対して開閉に音がしたり、気密性が低い反面、開閉に場所をとらない利点がある。

［**戸の種類**］

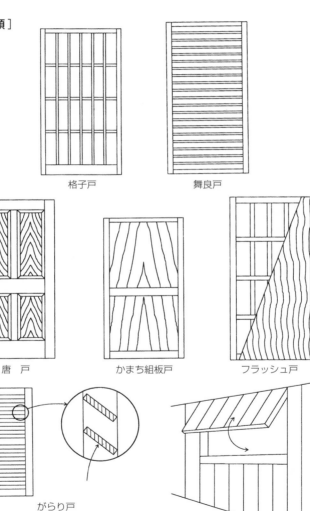

格子戸

舞良戸

唐　戸

かまち組板戸

フラッシュ戸

がらり戸

しとみ戸

ト

・片引戸：壁に沿った溝やレールで戸幅分だけ引き寄せて開閉する戸。
・両引戸（引分け戸）：片引き戸を左右に配したもので、2枚の戸が中央で左右に分かれて横すべりする戸。
・引込み戸：壁の中に戸を引き込んで開閉する戸。
・引違い戸（horizontally sliding door）：複数の戸を溝やレールにより、横にすべらせて開閉する戸。

<開き戸（hinged door）>
丁番や輪吊金物などで戸を取り付け、鉛直端部が回転軸となって開閉する扉。片開きと両開き、内開きと外開きがある。

<框組戸板（かまち組戸板）>
和洋両様に使われる最も一般的な戸。横框と縦框で組まれた枠に、鏡板（かがみいた）と呼ばれる部位名の板材を張った構造の戸。鏡板として一枚板、はぎ合わせ板、合板、パーティクルボード、ガラスなどが用いられる。

<唐戸（panelled door）>
社寺建築に用いる外部用の唐様の戸で、比較的大きな框組に、厚手の鏡板をはめ込んだもの。典型的な洋風建具として、引戸、ドアなどに用いられる。

<がらり戸（lover door）>
框（かまち）を組んだ枠に、がらり板（羽根板）を取り付けた戸。通風、換気、日照調整、目隠しの機能をもつ。鎧戸（よろいど）、錣戸（しころど）ともいう。

<格子戸>
框を組んだ枠に、格子を入れた引き戸。または嵌（はめ）殺し戸。和風建具の一種で、主に玄関などに用いられる。歴史的には、平安時代に誕生したといわれる。

<フラッシュ戸（flush door）>
機材(flush flame)で木枠を組み、両面に合板を接着した戸。

<舞良戸（まいらど）>
框組みの内側に、舞良子と呼ばれる細い桟を規則的に平行に取り付けた和風板戸。舞良子は横に組むのが普通であるが、縦に組んだものもある。

**ドイツ工作者連盟**
（Deutsche Werk Bund）
略称 D.W.B.。建築家、デザイナー、そして産業界が一体になって、1907年ドイツに結成された団体で、建築家ヘルマン・ムテジウスらが中心となった。急速な工業化の時代にあって、大量生産にふさわしいデザインの確立と、積極的な製品の規格化による生産性の向上、そして工業製品の質を高めることを目的とした。広範なデザ

イン分野においてその考え方を表現したピーター・ベーレンスがよく知られている。この運動はその後、ヨーロッパ各国に広まり、同趣旨の団体の結成が相次いだ。インダストリアルデザインのルーツである。

## 道具帖

舞台装置図のこと。通常、客席の中央から見たように描かれた舞台装置の完成図を指す。本来、歌舞伎大道具における呼び名だが、演劇一般においても慣習的に用いられる。

## 投光器

光源からの光を反射鏡を使ってある範囲に強く当てられるようにした、主に屋外用の照明器具。光の広がりの程度は〈ビームの開き〉といい、最大光度の 10%あるいは 50%になる角度を用いる。ビームの広がりの比較的狭いものを狭照形、広いものを広照形という。

## 投光照明

一般に投光器と称される配光のシャープな照明器具によって照明する方式。屋内照明の全般照明として天井に照明器具を規則的に配置する照明方式と異なり、一方向ないし数方向から所定の範囲を照明する。

スポットライトによる照明も投光照明方式と呼べるものがあり、また屋内全般照明でも投光器によ

り天井を照明し、その反射光を利用する間接照明にも投光照明方式が利用される。

## 動線

（traffic diagram）

建築物の内部、あるいはその周辺で、人や物などが移動する軌跡・方向などを示す線。人間の行動特性などによって影響される。店舗内においては、顧客が動き回る軌跡を「客動線」といい、動線が長いほど多くの商品との接触機会が増え、売上げ増につながることが期待される。このほか従業員の動きを表す「作業動線」、商品の動きを示す「物流動線」などがあるが、こちらは動線は短い方が無駄な動きが少なくてすみ、機能性が高まる。

## 導線

（circulation）

一般的に「導線」とは〈電流を通すための導体の針金、電線〉を指すが、百貨店業界や流通業界の一部において、例外的に、〈顧客を導き動かすための線〉という意味でも使われている。店舗内では主として通路を指し、販売促進などの目的で、人の流れを方向づける線をいう。

導線計画は売場配置計画と合わせ、施設の規模、内容、条件と混雑具合を予測し検討する。

「動線」は建物や施設の中で〈人や物がどう動いたか〉という軌跡

を表し、「導線」は〈顧客をどう導きたいか〉という計画を表すといえる。なお、「動線」の対象は人や物を問わずに使えるのに対し、「導線」は対象を顧客に限定した用語といえる。

また、IT・広告業界でも「動線」と「導線」は区別されている。例えば、ユーザーが Web サイトを実際に見てまわった〈動き〉は「動線」といい、ユーザーを Web サイトの中で〈誘導〉するための仕掛けなどは「導線」というように、実績については「動線」を、計画については「導線」と表現して使い分けている。

## ドゥブルビエ
（→ピンワーク）

## トークンディスプレイ
（token display）

ショーウィンドウなどで、ショップコンセプト、季節感、商品などを最小限の表現で見せる、象徴的なビジュアルプレゼンテーションのこと。
（⇔アソートメントディスプレイ）

## トーナル配色
ダルトーンを中心としたソフトトーン、ライトグレイッシュトーン、グレイッシュトーンの中間色同士の配色のことをトーナル配色という。ドミナントトーン配色やトーンイントーン配色の一種で、落ち着いたイメージを与える配色。

## トーン
（tone）

調子。色彩用語では、鮮やか、濁った、明るい、暗い、など色のもつ印象を意味し、明度と彩度を一つの要素としてとらえた色調のこと。縦軸に明度、横軸に彩度のゲージを配した「トーン図」によっても示される。絵画では、それぞれの色が集まり明暗や濃淡などの諧調（かいちょう）を表現するときの調子をいう。

また、写真の印画紙に表現される明暗や色の調子の段階のこと。デザイン用品のスクリーントーンを略した俗語として用いることもある。

## トーンイントーン
（tone in tone）

トーンイントーンとは「トーンの中で」という意味。同一トーンで明度差を小さくした多色配色をトーンイントーン配色という。ドミナントトーン配色の一種で統一感を与える配色。

## トーンオントーン
（tone on tone）

トーンオントーンとは「トーンを重ねる」の意。全体を同一色相または隣接・類似色相でまとめ、明度差を大きくした多色配色をトーンオントーン配色という。ドミナントカラー配色の一種で統一感を与える配色。

## 床の間

和風建築において、座敷に設けられる装飾的な空間。本床といわれるものは、幅1間（約180㎝）、奥行半間（約90㎝）で、床柱、床框、床板、落し掛けなどで構成され、床脇（床の間に隣接する構成部分）は幅一間に天袋、違い棚、地袋などがあり、床の左手に書院を設けて採光をとる。床の間には書画、花、置き物などを飾る。

近年は、形式的な形状を造形するよりは、座敷の象徴としての概念を採り入れた新しい形式の床の間が造られている。

## 床柱

床の間の脇に設けられる化粧柱で、装飾的な意味合いをもつ。桧や杉の角材が正式とされるが、北山、吉野産の杉の磨き丸太なども用いられる。茶室では、紫檀（したん）や黒檀（こくたん）などや皮つきの自然木が使用される場合もある。

## 都市計画法

中心市街地活性化法とともに、都市機能の無秩序な拡散に歯止めをかけ、都市機能がコンパクトに集積した都市構造を実現するために平成18年（2006年）に改正された。

大規模な集客施設（店舗、飲食店、劇場、映画館、展示場）は、立地にあたり都市計画手続きを経て、地域の判断を反映した適切な立地を確保すること。また、病院、学校等の公共公益施設の立地についても、新たに開発許可を必要とすることなどが定められた。

## トピアリー
（topiary）

常緑樹や低木に施す装飾的な刈り込み法のことで緑の彫刻ともいわれている。日本トピアリー協会では「植物を人工的・立体的に形づくる造形物」と定義している。幾何学的な図形や動物などの形に刈り込んで作るほか、ワイヤーで形を作り植物をからませる方法もある。

（→巻頭カラー頁　観葉植物）

## ドミナントエリア
（dominant area）

ドミナントは、支配的な、優勢な、優位に立つという意味をもつ。小売業がチェーン展開をする場合に、地域を特定し、その地域内に集中的に店舗展開を行うエリアのこと。それによって地域内でのシェアを拡大し、他小売業との競合において優位に立つことを狙う戦略をドミナント戦略という。

## ドミナントカラー配色

ドミナント（dominant）とは、支配的な、優勢なという意味。ドミナントカラーとは、配色全体の印象を支配する色で、主調色、支配色ともいう。ドミナントカラー配色は、全体を同じ色相でまとめ、

トーンで変化をつけた多色配色のこと。色と色との明度差によってコントラストを強めたり、トーンを揃えて静的なイメージにしたりできる。統一感を与え、色そのものがもつイメージを印象づけることができるのが特徴。

### ドミナントトーン配色

同じトーンで揃え、色相で変化をつけた多色配色のことをいう。トーンを統一するので統一感と同時にトーンそのものがもつイメージも効果的に表現することができる。

### 留袖

ミセスの慶事の正礼装で、江戸褄と同義語。黒留袖（黒地のもの）と色留袖（黒以外の地色）とがあり、裾に松竹梅、鶴、亀、菊などの吉祥模様をはじめとして格調高い模様があるのが特徴。

紋は背と後ろ両袖、両胸にある染め抜き五つ紋が正式とされる。また、下襲（したがさね：長着の下に重ねて着るもの）を着用するが、最近では比翼仕立のものが多くなっている。帯や小物類は、金、銀、白を主体とした格調あるものを用いる。
（→着物）

### ドラッグストア

健康と美容に関連する薬や化粧品などの商品を中心に、日用雑貨、消耗品や食品を品揃えしている店をいう。専門性と利便性を備えているのが特徴。主に薬局や薬店からの店が多く、チェーン店が主力となる。米国で発達した業態で、1901 年シカゴで創業したウォールグリーンが 1 号店といわれている。

### トラッド
（trad）

トラディショナル (traditional) の略で伝統的の意味。ファッションでは、トラディショナルスタイル (traditional style) のことで、テーラードスーツやブレザージャケットなど、アメリカントラッド、ブリティッシュトラッドといった伝統的に好まれてきた紳士服を基本とした服や装いをいう。

### トルソ
（tórso 伊）
（→ボディ）

### トレーシングペーパー
（tracing paper）

図面を透写したり、原稿用紙の代わりに用いて複写機にかけて複写を取ったりする薄い半透明の用紙。略してトレペという。

### ドレーピング
（draping）

装飾の際、布などに美しくヒダを寄せる手法。ファッションではゆるやかに垂れ下がったヒダ飾りをいう。立体裁断を指すこともある。

ト

## ドレスアップ

（dress-up）

正（盛）装すること。着飾ること。よりドレッシーに着こなすコーディネートをいう。

（→ドレスダウン）

## ドレスダウン

（dress-down）

くだけた感じや着くずした感じのカジュアルな着こなし、あるいはそのようにコーディネートすること。また、服装の格が下がることを意味する場合もある。

（→ドレスアップ）

## ドレッシー

（dressy）

粋な、派手な、凝った、正装風な、などの意味。カジュアルやスポーティな服装に対して、フォーマルやドレス類に代表される柔らかい感じの服や、改まった服装のことをいう。

## トレンド

（trend）

動向、傾向、すう勢、最新流行のこと。ファッションの最新流行や時代の風潮、経済変動の動向などを指す。流行をつくり出す人やものをトレンドセッターという。

（→モード）

## トロンプルイユ

（trompe-loeil　仏）

だまし絵、目をあざむく効果の

こと。シュールレアリスムによく用いられた。精密な描写で実物そっくりに見せかけた絵。大理石模様、外景などがよく描かれる。ファッションでは、セーターにネックレスなどの柄を入れてファンシーな効果を表現したり、プリントデザインによってレイヤードルックに見せかけたりしたものなど、楽しめるデザインが多い。最近では分かりやすく、トリックアートと呼ばれるものもある。

（→修復士）

## 緞帳（どんちょう）

劇場における舞台と観客席との間を仕切るための幕のこと。舞台の前面に設置された額縁（プロセニアムアーチ）の内側に吊られ、必要に応じて上げ下げすることで客席から舞台上への視線を調節する厚地織物の幕。刺繍などで豪華な模様をほどこしたりする。

## 問屋

（wholesaler）

生産者から商品を仕入れ、小売業者に卸売りする業者のこと。ただし卸売業者ではあっても、メーカー系の販売会社や商社は通常含まない。商品の所有権の移転に介在せずに手数料を取る代理商と、自らが売買を行い差益を取る自己（勘定）卸業に大別される。卸売業者と同意語。

ト

217

## 内見会

展示会の一形態。販売シーズンに先駆けてサンプル商品を展示し、受注を目的として特定の取引相手のみを招待する会。百貨店では一般に公開する前に特定の客だけを集めて中元ギフト、歳暮ギフトや宝石、呉服などの高級品を内覧させる催し物のこと。

## 内食、中食

内食（ないしょく）とは、家庭で素材から調理する手作りの食事のことをいう。中食（なかしょく）とは、レストランなど飲食店で食事をする外食と内食の中間の食事の仕方をいい、調理済食材や惣菜を使い、家や職場、学校で食事することをいう。中食の広がりの背景には、グロサリーやチルドの加工技術の向上と製品の広がりがある。日本においてグロサリーは、生鮮食品、日配食品以外の加工食品、一般食品を指す。また、チルドは冷蔵を要する食品（日配食品）をいう。

## 内装工事

建築物の内部の仕上げ工事全般を指す。主な内容としては、床工事、壁面工事、天井工事があり、什器工事、備品工事なども含まれる。

## 長押 （なげし）

和風建築において、鴨居の上に取り付ける水平化粧材で、物をかける機能もある。元来は構造材であったが、次第に意匠材へと変わっていった。室の格式を示す要素ともなっている。

## 名古屋帯

女帯の一種で、織り名古屋帯と染名古屋帯があり、紬、小紋などのふだん着や付下げなどのおしゃれ着に用いられる。織り名古屋帯には、袋帯のように金銀を使い格調のある文様を織り込んだものがあり、訪問着にも合わせられる。胴に巻く部分の帯幅を初めから二つ折りにして仕立てたもの。帯の長さは約3m60cm、太鼓となる部分の帯幅は約32cmで一重太鼓に結ぶ。名古屋の和裁の先生が考案したことが名前となっている。
（→着物）

［**名古屋帯のたたみ方**］

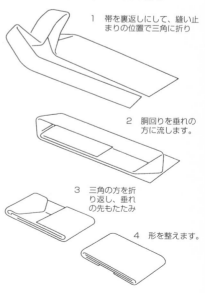

1　帯を裏返しにして、縫い止まりの位置で三角に折り

2　胴回りを垂れの方に流します。

3　三角の方を折り返し、垂れの先もたたみ

4　形を整えます。

## 梨地（なしじ）処理

梨地は蒔絵の一種で、下地の漆の上に金銀の粉末をまき、その上に梨漆と呼ばれる透明な漆を塗り、研ぎ出して梨の表皮に似た風合いを表現したもの。転じて、金属仕上げや FRP などへの塗装手法で、表面が細かいざらつきのあるものを指す。

## ナショナルチェーン

（national chain）
（→チェーンストア）

## ナショナルトラスト

（national trust）

国民環境基金のことで広く国民から寄付金などを募って自然や歴史的価値のある建物を守っていこうとする活動。1895 年イギリスにおいて設立されたボランティア団体が提唱したことに始まる。

絵本『ピーターラビット』の作者ビアトリクス・ポターは、その作品の印税が入るたびに湖水地方の自然を守るためにお金と情熱を注いだことは有名な話し。

## 斜め包み

ギフト用包装の基本的な手法の一つ。四角い包装紙に対して箱（商品）を斜めに置き、箱を回転させながらそれぞれの角を折り込んでいく方法。

## ナショナルブランド

（NB、national brand）

製造業者が作った商標。製造業者の作った商品で全国的に認知度の高いものをいう。これに対して小売業が企画、開発した商品をプライベートブランド（PB）と呼び区別している。
（→プライベートブランド）

## ナチュラルショルダー

（natural shoulder）

肩の自然な丸みを生かしたジャケットやコートの肩線のことで、ラウンドショルダーともいう。パッドをあまり使用せず、なだらかなラインが特徴。また、袖付け線が肩の位置にあるセットインスリーブ（set-in sleeve）の肩線のこともいう。

## 七草

人日（じんじつ）の節句（1月7日）の朝、春の七草を粥（かゆ）に入れて食べる風習のこと。邪気を払い一年の無病息災を願う。春の七草はせり、なずな、ごぎょう、はこべら、ほとけのざ、すずな、すずしろで、食用の野草である。また秋の七草（七種）は、はぎ、おばな、くず、なでしこ、おみなえし、ふじばかま、ききょう（あるいは朝顔）をいう。秋の七草は食べるものではなく、鑑賞するための野草である。

## ナプキン

（→テーブルセッティング、ナプキンのたたみ方）

ナ

## ニーズ

（needs）

必要、不足、欠乏の意で、消費者が具体的に要求あるいは必要としているモノやコトを指し、「なくてはならないもの」という最優先すべき欲求を意味する。すべてのマーケティング活動における基本事項であり、観察、調査されたものは、企業の商品化計画や販売計画に影響を与える。

ウォンツとほぼ同義語の場合が多いが、厳密に区分する場合、ニーズは生活必需的要素、ウォンツは嗜好的要素に重きをおく。
（→ウォンツ、デマンド）

## 二重（にじゅう）

舞台やスタジオの床より高く組んだ台。舞台では定式として、尺高、常足、中足、高足などの高さのものがある。イベントのステージでも使用される。高さを作る箱馬と組合わせて使用する。

## ニッチ産業

ニッチ（niche）とは隙間やくぼみのことであるが、既存の商品やサービスでは満足できない消費者が存在している場合、これらの消費ニーズの総体をニッチ市場と呼ぶ。潜在的ニーズは存在するが、大企業がターゲットにしない小さな市場や、まだビジネス対象として考えられていない分野のこと。これらの市場を目指す企業のことを「ニッチ産業」といい、ニーズの発掘と対応により、大衆向けに無個性化した従来からある大手資本による商品やサービスとの差別化を図る業態もある。

## ニュートラルカラー

（neutral color）

ニュートラルには、中立の、はっきりしない、中性の、などの意味がある。ニュートラルカラーは無彩色系統の色で、白、黒、灰色などのこと。やや色みを含んだ色はオフニュートラルカラーともいう。

## ニューノーマル

（new normal）

「New（新しい）」と「Normal（普通、常態）」を掛け合わせた造語。社会に大きな変化が起こり、以前の常態には戻ることができず「新しい常態」が定着すること。

［二重］

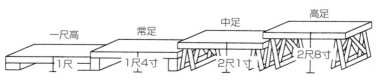

一尺高　常足　中足　高足

1尺　1尺4寸　2尺1寸　2尺8寸

2000年代初頭のネット社会の到来に伴いつくられ、リーマンショック後を「第2のニューノーマル」、世界的な新型コロナウィルス感染症拡大による生活様式や働き方の大きな変化を「第3のニューノーマル」と捉えている。

## ニューペインティング
（new painting）

新表現主義（ネオ・エクスプレッショニスム）と呼ぶのが一般的。1970年代末から80年代にかけて、それまでのミニマリズムやコンセプチュアルアートへの反動から、20世紀初頭のドイツ表現主義に符合した激しい表現スタイルの絵画が若手を中心に現れる。

記憶、生死、神話などが複合的モチーフとして散りばめられた新しい具象絵画で、代表的な作家はアメリカのジュリアン・シュナーベル、ドイツのアンゼルム・キーファー、イタリアのフランチェスコ・クレメンテなど。

## 人工（にんく）

工事に対する所要労務人員数を表す単位。積算をする際に用いられる表現。

## ヌーヴォーレアリスム
（nouveau rèalisme　仏）

新しい現実主義。1960年、工業化、量産、広告に代表される状況を、伝統的な表現技法による従来の絵画あるいは彫刻として再現するのではなく、溢れる既製品や廃棄物などをそのまま素材として提示することによって表現しようとした。ジャンクアートやアッサンブラージュなどとオーバーラップする。グループを結成し、メンバーにはイヴ・クライン、ジャン・ティンゲリーなどがいた。

## 布、布帛（ふはく）
（textile fabrics）

織物の総称で、本来、布とは麻その他の靭皮繊維（植物の茎の表皮の繊維）で織ったものを意味し、帛とは絹布を指した言葉であった。綿製品が普及するに至って綿織物を綿布、これを区別するために麻織物を特に麻布と呼ぶようになった。一般に布帛とは縦糸と横糸を交互に織り込んだ織物地の総称として慣用されてきた言葉。

ヌ

## ネイバーフッドショッピングセンター

（neighborhood shopping center、NSC）

近隣商圏型 SC。スーパーマーケットやディスカウントストアをキーテナントにした比較的小型のショッピングセンターで、商圏人口３万５千人、売り場面積 3000坪未満のもの。

（→ショッピングセンター）

## 値入率（ねいれりつ）

商品（製品）の売価から仕入原価を引いた残りの金額が売価の何％に当たるのかを見る数値。売価から仕入原価を引いたものを値入高という。この値入高を売価で割ると値入率が求められる。値入率は営業経費、ロス値引高、営業利益をカバーするように計画され、販売の収支をチェックする重要な計数。

値入高＝売価－仕入原価

値入率＝値入高÷売価× 100

## ネオ・ダダ

（neo-dada）

1958 年、ジャスパー・ジョーンズ、ロバート・ラウシェンバーグの個展がニューヨークで開かれたとき、二人の作風が戦前のダダイズムを想起させたところからの命名。画面に日常的物体や廃品、あるいは国旗や数字を絵具と結合させた作品は、生活と芸術、日常の事物と芸術作品の区別に対して問いかけた。日本における「ネオ・ダダ・オルガナイザーズ」は 1960年「読売アンデパンダン展」に結集した吉村益信、篠原有司男、荒川修作 、赤瀬川原平などにより結成されたグループ。

## ネオン管

（neon tube）

細長いガラス管の中に不活性ガス（ネオン、アルゴン、クリプトンなど）を封入し、放電発光を利用したランプ。発光色の種類は多く、曲げ加工が容易で、ネオンサインやネオンアートなどに用いられる。ガラス管を着色したものもある。高電圧のため、設置場所、取り扱いなどに注意を要する。

## ネオンサイン

（neon sign）

ネオン管灯を使用した電気サインの一種で、ネオン照明看板とも呼ばれる。屋外のネオン灯や店頭ネオンサインはもとより、店内の天井、壁面、ショーケースなどにも広告サインや POP サインとして使われている。デザイン処理上の特徴としては、色が鮮やかなこと、色の種類が多いこと、かなり自由に曲げ加工ができるため、文字や図象の造型ができることである。

## ネクタイの結び方
### ＜プレーンノット＞

基本中の基本の結び方。結び目が小さく、すっきりとしたラインになる。使用頻度が最も多い結び方。

ネ

プレーンノット

ダブルノット

セミウインザーノット

ウインザーノット

ネ

## ＜ダブルノット＞

プレーンノットに似た結び方。違いは、プレーンノットでは 小剣の周りを大剣で一巻きするところを 二重巻きすること。縦に長い結び目が特徴。細いネクタイに向く。

## ＜セミウィンザーノット＞

結び目はプレーンノットより大きく、ウィンザーノットよりもボリュームを抑えた程よい大きさの三角形が特徴。ほとんどのシャツに向く結び方。

## ＜ウィンザーノット＞

英国王エドワード八世、後のウインザー公がこれを世に知らしめたといわれる結び方。幅広でボリュームのある三角形の結び目が特徴で、ワイドカラーに適する。結ぶ際、大剣を左右にかけるときに、締め具合を均等にするのがコツ。
（→ 前頁 イラスト参照）

## 値ごろ

商品の価格が、その品質、機能にふさわしく、大多数の人がこれなら買ってもいいと感じる値段。リーズナブルプライスと同意語。

## ネックライン

（neckline）

衣服の襟ぐり線の総称。首のつけ根に沿った丸い襟ぐりのラウンド・ネックラインや、前をV字形にカットしたVネックライン、四角にくった襟ぐりのスクエア・ネックラインなどがある。

［ ネックラインの種類 ］

ラウンドネック　　Vネック　　スクエアネック　　ボートネック

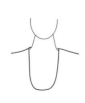  

Uネック　　オフショルダーネック　　ホルダーネック

## 年中行事と歳時

年中行事は決められた日に行う行事のことで、宮中で行われていた季節の行事が中心になっている。また海外で行われている記念日も導入され、販売促進のテーマとして活用されている。主な行事には次のようなものがある。
（＊は本書にて解説。）

### ［年中行事と歳時］

| | |
|---|---|
| ＊正月 | 1月1日から7日頃まで |
| ＊七草・人日（じんじつ）の節句 | 1月7日 |
| ＊鏡開き | 1月11日 |
| ＊成人の日 | 1月第2月曜日 |
| ＊節分 | 2月3日（うるう年は4日） |
| 建国記念の日 | 2月11日 |
| ＊聖バレンタインデー | 2月14日 |
| 天皇誕生日 | 2月23日 |
| ＊雛祭り・上巳（じょうし）の節句 | 3月3日 |
| ホワイトデー | 3月14日 |
| ＊春分の日 | 3月20日または21日 |
| ＊イースター | 3月21日以降最初の満月直後の日曜日 |
| ＊花祭り | 4月8日 |
| 昭和の日 | 4月29日 |
| 憲法記念の日 | 5月3日 |
| みどりの日 | 5月4日 |
| ＊こどもの日・端午の節句 | 5月5日 |
| ＊母の日 | 5月第2日曜日 |
| ＊父の日 | 6月第3日曜日 |
| ＊七夕・七夕（しちせき）の節句 | 7月7日 |
| ＊盆 | 7月15日頃（旧暦8月13日頃） |
| 海の日 | 7月第3月曜日 |
| ＊山の日 | 8月11日 |
| ＊重陽（ちょうよう）の節句 | 9月9日 |
| ＊敬老の日 | 9月第3月曜日 |
| ＊十五夜 | 9月17日頃 |
| ＊秋分の日 | 9月22日または23日 |
| ＊スポーツの日 | 10月第2月曜日 |
| ＊ハロウィン | 10月31日 |
| ＊文化の日 | 11月3日 |
| 七五三 | 11月15日 |
| 勤労感謝の日 | 11月23日 |
| ＊クリスマス | 12月25日 |
| 大晦日 | 12月31日 |

ネ

## ノウハウ

（know-how）

　商品開発・製造などをするための特殊な技術、技能、知識などの情報のこと。また企業活動の経験から得られた企画など、ものごとのやり方、すすめ方の知識のこと。

## ノーブランド

（no brand）

　ブランド表示をしないこと。加工食品、家庭用品、日用雑貨などに多い。商品の一般名称と容量及び法律で定められた事柄のみ記載されていて、包装も簡素である。ジェネリックブランドは類似語。

## ノーマライゼーション

（normalization）

　障害者も共に暮らすことができる社会がノーマルである、という福祉の理念。バリアフリーやユニバーサルデザインの進展を求める思想背景ともなっている。

　1959年にデンマークのバンク・ミケルセンによって提唱され世界に広がった。日本では1981年に「国際障害者年」をきっかけに認識されはじめた。

## 熨斗（のし）

　熨斗は鮑（あわび）を干してのばし、「長く延びるように」という縁起物として贈答品に添えられたことに由来する。また、仏教が凶事に生臭物を排除したことから、弔事には使用せず、婚礼や一般用に使用するが、中身が鰹節、新巻鮭、鶏卵などであれば付けない。最近では掛紙として水引も一緒に印刷された熨斗紙を使うことが多くなっている。

（→熨斗紙、水引）

## 熨斗紙（のしがみ）

　熨斗と水引を印刷した贈答品に掛ける紙のこと。実際に熨斗や水引を付けなくても〈あらたまった気持ち〉を表す。慶弔用があり目的に合わせて使用する。

（→熨斗、水引）

## ノスタルジック

（nostalgic）

　古いものや過去の体験などに郷愁を抱くこと、またそのような気持ちを起こさせること。

## ノット

（knot）

　結び目、あるいは結び目を作ることをいう。ネクタイやロープの結び目に使われる。

（→ネクタイの結び方）

## ノベルティ

（novelty）

　イベントで販売促進を目的として、商品名や会社名を入れて無料で提供する記念品や粗品のこと。街頭で不特定多数に配布する方法と、来店あるいはイベント会場に

立ち寄った特定の顧客にだけ配布する場合がある。景品（プレミアム）とは異なる。
（→プレミアム）

## のみの市

（→フリーマーケット）

## 暖簾 （のれん）

出入口に付けられる、風や日ざしをさえぎる布。古くは禅家で冬季の隙間風を防ぐのに使われた。江戸時代以降、商家では屋号や家紋を染め抜いて、店の軒先に日除けと看板を兼ねて使われた。

外暖簾と内暖簾とがあり、外暖簾には、戸口の上から下まである長暖簾、半分までの半暖簾、横布を使用する水引暖簾、間口全体に張りわたせる横暖簾などがあり、素材は木綿や麻のほかに布の代用として縄を使った縄暖簾がある。内暖簾は部屋暖簾とも呼び、外暖簾に比べて装飾性が強く、絹地に友禅染の華やかなものや、最近では木や竹、ガラス、プラスチックなどを使った新しいものもできている。

なお、暖簾は機能性から離れて次第に店の象徴としての意味合いをもつようになり、「古いのれん」は老舗を、「のれんに傷」は店の信用を損なうことを表す言葉となっている。

## パースペクティブドローイング

（perspective drawings）

遠近画法、透視画法、透視図法、あるいはそれを用いて描かれた絵や図のこと。略称してパースという。立体や空間を人の目で見たのと同様な遠近感を視覚的に表現するので、建築、内装、ディスプレイなどの分野では完成予想図として描かれることが多く、プレゼンテーション技法の一つとして活用されている。

平行透視図（一点透視図）、有角透視図（二点透視図）、斜透視図（三点透視図）などがある。遠近感の表現はないものの、パースの意味合いで描かれるものに等測投影図（アイソメトリック図法、俗にアイソメ）、軸測投影図（アクソノメトリック図法、俗にアクソメ）があり、部品の組立て説明図や配置図、案内図など広く用いられている。
（→アイソメ、アクソメ）

## パーソナルギフト

（→ギフト）

## パーソナルマーケティング

（personal marketing）

消費者一人ひとりのニーズにきめ細かく対応しようとするマーケティングのこと。消費の多様化、ニーズの多極化という市場変化から出てきたもので、販売者が直接消費者に接点を求めるダイレクト

ハ

マーケティング手法もその一例。

## バーチャルリアリティ
（virtual reality：ＶＲ）

「virtual reality」の略称で、「仮想現実」のこと。コンピュータ等の技術を用いて人間の感覚器官に働きかけ、実在しない仮想的な世界を創り出して、限りなく実体験に近い体験が得られる装置。現物・実物ではないが機能としての本質は同じであるような環境を体感すること。ゴーグル内のディスプレイに顔の動きに即した仮想現実空間の映像が表示される技術。

## パーティション
（partition）

分割、間仕切、隔壁の意味。建築内部を区画する壁には固定式と移動式とがある。戸棚、書棚などの家具類や、移動できるものとしてカーテン、スクリーン、パネルなど、この目的に使う場合もある。ディスプレイやインテリアのデザインでは、遮断のため視覚的効果に重点が置かれ、透明や半透明、目すかし構成のパーティションが多く使われる。

## ハートビル法
（→バリアフリー）

## ハーフミラー
（half mirror）

鏡面を境にして前後に明暗の区別ができる場合、明るい側から見ると鏡面が反射して普通の鏡として機能し、逆に暗い側から見るとガラスのように透けて、鏡の向こうにあるものが透視できる性質をもつ鏡。マジックミラーともいう。ディスプレイデザインやアート作品に多用されている。

## ハーモニー
（harmony）

調和の意味。美術ではいくつかの要素が集まりながら、矛盾や分離がなく、釣合いがとれ快い美的印象を感じること。要素としては、形、大小、調子、感覚などの調和がある。美的秩序の形式的な条件である美的形式原理の一つ。
（→美的形式原理）

## バイイング
（buying）

仕入計画をもとに販売商品の品目、数量、時期を決め、商品仕入れ担当者（バイヤー）が買い付ける一連の行為をいう。売れ行き状況、死に筋商品を把握して必要な手当をするのがバイヤーの業務でもある。バイイングの巧拙が販売成績を左右する。（→バイヤー）

## バイオマス
（biomass）

バイオマスとは、生物資源（bio）の量（mass）を表す概念で、一般的には「再生可能な、生物由来の有機性資源で化石資源を除いたもの」を指す。その特徴は、①太陽

ハ

のエネルギーを使って生物が合成したものであり、生命と太陽がある限り、枯渇しない資源、②焼却等しても大気中の二酸化炭素を増加させない、カーボンニュートラルな資源、などである。バイオマスの種類には、廃棄物系バイオマス（廃棄される紙、家畜排せつ物、食品廃棄物、木くず等）、未利用バイオマス（稲わら、麦わら、もみ殻、間伐材等）、そして資源作物（飼料作物、でんぷん系作物等）がある。これらバイオマス資源を原料として化学的または生物学的に合成することにより得られる高分子材料にバイオマスプラスチックがある。
（→バイオマスプラスチック）

## バイオマスプラスチック

（biomass plastic）

「バイオマスプラスチック」は、地球温暖化や海洋ゴミなどの環境汚染でクローズアップされたプラスチック問題に対処するために循環型社会を目指して生まれた。植物などの再生可能な有機資源を原料とする「バイオマスプラスチック」と、微生物などの働きで二酸化炭素と水にまで分解する「生分解性プラスチック」の総称である。幅広い製品に使用されて汎用樹脂といわれるバイオPE（ポリエチレン）や、耐熱性、耐衝撃性に優れた樹脂のバイオPC（ポリカーボネート）などがある。

レジ袋やごみ収集袋、衣料繊維、電気情報機器、自動車など、多く

の産業で転換が進んでいる。植物由来のバイオマスプラスチックを使用したボディ、マネキンも開発され、使用後はリサイクルも可能になり、持続可能な取り組みとして注目されている。ただし、バイオマスプラスチックすべてに生分解性があるわけではないので注意が必要。

（→バイオマス）

## 売価

商品が販売されたときの価格。売価は消費者が納得する価格で設定されることがポイントとなる。

## ハイタッチ

（high touch）

高度技術、情報化社会で求められる人間的な関係のこと。ハイタッチ素材は、色調、形状、質感などによって温かみを感じさせる自然素材が多い。空間デザインの分野におけるハイタッチ空間とは、温かさや和み感を、主として素材感によって表現したものをいう。

## 配置

（→レイアウト）

## ハイテック

（high tech）

ハイスタイル (high style) と、テクノロジー (technology) の合成語。機能性に重点をおいて作られた工業製品を生活や商業の場に導入する手法で、ハイテック室内装飾、

ハ

ハイテックインテリアデザインなどを指す。ハイテック素材は、色調、形状、質感などによって、硬質感、透明感、機能美などを感じさせるのが特徴。

## ハイテク

high technology の略で高度先端（科学）技術、先端（工業）技術を指す。ハイテックとは異なる。

## ハイブリッド

（hybrid）

雑種、混成物、混合種、混成語の意味。生化学、科学の発達により、異種の性質をもったものを混成（それぞれの特性をもったまま混在）することが可能になり、これを利用した技術革新が著しい。

農業ではハイブリッド米、電子回路のハイブリッド IC などがある。小売業においても異なる商品群を取り扱う店舗を複合してそれぞれの特性を発揮させながら一つの店舗として経営するやり方をハイブリッドストアという。

## バイヤー

（buyer）

商品の仕入れ担当者。計画された方針に基づいて買い付け品の選定、数量、納期の交渉にあたる。仕入れについての決定権をもつが、原則として商品開発はしない。市場分析や顧客分析などのマーケティング力が必要とされ、店頭で顧客のリアルなニーズを知るため

販売を担当することもあるので、販売技術、販売知識も要求される。また、仕入計画とその実行は店頭の商品陳列そのものやディスプレイなどの視覚的表現の精度や維持継続に直結するため、ＶＭＤの知識も必要とされる。（→バイイング）

## ハウスウェア

（housewares）

本来は台所用品や食器類などの家庭用品を指すが、最近では寝室からキッチンに至るリビング周辺商品や衣料から家具に至るまでを指す傾向が強い。なお、ファッションでは日常の家庭着などを指す。

## バウハウス

（Bauhaus 独）

1919 年、建築家グロピウスが中心となりドイツのワイマールに創立された造形教育の学校。カンディンスキー、パウル・クレー、オスカー・シュレンマー、モホリ・ナギ、ヨハネス・イッテンなど、多くのすぐれた指導者によって、建築を中心にした工芸、絵画、彫刻などの総合的な造形教育活動を行った。工業生産の時代にふさわしい、丈夫で美しく、機能的で廉価な製品のデザインを追求した。

1926 年から 32 年の間はデッサウに校舎を移し運営していたが、33 年、ナチスの弾圧により閉鎖した。近代合理主義ともいえるデザインと教育は、その後、バウハウスの教師や学生が世界中に散るこ

ハ

とによって、現在のデザイン分野に強く影響を与えることになった。

## 羽織

　語源は羽のようにはおるという意味と、着物の上にはふり着る（放ち着）という意味とがある。もともとは男子の着るもので、武士の陣羽織から発達したといわれている。女性の羽織が一般化したのは明治になってからで、現代では防寒用だけでなく夏羽織も登場、ダスターコートとしても使われるなど、広範囲に用いられている。また、男性の黒羽二重五つ紋付羽織は、長着、袴と合わせて、慶弔時の正礼装として用いられる。（→着物）

## 袴（はかま）

　和服の下半身に穿くもので、男性の礼装用として用いられる仙台平の馬乗袴や、行灯（あんどん）袴、仕舞袴が一般的である。袴の歴史は古く王朝時代にはじまり、男女ともに着用されたが、その後男性用として発達した。明治時代に入り、女学生にも着られるようになった。最近では、女子大生が卒業式時に大正ロマン風などさまざまに着こなす袴姿が目立つ。（→着物）

## 白熱電球

（incandescent lamp）

　タングステンフィラメントに通電し、高温のフィラメントからの温度放射を利用する光源。赤外線放射が多く、可視光線は入力エネルギーの10％以下で効率は低いが、暖かい光色、小形で集光容易、すぐ点灯するなどの特長がある。近年では環境に対する負荷が他の電球と比べて高いことから、白熱電球からLEDへ切り替える動きが活発化し、現在、基本的に国内大手メーカーは製造を終了している。

## 博物館

（museum）

　自然物、生産品、考古学資料、歴史的遺物などの文化的、科学的に意義ある資料を系統的に収集、保管、展示して、一般の利用に供する機関。

## 博覧会

（exposition、exhibition）

　学術や産業の進歩をはかるために、その活動や成果の実態を、生産品や情報資料などの展示、実演によって一般の人々に知ってもらうための催し。地域的に分類すると地方博覧会、全国博覧会、国際博覧会があり、国際的な規模と視野で開かれる万国博覧会（略称：EXPO／エキスポ）がある。

　万国博の第1回はロンドンで1851年に開催された。第2回はパリ（1867年）で開催され、日本はこのとき、初めて出品参加した。以降ヨーロッパ各都市で開催され、1928年パリで「国際博覧会に関する条約」が調印された。

　現行の条約では万国博は「一般博」と「特別博」に分類され、一

ハ

般博は 1970 年大阪で開催された日本万国博覧会以後は、1992 年に＜発見の時代＞をテーマに開催されたセビリア万国博が 22 年ぶりの一般博となった。特別博で日本国内で開かれたものは、1975 年沖縄国際海洋博覧会、1985 年筑波における国際科学技術博覧会、1990 年大阪における国際花と緑の博覧会、2005 年愛知における日本国際博覧会である。

### 箱馬（はこうま）

箱馬とは、舞台やスタジオで、床より高く平台などを組むときに用いられる足の一種で、箱の形をした木製の基礎用品。箱足ともいう。サイズは 1 尺×1 尺×6 寸（303 × 303 × 181）、1 尺×1 尺 1 寸×6 寸（303 × 333 × 181）、1 尺 × 1 尺 7 寸 × 6 寸（303 × 515 × 181）がある。

**基本サイズ**

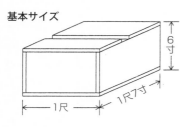

### 箱ショップ

箱型ショップともいう。大型商業施設で、壁面で箱型に仕切られた独立店舗のこと。特定ブランド、キャラクター性の強い商品、プレステージ性の強い商品などを販売する。百貨店や商業施設ビルにある専門店などの店舗内店舗（ショッ

プインショップ）を指す。

### バジェット商品

バジェットとは売上げや仕入れなどさまざまな予算、経費のこと。格安や低予算という意味もある。バジェット商品とはお買い得品のことで、実用衣料など買いやすい商品や安売りの商品、バーゲン品を指す。

### 柱巻き

商業空間においては、柱周りのしつらえ、装飾をいう。サイネージ広告に使用したり、ショップ内においては、柱巻き什器として、商品陳列やディスプレイに使用される。

### 旗

（flag）

布、紙などで作り、竿（さお）に掲げて目標や象徴としての機能を果たし、標識や装飾、祝いなどに用いる。仗旗、軍旗、国旗、社旗、信号旗、優勝旗などがある。神事、仏事、葬儀にも用いる。（→国旗）

### バッグ

（bag）

袋物の意味。手に下げたり、肩に掛けたりして携帯する物入れの総称で、機能的なデザインの鞄類とおしゃれ性の高いハンドバッグ類、かごや袋物類とに分けられる。

# ［ バッグの種類 ］

ハンドバッグ　　　　　　キルティングバッグ　　　　　ケリーバッグ

トートバッグ　　レザートートバッグ　　バケツ型バッグ　　きんちゃく型バッグ

ボストンバッグ

デイパック

リュックサック

[ バッグの種類 ]

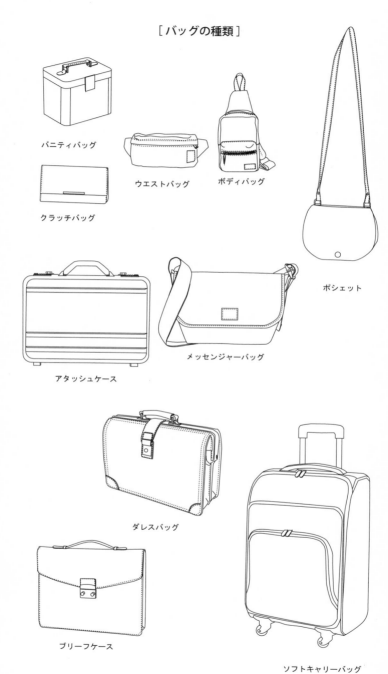

バニティバッグ

クラッチバッグ

ウエストバッグ

ボディバッグ

ポシェット

アタッシュケース

メッセンジャーバッグ

ダレスバッグ

ブリーフケース

ソフトキャリーバッグ

ハ

## バックライティング

写真撮影などで、被写体の背後からカメラの光軸を鉛直面（えんちょくめん）にほぼ平行な光を与え、被写体の輪郭を明瞭に表現する指向性の照明で、一般に逆光ともいわれる手法。この照明手法はディスプレイにも応用され、例えばマネキンなどの顔や肩などの周辺部にハイライトを与え、その大きさや形を明瞭にし、背景から浮き立たせるように表現することができる。

また、陳列棚背面に拡散光の照明面（乳白色アクリルやフロストガラスなど）を設け、透過光でガラス食器やボトルなどの商品にハイライト効果を与えたり、不透明商品ではシルエット効果を出すなど応用ができる。

## パッケージデザイン

（packaging design）

包装のためのデザインのこと。販売競争の中で消費者の購買決定の重要な基準になっている。また自動販売機、セルフサービスのスーパー、コンビニエンスストアなどの増加により、容器としての機能性とともに広告機能や経済性、さらに廃棄と再利用法などの社会性まで多くの課題、使命を抱えている。

パッケージデザインは店頭で陳列されることにより VMD そのものとなる。

## パディング

（padding）

マーチャンダイズプレゼンテーションにおけるフォーミング技法の一つで、形を整えるために詰め物をすること、あるいはその詰め物のこと。衣料品に使用する際には、商品の素材に適した詰め物を選ぶことが大切である。一般的に厚地の商品にはクラフト紙やケント紙を、シルクやモヘアなどの薄くデリケートな素材の商品やベビー服などのパディングには薄葉紙を使用する。（→マーチャンダイズプレゼンテーションの表現方法）

## パテント

（patent）

特許（権）、専売特許、特許製法などのこと。新規性のある高度な技術的発明をした人の出願に基づき、政府が一定期間その権利を保護すること。パテント商品とは、特許権や知的財産権などをもつ商品を指し、パテント料とは、ライセンス料、ロイヤリティなどとも呼ばれ特許権や著作権、知的所有権、肖像権等の使用許諾契約の使用料をいう。

## バナー

（banner）

本来は国旗、軍旗、校旗の意味。各種デザインされた旗や横断幕。インターネットでは、Web ページに表示される Web サイトの広告やリンクの画像をいう。（→バナー広告）

## バナー広告

（banner advertisement）

バナーを用いたインターネット広告。サイトに広告画像や動画を貼り付け、商品やサービスを紹介し、クリックすると、広告主のウェブサイトに誘導される。

（→インターネット広告）

## 花祭り

4月8日または5月8日。お釈迦様の生まれた日を記念し、お釈迦様の立像を春の花で飾り、甘茶を注いで祝う仏教行事。正式名称は、灌仏会（かんぶつえ）という。

花祭りと呼ばれるようになったのは、1916年に日比谷公園でお釈迦様の誕生日法要を花まつりと呼称したのが始まり。灌仏会が日本で初めて行われたのは西暦606年、もしくは西暦840年と諸説ある。

## パネル

（panel）

芯材で骨組を作り、表面材を張って仕上げたものをいう。表面材には木質、プラスチック、金属などを使う。寸法は三六（さぶろく約900×1800㎜）、四八（しはち約1200×2400㎜）などの定尺物が使われることが多い。

## パノラマ

（panorama）

全景の意味。ある風景、場面の全景を展望式に見られるように作られた展示をいう。博物館の展示によく見られる。

## 母の日

（Mother's Day）

5月の第2日曜日。お母さんに感謝する日。1908年にアメリカのアンナ・ジャビス夫人が、亡き母を偲んで人々にカーネーションを配ったのが始まりで、1914年公式な祝日に制定され、世界的に広まった。

## パビリオン

（pavilion）

博覧会で、出展企業や団体が展示会場として建造する建物のこと。博覧会終了後は、ほとんどの場合撤去される。映像を展示の主体とした劇場形式のパビリオンも多く、庭園や公園、レクリエーション施設などの休憩所や余興場、仮設テント小屋などの装飾的建築物もパビリオンという。

## パフォーマンスアート

（performance art）

芸術家が身体を用いて行う表現。ハプニングとしての自己顕示の意味にも用いられている。今世紀初頭の芸術運動、例えばイタリアの未来派に見られるように、キャンバス上の、あるいはオブジェの製作による表現だけでは自らの意思を伝達できない場合、身体による表現というものが必然性を伴って現れる。それは演劇や演奏やダンス、サーカスのようであるが、そ

れらのジャンルでくくることはできない。

さまざまな芸術やデザインのジャンルを越えて働きかけることのできるパフォーマンスのもつ性質は、芸術の総合に向いており、それゆえに現代美術のなかで重要な動向である。

## パブリシティ
（publicity）

企業や団体が広報活動の一環として、報道関係機関へ情報素材を提供する活動のこと。正確にはプレスパブリシティになる。マス媒体を活用する広告とともに、PRの二大手段の一つで、広告とは異なり企業や団体はスペース料や時間料を支払わないかわりに、情報素材の取捨選択と編集権は報道関係機関側にある。

## パブリックスペース
（public space）

公共の場、不特定多数の人のために開かれた場所をいう。ロビー、レストスペースや公共通路、トイレ、ベビールームなどがこれにあたる。パブリックスペースの雰囲気や機能が商業施設の評価の重要な要因となっているため、VMDの手法を用いてパブリックスペースを空間的に演出することも多い。

## パブリックリレーションズ
（Public Relations）

パブリックリレーションズは20世紀初頭からアメリカで発展した、組織とその組織を取り巻く人間（個人、集団、社会）との望ましい関係をつくり出すための考え方及び行動のあり方である。日本には1940年代後半、米国から導入され、行政では「広報」と訳されたのに対し、民間企業では「ＰＲ（ピーアール）」という略語が使われてきた。その後、「ＰＲ」は本来もっていた意味から離れて「宣伝」とほとんど同じ意味で使われるようになったため、その職務を「広報」と呼ぶことが多くなっている。

広報・ＰＲ部門の業務は、企業内の上下左右のコミュニケーションの風通しがよい企業文化・風土を醸成し、社会から信頼される企業になるための計画を立て、全社的にその考え方を理解・浸透させると同時に、社会とのコミュニケーション活動を実践することである。

広報の機能をまとめると、次のようになる。
① 社会との共生を図る
② 企業の社会的認知（コーポレート・レピュテーション）を促進する
③ 社会からの企業への要望を聴く
④ 自社を取り巻く社会・経営環境を把握する
⑤ 企業文化の構築・改革を図る
⑥ 以上の活動によって業績の向上に寄与する
（日本パブリックリレーションズ協会ホームページより抜粋）
執筆＝猪狩誠也（東京経済大学名誉教授）

ハ

237

## パラペット
（parapet）

展示会などのブース（小間）の前面上部に取り付ける幕板のこと。社名、マークを印刷したり、その他のデザインをほどこすことが多い。補強材として振れ止めの効用もある。大型商業施設でのアイランド型店舗で、店舗境界を明確にしにくい場合、天井部にボーダー状のパラペットを配置することもある。建築用語では最上階の胸壁を指す。

## バランス
（balance）

釣合い、均衡などの意味。美術では自由な形と変化の中に、全体として感覚的、視覚的な質量の比例と調和を保っていることをいう。美的秩序の形式的な条件である美的形式原理の一つ。（→美的形式原理）

## 梁（はり）

屋根など上部からの荷重を支えたり、柱を固定するために柱頭の位置にかけ渡す水平材の総称で、柱とともに建築構造上最も重要な部材。側柱上にあって垂木を受けるものは特に桁（けた）という。

## バリアフリー
（barrier free）

障害者や高齢者などが社会生活に参加する上で障害となる物理的、精神的障壁を取り除くことをいう。バリアフリーの言葉は、1974年

の国連障害者生活環境専門会議の報告書「バリアフリーデザイン」に由来する。英語では、アクセシビリティという用語が使われている。

高齢化社会の到来にともない、高齢者や身障者の自立と社会参加を促進することを目的とし、公共的な性格をもつ建物を円滑に利用できるため処置を講ずることを義務づけたハートビル法が1994年に公布、実施された。現在は平成18年（2006年）12月20日施行の「高齢者、障害者等の移動等の円滑化の促進に関する法律」（バリアフリー法）に移行され、ハートビル法は廃止されている。
（→ノーマライゼーション）

## バリエーション
（variation）

変化や変動、変形すること。あるテーマや基本的なスタイルを変えずに部分的変化を加え、いくつかの変形を作ることをいう。

## 張りぼて

大道具、小道具などの基本的な形を竹、木材、金網などで作り、その上を古紙張りで張子に仕上げて着色したもの。スチロールやプラスチックで作られるものも多い。

## バリュージャーニー
（Value the Journey）

製品製造から販売におけるすべての段階は価値の連鎖であり、そのどの段階で価値が生まれ、どこ

ハ

が弱点かを分析して戦略につなげる考え方をバリューチェーンというが、ここでは顧客情報が「販売」時点の大まかな情報に限られる。この考え方を踏まえながら、カスタマージャーニーの概念やカスタマージャーニーマップを活用して、顧客への効果的なアプローチポイントを探るなど、顧客との適切なタッチポイントで、より良好な「顧客体験」の提供が可能になるよう戦略的に改善してゆく手法のこと。

## パルス型消費

2019年にグーグルが提唱した新しい消費行動の概念。スマートフォンを用いて「欲しい」と思った瞬間に商品を購入する新しい消費行動。特に明確な理由はないにもかかわらず、瞬間的に「買いたい」という購買意欲が湧き、そのまま購入に至る消費行動。

## パレートの法則

全体の80%の数値は全体を構成する20%の要素が生み出している、という法則。イタリアの経済学者ヴィルフレド・パレート (Vilfredo Federico Damaso Pareto) が発見した、「国家の富の80%は20%の富裕層が独占している。」という統計分析が元になっている。社会現象に当てはめたり、マーケティングなどの分野で応用されている考え方。20対80の法則、ニハチの法則ともいう。

## ハロウィーン

（Halloween）

10月31日。11月1日のキリスト教の万聖節の前日を指す。古くはケルト人の大晦日にあたり、秋の収穫を祝い悪霊を追い出す宗教的な意味合いのある祭り。魔女も現れて戯らするという言い伝えから、現在では子供達が仮装をして踊ったり、「トリック・オア・トリート」（お菓子をくれなきゃいたずらするよ）といって家々を回るようになった。また、「ジャック・オー・ランタン」（カボチャのランタン）は、死者の霊が迷わずに帰ってこられるように玄関に置くといわれている。（万聖節：11月1日、すべての殉教者をまつる日。万霊節：11月2日、すべての逝去した信者の霊をまつる日。）

## ハロゲン電球

（tungsten halogen lamp）

不活性ガスとともに封入された微量のハロゲンの働きで、タングステンの蒸発によるバルブ黒化をなくし、寿命末期まで光束低下を非常に少なくした小形、高効率、長寿命の電球。近年、電力消費量がハロゲン電球のおよそ5分の1とされるLED電球への置き換えが進んでいる。

## バロック

（baroque）

17世紀ローマに始まり、18世紀初期にかけてヨーロッパ諸国の宮廷や教会を中心に栄えた格式の

ハ

高い貴族趣味的な芸術様式。バロックとはイタリア語のバロッコ（いびつな真珠）から派生した言葉。流動的で躍動感にあふれ、不規則で激しい感情の表現に特色があるバロックは、ルネサンス末期から反動宗教改革などのように絶えず変化していた時代背景を反映している。

建築、室内装飾、家具などは、機能より社会的地位や格式を誇示する装飾性が重要視され、絵画や彫刻も純粋な美の表現より教会や宮殿の装飾効果を高めるために利用された。フランスにおけるルイ14世の《ベルサイユ宮殿》において、バロック様式は統一ある洗練された様式として完成された。

## パワーセンター
（power center）

集客性の高い生鮮ディスカウンターを核に、ホームセンターや各種のディスカウントストア (DS) を集積したショッピングセンターをいう。これは1980年代後半よりアメリカで普及した商業施設の形態の一つ。

## ハンガーディスプレイ
（→ハンギング）

## ハンガーラック
（hanger rack）

什器の一種。商品をハンガーなどに掛け、商品の色、デザイン、サイズなどの種類を陳列し、販売するのに使う。（→什器）

## 半間接照明

大きさが無限と仮定された作業面に、ランプの発散光束の10〜40%が直接到達するような配光をもった器具による照明のことをいう。上方向の光は天井や壁に当たって反射するので、空間全体の明るさ感は出るが、下方向の作業面での照度は得にくい。

## ハンギング
（hanging）

掛ける、吊るす、吊り下げ方などの意。ハンガーを使って商品を見せるMP技法の総称。
（→マーチャンダイズプレゼンテーションの表現方法）

## パンクファッション
（punk fashion）

パンクとは俗語で臆病者、腰抜けなどの意味をもつ。1976年、ロンドンでロックバンドのコスチュームとして生まれたアバンギャルドファッションのこと。髪は派手な色に染めて刈り込みを入れ、黒の皮ジャンパーに鎖や鋲などのアクセサリーを多用し、ペンキを塗ったTシャツを着用するなど、奇妙で過激的なファッションであった。やがて世界的な広がりをみせ、反体制ファッションのシンボルともなり、80年代に入ると、洗練された既製服ファッションに取り入れられた。
（→アバンギャルド）

## 版下

製版フィルム作成のための文字や絵、図形、図表の原稿のこと。白い紙に黒で描かれているため、ブラックコピーともいう。現在では、手作業ではなく、パソコンで作業する方法が主流となっている。（→清刷り）

## 反射

被照物を照射した光はその表面の性状により反射し、光沢や艶消しなどの感じをつくる。鏡面のように光学的な反射の法則に従うとき正反射といい、和紙のように入射した光があらゆる方向に均等に反射するとき均等拡散反射という。

## 反射形電球

反射鏡を内蔵した電球で、ガラス球内面にアルミニウム反射膜を蒸着したレフレクターランプと、プレス加工したレンズとレフレクターを融着したシールドビームランプの2種類がある。

反射面の形状、内面ガラスへのつや消しやコーティング処理、または前面ガラスにより光の集光度合いを制御しており、その度合いによりスポット形、フラッド形と呼ばれる。（→ビーム角）

## 反射率

物体から反射された光束と、物体に入射した光束との比。

## 不透明材料の反射率（％）

| 建築材料 | | みがいた金属および鏡面 | |
|---|---|---|---|
| 白　　　型 | 60 | 銀 | 92 |
| 淡色クリーム型 | 50-60 | ロ　ジ　ウ　ム | 75 |
| 濃色の型 | 10-30 | 銅 | 75 |
| 赤れんが | 15 | ク　ロ　ム | 65 |
| 日本黒瓦 | 10 | アルミニウム | 65 |
| 灰色スレート | 30 | 同上(電解研磨) | 85 |
| 灰色テックス | 40 | ニ　ッ　ケ　ル | 55 |
| コンクリート | 25 | 銅　　　鉄 | 60 |
| 白タイル | 60 | ガラス鏡面 | 85 |
| 白　い　木 | 40-55 | 塗　装　面 | |
| 黄ニス塗木材 | 30-50 | 白色ほうろう | 75 |
| 畳 | 40 | 白ペイント | 65 |
| | | 淡色ペイント | 35-55 |
| リノリウム | 15-30 | 濃色ペイント | 10-30 |
| | | 黒色塗料 | 5 |

## 透明ならびに半透明材料の反射率（％）

| 板ガラス | | 紙および布 | |
|---|---|---|---|
| 透明窓ガラス | 8 | 白画用紙 | 75 |
| つや消窓ガラス(粗面より入射) | 10 | 白吸取紙 | 75 |
| 同上(済面より入射) | 12 | トレース紙 | 20 |
| 形ガラス(粗面より入射) | 8-10 | トレース布 | 25 |
| 同上(済面より入射) | 9-11 | 障　子　紙 | 40-45 |
| 乳色スキガケガラス | 20-30 | うすみの紙 | 60 |
| プラスチック板(半透明) | 25-60 | 黒　木　紙 | 2-10 |

## 内装仕上げ色の反射率の目安

| 色 | 平均的な反射率 | 明るい仕上げ | 暗い仕上げ |
|---|---|---|---|
| 黄 | 50% | 70% | 30% |
| 茶 | 25% | 50% | 8% |
| 赤 | 20% | 35% | 10% |
| 緑 | 30% | 60% | 12% |
| 青 | 20% | 50% | 5% |
| 灰 | 35% | 60% | 20% |
| 白 | 70% | 80% | － |

## 半直接照明

大きさが無限と仮定された作業面に、ランプの発散光束の60～90％が直接到達するような配光をもった器具による照明。

下方向を直接照らすだけでなく、上方向の光は、天井や壁への反射で空間全体をやわらかく演出する効果がある。

## パンツ

（pants）

ボトムの代表的ウェアで、下半身に着用する腰回りと2本の脚部をもつ衣服の総称で、丈の長いものから短いものまでいろいろある。日本では一般的にズボンまたはスラックスと呼称していたが、現在はパンツと呼ぶことが多くなっている。

［ パンツのラインと丈 ］

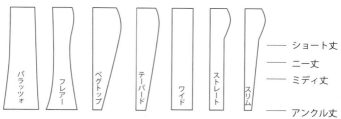

—— ショート丈
—— ニー丈
—— ミディ丈
—— アンクル丈

パラッツォ　フレアー　ペグトップ　テーパード　ワイド　ストレート　スリム

［ パンツの種類 ］

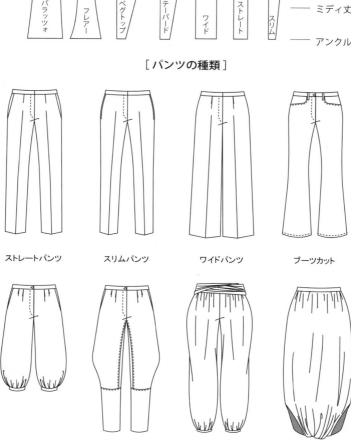

ストレートパンツ　　スリムパンツ　　ワイドパンツ　　ブーツカット

ニッカーボッカーズ　ジョッパーズパンツ　ハーレムパンツ　ズアーブパンツ

[ パンツの種類 ]

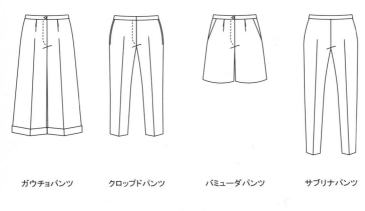

ガウチョパンツ　　クロップドパンツ　　バミューダパンツ　　サブリナパンツ

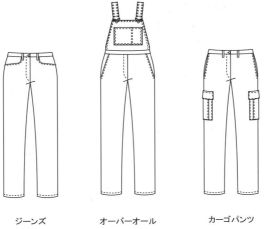

ジーンズ　　　　オーバーオール　　　カーゴパンツ

## 販売管理

　販売活動において管理・運営する業務のこと。販売管理業務には、販売業務、仕入管理、売上管理、在庫管理、棚卸、支払管理などがある。ＶＭＤも販売管理項目の一つである。

## 販売促進

　（→セールスプロモーション）

## 販売チャネル政策

　マーケティング手法の一つ。商品を効率よく流通させるための政策のこと。

　販売チャネルは、取引経路の意味に用いられることが多く、三つの形態に大別される。①開放的（集約的）チャネル政策は、販売先を拡大する政策で最寄り品に適する。②限定的（選択的）チャネル政策

ハ

は、ある特定地域の販売業者を一定数に限定する政策で、買回り品に適する。③閉鎖的（専売的）チャネル政策は、自社の商品のみを専売させる系列化の強い政策で、情報提供やアフターサービスが必要な専門品に適する。

### 半幅帯

帯幅が通常の帯の半分（15〜19cm）の帯の総称で、長さは322cmが標準。初めから普通の帯の半分で織られたものと、染め帯のように半分に折って帯芯を入れて仕立てたものがある。半幅帯は帯揚げや帯締めを使わなくても締められる。気軽でカジュアルな帯で、浴衣やウールなどの他、小紋などの街着としても用いられ汎用性が高い。

### PR

Public Relations の略。
（→パブリックリレーションズ）

### PL法

（→製造物責任法）

### POP（ピーオーピー、ポップ）

（→ポップ広告）

### BGM（ビージーエム）

（background music）

バックグラウンドミュージック。本来は、映画、テレビ、ラジオなどで、ムードをかもし出すためにせりふや解説の背景に使われる音楽を指した。現在は、作業の能率を高めるためにオフィス、工場などで用いる音楽をはじめ、ホテル、レストラン、店舗、銀行、病院など人の集まる空間を心地よくするために小音量で流す音楽のこともいう。

### PCCS（ピーシーシーエス）

（practical color coordinate system）

日本色研配色体系の略称。1966年、日本色彩研究所が配色調和のために考案した色表示の体系。色相は色相環を24分割した値によっている。この中には、心理的四原色と呼ばれる赤・黄・緑・青、色材の三原色のイエロー・シアン・マゼンタ、色光の三原色の赤・緑・

青紫が含まれている。色相の表示は、色相番号：色相記号を2：Rのように併記する。明度は黒から白までを9等分する。彩度は無彩色から純色までを9段階に分割し、どの色相でも無彩色から最高彩度までの距離は等しくなっている。また、マンセルの彩度表示と区別するために、saturationの頭文字を付けて、5sのように表示する。

色の表示方法は2通り。一つはマンセルのように色相、明度、彩度の順に14：BG-7.5-5sのように記述する方法。もう一つは、系統色名法と深い関係をもつトーン分類によるトーン記号と色相番号をdk14のように併記する方法。
(→巻頭カラー頁、オストワルト表色系、マンセル表色系)

## B to C （ビーツーシー）

「Business to Consumer」の略称。企業(business)が商品やサービスを、消費者(consumer)に直接提供するビジネス形態。店頭での買い物や飲食店での食事といった、消費者が企業に代金を支払って商品やサービスを購入する取引。「B2C」とも表記する。

## B to B （ビーツービー）

「Business to Business」の略称。企業(business)が企業(business)に対して商品やサービスを提供するビジネス形態。メーカーとサプライヤー、卸売業者と小売業者、元請業者と下請業者など。企業同士の取引のため、購入までに時間はかかるが、ロットがまとまる分高額になることが多く、継続的に安定した長期収益が見込まれる場合がある。「B2B」とも表記する。

## PP （ピーピー）

（→ポイントオブセールスプレゼンテーション）

## ビーム角、ビーム開き

（beam angle、beam spread）

最大光度または中心光度の1/2（あるいは1/10）に等しい値になる左右の方向の広がり角度をいう。

レフランプやビームランプなどの配光を制御した光源について、光の広がりの程度を表す。ビーム角には光の広がりが小さい順に狭角＜中角＜広角の三つがある。照射物を強調したい場合は狭角を、ある程度広い範囲を照射したい場合は広角を用いるなど、目的に応じた照明演出が可能。

## 比較広告

（comparison advertising）

自社の商品やサービスを、競合他社または自社の既存商品と比較し、その優位性を主張するタイプの広告のこと。1987年4月，公正取引委員会は〈比較広告に関する景品表示の考え方〉（比較広告のガイドライン）を公表、適正な比較広告の要件や注意事項についての考え方をまとめ、以下の三つの要件によって示した。

ヒ

①比較広告で主張する内容が客観的に実証されていること
②実証されている数値や事実を正確かつ適正に引用すること
③比較の方法が公正であること

## 光

　光は光源から発する電磁波で、さまざまな長さをもつ波長で空間を伝わるが、その内の波長380〜760nmのものが目で認識できる可視光線となる。波長の長さによって目に見える色は異なり、赤系は波長が長く、青系は短い。目に見える光がある一方で、見えない光がある。日焼けを起こす紫外線やレントゲンに利用されるX線、テレビのリモコンに使われる赤外線などは目で見ることはできないが、光の電磁波である。

　光が物に当たるとその表面は特定の波長の光を吸収し、それ以外の光を反射する。その反射した波長の光が目に入り、視神経から脳に伝わることで色を認識している。物の色は、物体ごとの表面の性質によって特定された波長の反射光といえる。光が伝わる速さ（速度）は1秒間に約30万kmで、1秒で地球を7周半できる。

### 光天井

　透明プリズムパネルや拡散透過性のある透光パネルを面状になるように天井に張り、その上部に光源を配置した照明設備をいう。直接照明方式の一つ。

## 光ファイバー
（optical fiber）

　電気信号を光に変えて情報を伝達するケーブル。高純度のガラスやプラスチックでできた細い繊維。光ファイバーの種類は、マルチモードとシングルモードに分けられる。石英ガラス製のシングルモードは長距離の高速データ通信に向き、アクリル系樹脂製のマルチモードは取扱いが容易という特徴がある。

　光通信、光応用計測、照明、医療用内視鏡、レーザーメスなど、広範囲に利用されている。ファイバー内では全反射により光が漏れないが、先端の断面に光を生じる。この特性を活かし、装飾、電飾やアート表現などに用いられることもある。

## ピクトグラム
（pictogram）

　絵文字、公共用図記号。人種間で差異のある言語によらず、絵を使用して意味を表示するグラフィックシンボルをいう。1950年前後から世界各国で空港、駅、駐車場、ホテル、デパート、ショッピングセンターなどの商業施設、スポーツ施設など数多くの公共的な場所での表示記号として用いられている。（→アイソタイプ）

非常口

障害のある人が
使える設備

陸上競技場

ヒ

## ビジュアライズ
（visualize）

情報を明確に分かりやすく伝えるために、図解や映像などで視覚化すること。視覚に訴えることで、一目見て理解できるのが特徴。

## ビジュアルアイデンティティ
（visual identity）

略して VI という。企業やブランドの理念を視覚的に伝達するため、すべての視覚的要素を統一性のあるデザインで展開し、一貫した世界観を伝達する活動。またはそれらのデザイン要素をいう。ロゴ、マーク、web、パンフレット、スペース表現、ユニフォームに至るまで、ビジュアルに一体感をもたせることで、一貫性のある価値観を創造する。

## ビジュアルコミュニケーション
（visual communication）
（→視覚伝達）

## ビジュアルサイン
（visual sign）

人間の視覚に訴えて、案内、告知、指示、位置、誘導などの情報を伝達する目的のもの。案内標識から矢印までいろいろな種類があり、目立つという目的とともに、環境との調和が大切である。

## ビジュアルデザイン
（visual design）

視覚的媒体を通じてコミュニケーションが成り立つデザイン分野を統括していう。文字、シンボルマーク、イラストレーション、写真、CG、映像など広範な分野を包括し、視覚的に情報を伝達するデザインのこと。コミュニケーションデザインともいう。

## ビジュアルプレゼンテーション
（visual presentation）

マーチャンダイズプレゼンテーション表現の一つ。VP と略称される。ショーウィンドウ、メインステージ、フロアのテーマゾーン、売り場のマグネットポイントなどで展開される商品プレゼンテーション、またはそのスペースのことをいう。

企業、ブランド、ショップ、フロアなどのコンセプトやイメージ、シーズンテーマ、重点商品などを視覚的に表現することが目的である。注目度を高め、店頭から店内に顧客を誘導する重要な役目をもつ。広義のビジュアルプレゼンテーションは、ディスプレイとほぼ同義語として用いられることもある。

## ビジュアルマーチャンダイザー
（visual merchandiser）

マーチャンダイジング（商品政策や商品計画）を明確に視覚伝達するために、ビジュアルマーチャンダイジング（VMD）の知識と VMD 計画に基づき、感性と、商品を見せる技術（MP）を融合・駆使して、商品を効果的に陳列・演出・表現するスペシャリスト。

ヒ

マーケティング、マーチャンダイジング、ビジュアルデザイン、ファッション、商品知識などの幅広い分野についての知識と同時に、マーチャンダイジングを明確に視覚伝達し、快適で魅力的な売り場づくりをするためのアイデア、デザイン力、MP技術が求められる。

1986年度に労働省（現厚生労働省）認定の国家資格となった職種名「商品装飾展示技能士」の呼称の一つ。

**ビジュアルマーチャンダイジング**
（visual merchandising）

1988年に日本ビジュアルマーチャンダイジング協会は、「ビジュアルマーチャンダイジングとは文字通りマーチャンダイジングの視覚化である。それは企業の独自性を表し、他企業との差異化をもたらすために、流通の場で商品をはじめすべての視覚的要素を演出し管理する活動である。この活動の基礎になるものがマーチャンダイジングであり、それは企業理念に基づいて決定される。」と定義した。英語圏ではVMと略されているが、日本ではVMDが用いられている。

1944年、アメリカのディスプレイ会社のアルバート・ブリス氏が、初めてビジュアルマーチャンダイジングという語を使用したといわれている。その後、70年代のアメリカで、市場競争の激化、優秀な販売員の不足などにより、商品を提供する側が主体となったマーチャンダイジング活動だけでは、もはや顧客の購買意欲を喚起できなくなったために、店舗における商品プレゼンテーションの重要性が高まり、それがVMDというストアオペレーション戦略の誕生につながったとされる。70年代には日本にもVMDが本格的に導入され、今日に至る。

VMDとは顧客の立場に立ち、マーチャンダイジングを視覚伝達することにより、見やすく、選びやすく、買いやすい快適な売り場環境を提供する仕組みと方法のことをいい、マーケティングの一環として行われる企業戦略活動である。マーケティングは20世紀初頭にアメリカで生まれ、急速に発展した概念である。マーチャンダイジングはマーケティングの諸機能の一つであることから、VMDもまたマーケティングに含まれる概念である。その観点から、VMDは企業やブランドの価値向上に向けた経営戦略活動といえる。企業やブランドの環境・商品・情報などの視覚的要素をコントロールし、その世界観を店舗というメディアで表現することで企業の独自性を高め、それが新たな企業価値の創造につながっていく。

ビジュアルマーチャンダイジング（VMD）の概念は、時代とともに変化している。近年、インターネットやスマートフォン、SNSの普及により消費者行動は著しく変化を遂げ、オムニチャネルという

利便性の高い購買環境が構築されたことにより、顧客がいつでもどこからでも商品を購入できるようになった。VMD の概念は、リアル店舗だけではなくバーチャル店舗においても必要であり、オムニチャネルに対応する VMD が重要になっている。

## ビスチェ

（bustier 仏）

もとは、ウエストまである肩紐なしブラジャーのこと。近年は肩紐のない両肩を露出した服という意味でも用いられ、リゾートウェアはもちろん、タンクトップと同じように街着としても着られている。ビスティエともいう。

## ビッグデータ

（big data）

「ビッグデータ」についての確立した定義はないが、平成 29 年版情報通信白書においては、「デジタル化のさらなる進展やネットワークの高度化、また、スマートフォンやセンサー等 IoT（Internet of things）関連機器の小型化・低コスト化による IoT の進展により、スマートフォン等を通じた位置情報や行動履歴、インターネットやテレビでの視聴・消費行動等に関する情報、また小型化したセンサー等から得られる膨大なデータ」としている。

IoT 技術の発達、モバイル等のデバイスや SNS の普及に加え、今後は企業での DX が推進され、より大量かつ複雑なデータが集積できるようになることから、ビッグデータの活用も幅広く進んでいくものと考えられる。

## 必需品

消費者が所得の多少にかかわらず、生活のために購入せざるを得ない商品のこと。使用頻度の高い実用品、ベーシック商品などがある。

## ヒッピー

（hippie / hippy）

1967 年頃、サンフランシスコを中心に全米の若者に波及した集団。反体制的な社会思想をもち、愛、平和、自由を説き、自然に帰ることをモットーとし、さまざまな風俗を生み出した。彼らの長髪、インディアン風スタイル、ヘアバンド、鎖のベルト、浮浪者風、ジーンズといったスタイルは、一般のファッションにも大きな影響を与えた。1960 〜 70 年代には、多くのデザイナーがヒッピーファッションを模倣したものを発表した。

## 美的形式原理

美的印象を与える形象の、美しさの原因となる美的秩序の原則及び形式的な法則性のこと。美的形式原理には、ハーモニー（調和）、コントラスト（対比）、シンメトリー（対称）、バランス（平衡・均衡）、リズム（律動）、エンファシス（強調）、プロポーション（比例）などがある。

ヒ

VMDとしては、商品を陳列・演出する際の構成として大変重要である。

## 雛壇（ひなだん）

　雛の節句に雛を並べ飾る段のこと。歌舞伎の舞台では、囃子方（はやしかた）が上下二段に占める席を指す。このことから、テレビスタジオやイベント会場などで、階段状に作られた客席のことをいう。

## 雛祭り

　3月3日（地方により4月3日）。五節句の一つ、上巳〈じょうし〉の節句。桃の節句ともいわれる女の子の節句。古来中国では、3月3日は巳の忌み日で、水辺に出て災厄を払う行事が行われていた。これが日本に伝えられ、平安時代の宮中では人形に身のけがれや災厄を託し、海や川に流した。現在でも鳥取の流し雛にその姿をみる

[ 雛壇飾り（関東風）]

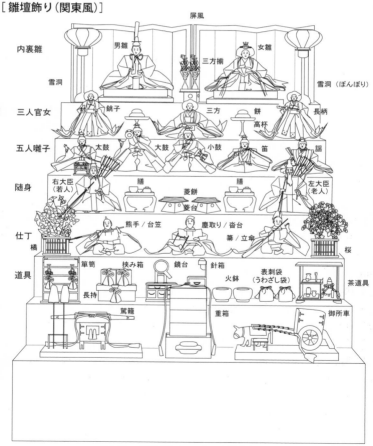

＊京風は、男雛が向かって右、女雛が向かって左

ヒ

250

ことができる。古くから女の子の「ひいな遊び」と結びつき室町時代の頃から雛祭りとなった。

江戸時代の中頃から段飾りになり現在まで続いている。桃の花、白酒、菱餅、雛あられ、蛤の吸物を供える。関東地方では向かって左が男雛、右に女雛、京都では右が男雛、左に女雛を飾ることが多い。

## ピニング
ピンを使用して商品や演出物を装飾・展示するテクニックの総称。
(→ピンナップ、ピンワーク)

## 百貨店、デパートメントストア
( department store )
デパートメントとは部門のことで、買回り品や専門品を中心に生活全般にわたる多種多様な商品を部門別に仕入れ販売する大型の小売店舗を指す。1852 年に衣料商のブーシコが創業したパリのボン・マルシェが起源と考えられている。日本での第 1 号店は 1904 年設立の三越呉服店(現在の三越百貨店)といわれている。

## ピュリスム
( purisme 仏 )
純粋主義、純理派という。アメデエ・オザンファンとシャルル＝エドゥアール・ジャンヌレ(建築家ル・コルビュジエの本名)が著作や雑誌において主張し、フランスで 1920 年頃に頂点を迎えた芸術運動。

純然たる抽象形態と色彩要素によって、徹底的に絵画の無内容性を主張した。この理論は『レスプリ・ヌーヴォー(新しい精神)』誌上などで展開され、あらゆる美学に対峙した。建築、彫刻、工芸にまで及んだ思潮も、厳密性を重視したあまり絵画の実作では結実せず、概念形成の限界を示すにとどまった。しかし、デザインにおけるル・コルビュジエの考え方は以後、広く影響を与えた。

## 表現主義
広義には、15 世紀から 16 世紀にかけて、戦乱や疫病による不安と閉塞感に満ちたドイツで生まれた芸術運動のドイツ・ルネサンスで活躍したマティアス・グリューネバルト、アルブレヒト・デューラーなどに始まる。その後、19 世紀のフィンセント・ファン・ゴッホ、エドヴァルド・ムンクなどに至るまでの、時間、音、精神、哲学などあらゆる印象を主観のうちで激しく燃焼し、その感情による陶酔感を強調するような芸術の傾向を示した。

美術だけでなく、音楽、演劇、文学、建築などの芸術ジャンルにも影響を与えた。狭義には、20 世紀初頭にヨーロッパで起こったフォーヴィズムからその後の新美術運動へ至る活動を指す。この場合は抽象表現主義が含まれる。

ヒ

## 表色系

色の三属性をもとに色を分類し、記号や数値によって色を体系化する表示方法のこと。カラーオーダーシステムともいう。代表的なものにはマンセル表色系、オストワルト表色系、PCCS（日本色研配色体系）などがある。
（→巻頭カラー頁）

## 平台

①舞台やスタジオで、セット面を高くするために用意された木製の台のことで、「サブロク」と呼ばれる 3 尺×6 尺 (900 × 1800) のものが一般的。二重ともいう。②木製の平たい台の什器のこと。シーズン商品、特売商品などの陳列に使用されることが多い。書店では、本や雑誌を平積みにする台を指す。

## 平場 （ひらば）

百貨店や量販店で「普通売場（プロパー）」といわれる売り場のこと。自社で仕入れ（買い取り中心）、自店の販売員が主体になって販売している売り場。近年、その売場面積は縮小する一方であったが、最近は自主マーチャンダイジング売り場として強化する取り組みがみられる。「独自編集平場」などのように使われる。

## ピン

（pin）

一般に市販されているピンの種類は、現在においては JIS 規格はなくその品種も多様であるが、各メーカーが品質表示とサイズ（号数）表示をして販売しており、その用途目的に応じて選別し使い分けられている。（→次頁 図表参照）

## 品質表示

消費者が商品を購入するときに、希望どおりの商品を選択できるように、素材、製造者、生産地、内容、用途、保存方法、賞味期限、手入れ方法などを伝える品質情報のことをいう。

## 品種

（merchandise category）

商品の分類レベルの一つ。部門

### [ ピンの種類（性質・用途）]

| 区分No | 材　質 | 性　質 | 主な用途と適正 | 価　格 |
|---|---|---|---|---|
| ① | 鉄 | 硬質、光沢少ない、錆易い | 虫ピン、文房具用 | 安価 |
| ② | 真鍮　ニッケルメッキ　クロームメッキ | 軟質、曲り易い、錆ない | 洋裁用、ピニング用 | やや高価 |
| ③ | 鉄　ニッケルメッキ | 硬質、光沢あり、錆ない | 洋裁用、ピニング用 ＊比較的に見た目に美しく、ピンの跡が目立たない為その応用範囲が広い。 | やや高価 |
| ④ | 鋼鉄　ニッケルメッキ | 弾力性、光沢あり、錆ない | | |
| ⑤ | ステンレス　特殊鋼材 | 弾力性、鋭利、極細、錆ない | 特殊用（立体裁断用、ピニング用） | 高価（高級品） |

＊ディスプレイのピニング用には③が最も多く使用されている。　＊一覧表の区分Noはピンの種類、号数表示とサイズに連動。

ヒ

## ［号数表示とサイズ（参考基準）］

| 区分No | 名称（通称） | 号数 | 長さ(単位mm) | 太さ(単位mm) | 用　途　と　適　正 |
|---|---|---|---|---|---|
| ① | 虫ピン | ナシ | 28.0〜29.0 | 0.75 | 昆虫標本、紙、その他全般 |
| ②③ | ピン | 1号 | 22.0〜22.2 | 0.6〜0.62 | 繊維品（木綿、麻、化繊）、紙などの薄物のピニング |
| | | 2号 | 25.4〜26.0 | 0.6〜0.63 | 〃　　　　　やや薄物のピニング |
| | | 3号 | 27.0〜29.0 | 0.6〜0.73 | 繊維品全般のピニング |
| | | 4号 | 30.0〜32.0 | 0.6〜0.85 | やや厚手繊維品（木綿、麻、化繊、毛）のピニング |
| | | 5号 | 35.0〜40.0 | 0.6〜0.95 | 厚手繊維品のピニング |
| ④ | シルクピン | 3号 | 27.0〜29.0 | 0.50 | （超極細）絹、化繊製品などの緻密織り高級品のピニング |
| | | 4号 | 30.0〜32.0 | 0.50 | （超極細）　　　　　〃 |
| | | 60号 | 28.0〜29.0 | 0.65 | （細）絹、化繊製品などの高級品のピニング |
| | | 55号 | 28.0〜29.0 | 0.55 | （極細）　　　　　　〃 |
| ⑤ | シルクピン | 50号 | 28.0〜30.0 | 0.50 | （超極細）絹、化繊製品などの特殊高級品のピニング |
| ⑥ | スタイルピン（シルクピン） | 50号 | 28.0〜30.0 | 0.50 | （極細）　　　　　〃　　（ピンのヘッドが平ら） |

＊ピン③の３号は利用範囲も広く、多く使用されている。　＊ピニング（ピンナップ、フォーミング、ピンワークを含む）。

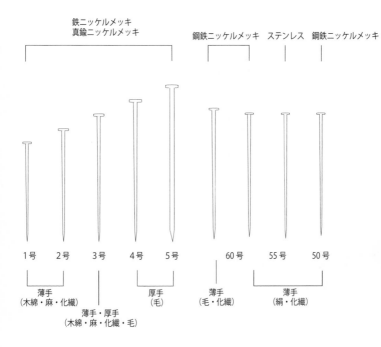

## ［ピンワーク］

### ＜アンビエ＞

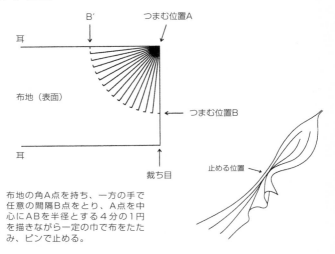

布地の角A点を持ち、一方の手で
任意の間隔B点をとり、A点を中
心にABを半径とする4分の1円
を描きながら一定の巾で布をたた
み、ピンで止める。

### ＜ドゥブルビエ＞

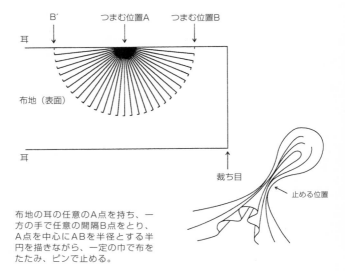

布地の耳の任意のA点を持ち、一
方の手で任意の間隔B点をとり、
A点を中心にABを半径とする半
円を描きながら、一定の巾で布を
たたみ、ピンで止める。

ヒ

よりも小さく品目よりも大きい分類をいう。品種は、商品数量管理上の最小単位である品目から成り立っている。（→アイテム）

## ピンナップ
（pin-up）

　商品をピンで壁やパネルなどに止めたり、張ったりすること。（→ピニング、マーチャンダイズプレゼンテーションの表現方法）

## ピンワーク

　マネキンや什器、オブジェなどに、布をピンで留めながら造形表現したり、大きな空間を布で造形的に演出したりする技術。アンビエ、ドゥブルビエ、ドレーピング、タッキング、ギャザリングなどの技法がある。ビジュアルプレゼンテーションテクニックの一つ。

　デザイナー・教育者の笹原紀代女史が渡仏中、パリの街のウィンドウでこの技術と出会い、技術を習得して1958年に帰国。その後「ピンワーク」という和製英語の名称を考え出し、日本国内に広めた。（→ギャザリング、タッキング）

## ファイバーワーク
（fiber work）

　布、糸、木、紙、金属などの素材を、織る、編む、縫う、結ぶ、組むなどして仕上げた作品。タペストリーや染織りなど平面的なものばかりではなく、立体的な作品も含まれる。ファイバーアートともいう。

## ファサード
（façade　仏）

　建物の正面の意。通常は街路に面した正面をいうが、インショップの場合は導入口を指す。商業施設では、SI（ショップアイデンティティ）が総合的に表現される場として重要な役割を果たす。構成要素としては、サイン、ショーウィンドウ、オーニング、日除け、テント類などが使われ、総合的にデザインされる。

## ファストファッション
（fast fashion）

　最新の流行を採り入れながら低価格に抑えた衣料品を、大量生産し、短いサイクルで販売するファッションブランドやそのビジネスモデルをいう。「安くて早い」ファストフードになぞらえてこう呼ばれている。

## ファッショニスタ
（fashionista）

　最先端のファッションに敏感な人のことをいう造語。またはファッショ

フ

ン業界に携わる人のことを指す。

## ファッショニング
（fashioning）
（→フルファッショニング）

## ファッション
（fashion）
　流行と同義語。あらゆるモノ・コトに見られる様式の変化を前提とし、その変化した様式を多くの人々が受け入れることが条件であり、繰り返し現れる社会心理的現象である。財団法人日本ファッション協会は「多くの人々にある一定の期間共感をもって受け入れられた生活様式」と定義している。
　ファッションの分野は、狭義には服飾関係を指し、広義には思想、言語、歌謡などの無形のものから、衣・食・住の生活様式に現れる有形のものまで含まれる。現在、ファッションは「生活の仕方」「生き方」ともいわれるように、その時代の社会的、文化的背景の反映であり、新しい様式の変化は価値観を変化させる。ファッションを意味する言葉は他にクレイズ（ほんの一時的、熱狂的）、ファド（一時的、小集団的）、ヴォーグ（流行、特に新奇性）、ブーム（景気づく、広告などで人気をあおる）などがある。

## ファッショングッズ
（fashion merchandise）
　ファッション小物、ファッション雑貨のことで、アクセサリー、帽子、バッグ、靴、ベルト、スカーフ、ネクタイ、手袋、靴下などをいう。

## ファッションサイクル
（fashion cycle）
　流行要素の強い商品が、市場に登場して消え去るまでの周期のこと。その周期は次のように繰り返され、ほぼ放物線を描いて成長し消滅する。
①「導入期〜上昇期」－新しい傾向として価値が認められ始めた時期＝トレンド。
②「上昇期〜最盛期〜下降期」－市場がピークを迎える時期＝ボリューム。
③「下降期〜衰退期」－次のトレンドへ関心が移行していく時期＝流行遅れ、売れ残り。
（→プロダクトライフサイクル）

## ファッション産業
　ファッション商品の企画製造、販売を行う産業のこと。衣料品のみならずインテリア、雑貨、化粧品、家具、ハウジング関連も含んだ一種の生活文化の提供にまで及んでいる。狭義にはアパレル産業と同義に解釈することもある。
（→アパレル産業）

## ファッション商品
（fashion merchandise）
　流行商品。季節の変化や流行に左右される商品のこと。以前はアパレルや服飾関連の商品を指すことが多かったが、消費者の商品に

対する欲求の高級化、多様化に対応して、デザイン，カラー、ライフスタイルなどを重視した商品をファッション商品と呼ぶようになり、家具、インテリア、食品などにも広く用いられている。

## ファッションマテリアル
（fashion material）

ファッションの原料、材料、素材のこと。一般的には布地、皮、毛皮、プラスチック、金属などを指す。また原料の多くは繊維であり、天然繊維と合成繊維がある。
（→次頁 繊維の分類チャート参照）

## ファド
（fad）
（→ファッション）

## ファニチャー
（furniture）

家具類の総称。備えつける（furnish）という動詞が語源。可動式のものが一般的である。椅子、机、サイドボード、ベッドなどが代表的。建物と一体化したものは、作り付け家具（ビルトインファニチャー）という。

## ファネル
（funnel）

英語では「漏斗（ろうと、じょうご）」の意。商品の認知→興味→比較検討→購入という購買フェーズにおける顧客の人数を図式化したもの。はじめは店頭やECサイトに

多く訪れる顧客も、購買フェーズの最終局面に近づくにつれその人数は減少し、ファネル（漏斗）の形になることから、マーケティング用語として使用されている。

## ファンシーグッズ

本来は小間物、装身具のこと。かわいらしさや夢のある独特のイメージをもつ商品。キャラクターやデザイン、カラーを施した化粧品、小物、文具、インテリア雑貨、食品、照明など多種多様化している。

## ＶＲ（ブイアール）

virtual reality の略称で、「仮想現実」のこと。
（→バーチャルリアリティ）

## ＶＭＤ
（→ビジュアルマーチャンダイジング）

## ＶＭＤコーディネイター
（visual merchandising coordinator）

VMD計画に基づきMDを総合的に視覚化し、運営管理する専門家をいう。ビジュアルマーチャンダイザーの仕事と共通する部分が多い。

## ＶＭＤディレクター
（visual merchandising director）

VMDディレクターとは、MDの視覚表現全体の設計に携わるプロフェッショナルをいう。VMDはもちろん、マーケティング、マーチャ

 フ

［ファッションマテリアル］
　　＜繊維の分類＞

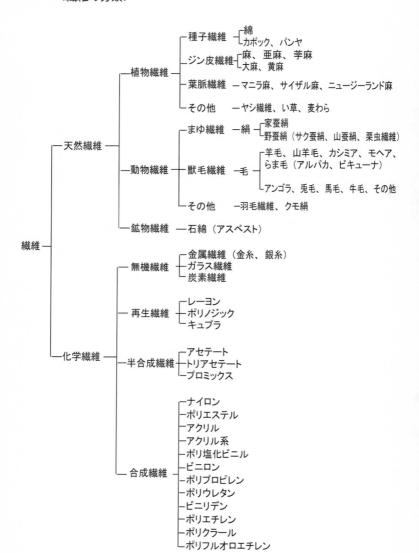

## ［各繊維の主な性質と用途］

| | | 種　類 | 主な原料 | 特徴（長所・短所） | | 主な用途 |
|---|---|---|---|---|---|---|
| 天然繊維 | | 綿 | 綿（米国、インド、エジプト、ペルーなど） | 吸湿性がある。強い、よく染まる（さらっとして庶民的な感じ） | 縮む、シワになりやすい | 服地、和服地、肌着、タオル、ふとん綿、シーツなどの寝具類 |
| | | 麻 | 亜麻（あま＝リネン）苧麻（ちょま＝ラミー） | 強い、水分の吸収発散がよい（涼感があり夏向き、さらっとして荒い） | 保湿性がわるい、かたい、シワになりやすい | 夏の服地、上布、カヤ、夜具地、座ぶとん、ハンカチなどその他産業用資材 |
| | | 絹 | 家蚕まゆ / まゆ / 野蚕まゆ | 優雅な光沢、しなやかな感触（高級感があり、色が美しく手触りがよい） | 吸湿があまりよくない、虫に弱い、太陽光線で変色しやすい | 服地、呉服、帯、和装品、夜具地、スカーフ、ネクタイなど |
| | | 毛 | 羊毛、カシミア、らくだ、アンゴラなど | 保湿性がよい、シワになりにくい、湿気を良く通す、弾力性よい（高級感がある） | プリーツ性がよくない、虫・薬品に弱い | 服地、セーター、手編み毛糸、毛布、カーペットなど |
| 化学繊維 | 再生繊維 | レ ー ヨ ン | 木材パルプ | よく染まる、値段が安い、他の繊維となじみやすいしなやか（色が美しい） | シワになりやすく、型崩れしやすい、水にぬれると弱くなる | 裏地、夜具地、毛布、カーテン、カーペット、和装用品など |
| | | ポリノジック | | レーヨンの弱さを改良したもの。特徴はレーヨンと似ている（強い） | プリーツ性がよくない | 服地、服着、布帛製品、夜具地、インテリア製品など |
| | | キ ュ プ ラ | 綿の実についている毛羽（コットンリンター） | よく染まる（色が美しい）、吸湿性がよい、日光などで変色しない | | 裏地、ランジェリー、ブラウス、服地、和服地、スカーフなど |
| | 半合成繊維 | ア セ テ ー ト | パルプ＋酢酸 | 絹のような感触と光沢がある。適度の吸湿性と弾力性がある | 弱い、高温で溶ける | 服地、和服地、コート類、ブラウス、スポーツシャツ、下着、夜具地など |
| | 合成繊維 | ナ イ ロ ン | 石油 | 強い、軽い、プリーツ性がある、色が美しい、すべすべしたタッチ | コシがない、吸湿性がない、黄変する、高温で溶ける | ストッキング、ソックス、和服地、下着夜具地、ニットウェア、インテリアなど |
| | | ポリエステル | 石油 | シワになりにくく型くずれしない、強い、コシがある、シャリ味がある | 吸湿性が少ない、静電気を帯びやすい | 服地、ワイシャツ、ニット製品、学生服、和服地、夜具地、ふとん綿など |
| | | ア ク リ ル | 石油 | 弾力性がある、保湿性がよい、シワになりにくい、薬品や日光に強い | 吸湿性が少ない、高温で溶ける | ニットウェア、肌着、服地、ふとん綿、毛布、カーペットなど |
| | | ポリ塩化ビニル | 石油 | 強い、薬品・日光に強い | 吸湿性がない、静電気がおきやすい | ふとん綿、カヤ、カーテン、カーペット、肌着など |
| | | ビ ニ ロ ン | 石油、天然ガス | 摩擦に強く、吸湿性がよい、薬品に強い | シワになりやすい、高温で溶ける | 作業服、学生服、トレーニングパンツ、和服地、夜具地、産業資材など |
| | | ポリプロピレン | 石油 | 強い、もっとも軽い、薬品に強い、シワにならない | 吸湿性がない、熱に弱い、静電気がおこる | ふとん綿、カヤ、カーテン、カーペット、トレーニングパンツ、産業資材など |
| | | ポリウレタン | 石油 | 伸縮性、弾力性にすぐれている、軽い、ゴムのように老化しない、染められる | 価格が高い、塩素系漂白剤に弱い | ファンデーション、水着、スキーパンツ、トレーニングウェア、サポーターなど |
| | | ビ ニ リ デ ン | 石油 | 強い、燃えない | 吸湿性がない、重い | 防虫網、カヤ、ブラインド、帆布など |
| | | ポリエチレン | 石油 | もっとも強い、薬品に強い | 吸湿性がない | 魚網、ロープ、防虫網、カヤなど |

フ

ンダイジング、セールスプロモーション に精通すると同時に、ビジュアル表現のためのデザイン的な感性も求められる。企業理念、販売計画・商品政策に基づいて VMD 計画を立案し、総合的な視覚化とその運営管理を指揮する。

## フィッシャーマンズセーター
（fishermans sweater）

スカンジナビア半島やスコットランド、アイルランドなどの漁民の着ている厚手の防水、防寒セーター。脂分を抜かない防水性の太毛糸、生成りの手編で、ケーブル編、ジグザグ編、ダイヤ編などの柄が多い。日本ではカジュアルウェアとして着られている。
（→アランセーター）

## ＶＰ（ブイピー）
（→ビジュアルプレゼンテーション）

## ブースディスプレイ
（booth display）

ブースとは本来、板小屋の意味をもち、スタンド形式の屋台、売店を指す。エキシビションにおいては小間ともいい、与えられた単位空間を対象にして行われる展示をブースディスプレイ、または小間展示という。
（→小間）

## フードコート
（food court）

コートは天窓のある空間や中庭

のこと。セルフサービス方式の飲食店を周辺に集め、中央部を共用の客席とした施設。主にショッピングセンターなどの大規模商業施設に設置される。

## ブーム
（boom）
（→ファッション）

## フェアトレード
（fairtrade）

「公正な貿易」の意。立場の弱い開発途上国の生産者や労働者の生活改善と自立を目的とする、生産者から原料や製品を先進国の消費者が適正な価格で継続的に購入する貿易。

## フェイシング
（facing）

商品の顔となる面、正面などをフェイスという。フェイシングとは、棚割り作業の中で商品棚の最前面（フェイス）に陳列する商品とその数量を決定することをいい、並べた商品フェイスの連なりのことも指す。

商品フェイスを美しく整え、消費者の購買意欲を喚起するフェイシングは、ＶＭＤの基本技法の一つである。フェイシング管理においては、陳列商品の種類や数量を販売量に合わせて適正な状態に調整し、売上げにつなげることが重要なポイントとなる。

フ

## フェイスアウト
（face out）

商品のフェイス(正面)を見せること。商品のデザインや柄などの特徴を見せる陳列の仕方。
（⇔スリーブアウト）

## フェミニン
（feminine）

女らしい、女性的な、という意味。女性的な優しさや愛らしさをもつファッションテイストの傾向の一つ。（⇔マニッシュ）

## フォークロアファッション
（folklore fashion）

フォークロアとは、民族、民間伝承の意味。ファッションでは、伝統的に伝わっているその土地固有の風俗、風習や織物、染め物、刺繍などを使って表現した民族衣装にイメージを求めた素朴な感じのファッションをいう。1960年代のフォークロア発見ブーム、1970年代のエスニックファッションブームによって、世界のさまざまな民族服がファッションソースとして登場した。
（→エスニック）

## フォーマット
（format）

配列形式、書式、形態のこと。流通では「業態類型（ストアフォーマット）」のことで、業態での店舗形態や売り場構成、商品構成などの形式を指していう。

## フォーマルウェア
（formal wear）

普段とは違った改まったときに着る服のこと。礼装。正礼装(フォーマルウェア)、準礼装（セミフォーマルウェア）、略礼装（インフォーマルウェア）の種類があり、慶弔時ともに、時間、目的、場所などを考慮した装いが大切である。慶事の代表的正礼装は、洋服の場合、昼と夜（午後4時〜5時が境）で着分けることが必要とされ、昼はモーニングコート、アフタヌーンドレス、夜は燕尾服、タキシード、イブニングドレスが用いられる。女性の和服の場合はミスとミセスの区別があり、ミスは振袖、ミセスは留袖や色留袖である。
（→次頁 表参照）（→着物）

## フォーミング
（forming）

広義にはマーチャンダイズプレゼンテーション技法の総称で商品の形を整えることを指す。狭義には衣料品の陳列テクニックの一つで、薄葉紙、クラフト紙などを商品の内側に使用し、意図的に美しく形づけること。
（→マーチャンダイズプレゼンテーションの表現技法、パディング）

## フォールデット
（folded）

商品をたたんで陳列すること。主にIPで用いられるマーチャンダイズプレゼンテーション技法の

フ

[フォーマルウェア・洋装のチャート]

| 男女の区分 | 昼夜の区分 | 礼装の区分 | 洋服の種類 | 結婚行事 格式のある式・披露宴 | ごく普通の式・披露宴 | やや略式の式・披露宴 | 結納式 | 祝賀会・落成式・記念式典 | 成人式 | 謝恩会などのパーティ | 音楽会・観劇・発表会 | 入卒園・入学・卒業など | 年始などの改まった挨拶・訪問 | クリスマスパーティなど親しい人の集い | 弔事 葬儀・告別式・一周忌までの法要 | 急な弔問・通夜・三回忌以降の法事 |
|---|---|---|---|---|---|---|---|---|---|---|---|---|---|---|---|---|
| 男性 | ヒル | 正 | モーニングコート | ⊕ | 主 |  | 主 | 主 | 主 |  |  | 主 | ⊕ |  | 主 |  |
|  |  | 準 | ディレクターズスーツ | ⊕ | ⊕ | 主 | ⊕ | ⊕ | ⊕ | ⊕ | ⊕ | ⊕ | ⊕ |  | ⊕ |  |
|  |  |  | ブラックスーツ | ○ | ⊕ | ⊕ | ⊕ | ⊕ | ⊕ | ⊕ | ⊕ | ⊕ | ⊕ |  | ⊕ | 主 |
|  |  | 略 | ダークスーツ |  |  | ○ | ○ | ⊕ | ○ | ○ | ⊕ | ⊕ | ○ | ⊕ | ○ | ○ |
|  |  |  | ブレザー&スラックス |  |  | ○ | ○ | ⊕ | ○ | ○ | ⊕ | ⊕ | ○ | ⊕ |  |  |
|  |  |  | スーツスタイル、スペンサージャケット、シャツ&ウェストコート |  | ○ | ○ |  |  |  | ○ |  |  | ⊕ |  |  |  |
|  | ヨル | 準 | ファンシータキシード、カクテルスーツ | ○ | ○ | ⊕ |  | ⊕ |  |  |  |  | ⊕ |  |  |  |
|  |  | 正 | タキシード | ⊕ | ⊕ |  |  | ⊕ | ⊕ |  |  |  | ⊕ |  |  |  |
|  |  |  | 燕尾服 | 主 |  |  |  |  |  |  |  |  |  |  | 主＝主な立場の人 ○＝列席者 |  |
| 女性 | ヒル | 正 | アフタヌーンドレス | ⊕ | 主 |  | ⊕ | 主 | 主 |  |  | 主 | ⊕ |  |  |  |
|  |  | 準 | セミ・アフタヌーンドレス | ⊕ | ⊕ | 主 | ⊕ | ⊕ | ⊕ | ⊕ | ⊕ | ⊕ | ⊕ |  |  |  |
|  |  |  | タウンフォーマルドレス、スーツ | ○ | ⊕ | ⊕ | ⊕ | ⊕ | ⊕ | ⊕ | ⊕ | ⊕ | ⊕ |  |  |  |
|  |  | 略 | パンツスタイル、コーディネートスタイル、ドレスアップアクセサリー |  |  | ○ | ○ | ⊕ | ○ | ⊕ | ⊕ | ⊕ | ⊕ | ⊕ |  |  |
|  | ヨル |  | パンツスタイル、コーディネートスタイル、ドレスアップアクセサリー |  |  | ○ | ○ | ⊕ | ○ | ⊕ | ⊕ | ⊕ | ⊕ | ⊕ |  |  |
|  |  | 準 | カクテルドレス&スーツ | ○ | ⊕ | ○ |  | ⊕ |  | ⊕ | ⊕ |  | ⊕ | ⊕ |  |  |
|  |  |  | セミ・イブニングドレス、ディナードレス | ○ | ⊕ | 主 |  | ⊕ |  |  |  |  | ⊕ |  |  |  |
|  |  | 正 | イブニングドレス | ⊕ |  |  |  | 主 |  | ⊕ | ⊕ |  | ⊕ |  |  |  |
|  | 弔事 | 正 | ブラックドレス・スーツ等 |  |  |  |  |  |  |  |  |  |  |  | 主 |  |
|  |  | 準 | ブラックドレス・スーツ等 |  |  |  |  |  |  |  |  |  |  |  | ⊕ | 主 |
|  |  | 略 | ダークアフタヌーンドレス・スーツ |  |  |  |  |  |  |  |  |  |  |  |  | ○ |

一つ。商品のたたみ方、たたみ幅、数量などを考慮し、見やすさ、買いやすさを表現することが大切である。商品の中に紙などを入れてたたむと、ボリューム感や高級感が出る。（→マーチャンダイズプレゼンテーションの表現方法）

## 付加価値

　本来は生産の過程で新たに創造された価値のこと。商品・サービスにおける付加価値とは、素材や機能、量、価格などの実質的な価値以外に付随するデザイン性や感性、独自性などの価値のこと。消

フ

費者はその商品のもつブランドイメージやパッケージデザイン、商品イメージ、それらを販売する小売店舗の独自性などを評価し選択する傾向がある。商品それ自体の品質に加えて付加価値を高めることが成功につながる。ＶＭＤの独自性や完成度は、企業の付加価値を高めるのに貢献する。

## 吹き抜け

2階以上、特定階の天井や床を作らないで、風が吹き通るようにした建築構造。大きな空間を確保するために設計する。

## 袋帯

古くは表と裏が袋状に織られたので袋帯といわれ、最近では表地、裏地を別々に織ってから縫い合わせたものが主になっている。長さ約4ｍ、幅は30㎝で表側だけ文様があり、裏地は無地で丸帯より軽く締めやすい。振袖や留袖、訪問着などの礼装に用いられる。二重太鼓に結ぶので風格がある。

また、太鼓を一重にした京袋帯や染めの袋帯はおしゃれ着、趣味の着物に合わせて着ることもでき着用範囲も広い。（→着物）

## ブックデザイン

（book design）

装本、装丁、頁レイアウトなどの本に関するすべてのデザイン計画をいう。本の個性をトータルに表現するために、書籍のパッケージ、カバー（ジャケット）、表紙見返し、扉などをデザインし、用紙、印刷方法、製本様式を選択すること。なお、造本という用語は、デザインと製本とを併せた意味をもつ。（→エディトリアルデザイン）

## ブティック

（boutique 仏）

イメージを大切にし、特定顧客を対象にドレス、アクセサリー、香水、スカーフなど高級服飾品を取り揃えている小規模な専門店。

## プライスゾーン

（price zone）

ある商品の価格帯における上限価格と下限価格の幅をいう。価格幅が広いと多数のプライスラインの設定が可能となり扱うアイテムにも幅ができ、不特定多数の消費者を対象にすることが多い。狭いとセグメントされ少品種、専門品扱いで客も限定される。
（→プライスライン）

## プライスライン

（price line）

価格の種類のことで価格ラインともいう。同一品種で価格の種類が何種類か品揃えされている場合、その一つひとつの価格の種類がプライスラインである。最も売れて支持されている価格のことを指す場合もある。その品種の上限価格と下限価格の価格幅をプライスゾーンという。（→プライスゾーン）

フ

263

## ブライダルマーケット
（bridal market）

結婚に伴ってさまざまな商品や
サービス需要が発生する市場。結
婚準備のためのエステ、結婚式と
その引出物、撮影やアルバム作成、
衣装や新家庭に必要な家具や家電
製品をはじめとする家庭用品、衣
料品、また新婚旅行など多種多様
な商品とサービスが関わる。

2021年のブライダル関連の市
場規模は1兆5000億円といわれ
る。2019年の約2兆4000億円か
ら大幅に減少した。他でもない新
型コロナの影響に尽きる。結婚式
そのものが延期されるなど、特に
ホテル・旅行業界は打撃的影響を
被った。

## プライベートブランド
（private brand）

専門店、百貨店、スーパー、チェー
ンストアなどの小売企業が独自に
企画開発し販売する、自店の商標
を付けた商品のこと。略してＰＢ
と呼ばれる。独自の商品を打ち出
すのは、他店との差別化が狙いで
ある。ストアブランド、ハウスブ
ランドともいう。これに対しメー
カーが作った商品をナショナルブ
ランド（ＮＢ）と呼び区別している。
（→ナショナルブランド）

## フライヤー
（flyer、flier）

チラシ、ビラのこと。広告の媒
体として用いられる一枚刷りの印
刷物のことをいう。チラシより小
型のもので、実店舗にて対象顧客
を絞って訴求する場合が多い。

## フライング

商品や演出小物などを、テグス
やリボン、ロープなどの紐状のも
のを使い吊って表現する空間構成
技法。主にテグスを使うことが多
く、一般に「テグスワーク」と呼
ばれている。吊るものの重さによ
りテグスの太さを使い分ける。一
般衣料は2〜3号を用いる。テグ
スは太くなるほど号数が大きくな
る。
（→マーチャンダイズプレゼンテー
ションの表現方法）

## ブラインド
（blind）

日除け、日除け用のよろい戸。
狭義には、ベネチアンブラインド
と呼ばれるスラット（翼）をテー
プで巻き上げて開口を調整するも
の。通風と日除けの機能をもつ。

## プラカード
（placard）

平らな板という意味から、スロー
ガンや宣伝文句など商業宣伝や政
治的な標語などを書いた、主とし
て持ち歩き用の看板。店舗や施設
の混雑時に案内要員が持つことで
入口や並び列の最後尾を判りやす
く示し、効率的かつ臨機応変に顧
客対応するのにも有効。

フ

## ブラケット

（bracket）

腕木、支柱のこと。壁、柱など
から突き出して、棚などをサポー
トするために使う支持物。壁から
張り出して取り付ける照明器具の
こともいう。

## フラッグシップショップ

（flagship shop）

多店舗展開している企業が、そ
れらの店舗の代表として位置づけ、
ブランディング上最も適切と考え
られるMD・環境・VMD・サー
ビスなどを提供する店舗。旗艦店
ともいう。企業が最も力を注ぐ店
舗である。

## ブラックライト

（black light blue lamp）

可視光を放射せず蛍光作用の強
い近紫外線（ピーク波長352nm）
だけを効率よく放射するランプ。
可視光を吸収し近紫外線を効率
よく透過する濃青色の特殊フィル
ターガラスを使用している。

## フラッシュパネル

（flash panel）

格子状の骨組み、両面張り、太
鼓張り、または両面仕上げをした
サンドイッチ構造の木製パネルの
こと。内部が空洞構造のため軽量
で歪みが少なく、加工が容易なの
で、木工では広く利用されている。

## プラノグラム

（planogram）

Plan（計画）と Diagram（図表
化）を組み合わせた造語。「棚割り
計画」、コンピュータを使用して
パッケージデザインや包装形態等
の特徴を意識し図表的に構成した
「棚割り図」を指す。英語で「plan
on diagram」と表記されたものを
略してプラノグラムと呼ぶ、とい
う説もある。

棚の高さや棚内の位置で視認性
が変わり売上げに直結することか
ら、プラノグラムは収益最大化の
ための棚割り計画の意味合いも大
きく、スーパーや量販店、コンビ
ニエンスストアなどで特に重要視
されている。VMDにおいては、フェ
イシング計画と併せて理解してお
くべき事項である。

（→フェイシング、棚割り）

## フランチャイズチェーン

（franchise chain）

略してFCともいう。加盟店を
組織するチェーン本部が加盟店に
対して、一定地域における商標
（チェーン名）の使用許諾をはじめ
商品やサービスの販売権を独占的
に与え、経営などのノウハウの提
供・指導を行う。

## ブランディング

（branding）

経営・販売上の戦略として、ブ
ランドのイメージを構築するため
の組織的かつ長期的な取組みのこ

フ

と。会社、商品、サービスなどについて他との違いを明確に提示することで、社会や顧客からの信頼や共感を得てブランドの価値を高めることを目的としている。

既にあるブランドイメージを維持・発展させるための、活動のこともブランディングという。ＶＭＤは、独自性につながる視覚イメージの醸成という観点でブランディングに直結する。

## ブランド
（brand）

所有者、製造者、品質などを表す銘柄、商標のこと。事業戦略上、商品の差別化を図るために、一定の商品群に付ける名称。ブランドイメージは、ブランドが普遍化するにあたって、名称からその商品のもつ品質、価格、テイストなどの独自イメージを喚起するもの。

## ブランドロイヤルティ
（brand loyalty）

特定のブランドに対して、消費者が強い信頼と選好態度をもっていること。その度合いは高い低いで示され、高ければそのブランドは選好され継続的に指名購入されることにつながる。それは知名度、使用頻度、試用期間、時代性などによって判断される。

## フリーマーケット
（flea market）
のみの市のこと。アンティーク

や不用品などを持ち寄り売買する市。サンデーマーケットなど欧米では古くから開催されている。日本でも定期的に開催されたり、催事やイベントの企画として催されることがある。フリマと略称される。

## 振袖

未婚女性の礼装用の着物で、袖丈の違いによって、大振袖（くるぶし丈）、中振袖（ふくらはぎ丈）、小振袖（膝丈）がある。一般的なのは中振袖で、成人式、結婚披露宴、パーティに最も多く着用される。色や柄も多様で、帯や小物類なども含めトータルで華やかに装う。（→着物）

## プリペイドカード
（prepaid card）

現金前払い方式の磁気カード。自動販売機や店頭などで現金と同じように使うことができる。日本では 1982 年、旧電電公社がテレホンカードを作ったのがはじまり。代表的なものとして図書カード、テレホンカード、Suica、ICOCA、PASMO などがある。オンラインショッピング向けのプリペイドカードとして、BitCash やWebMoney などもある。

## プリミティブ
（primitive）

本来は原始的な、素朴な、根本の、などの意味。古代や原始民族の素朴な芸術、民芸、民族織物や染物

などを指し、ファッションにおいてはエスニックなテイストを指す。また、自然や原始に帰れという近代のロマンティシズムでもある。

## フルファッショニング
（full fashioning）

セーターや靴下など、ニット製品の形に編立てる成形編のこと。単にファッショニングともいう。ニット（編物）製品は、成形編ニット製品と裁断縫製ニット製品（カットアンドソーン）の二つに大きく区分される。
（→カットアンドソーン）

## ブレインストーミング
（brainstorming）

独創的なアイデアを生み出すための集団開発討論法。1939年にアレックス・オズボーン（米）が開発した。テーマを与え、すべての権威や固定概念を捨てて一定のルールにより、各自が自由に連想して思いつくままにアイデアを出していく手法。

一定のルールとは、①批判厳禁、②自由奔走、③量の優先、④結合・改善、というものである。メンバーは何人でもよく、一人が司会者、一人が記録係となり、1時間を目安にアイデアを出し合い、類別してまとめ上げていく。ブレストと略称される。

## フレキシブル
（flexible）

柔軟な、しなやかな、融通がきくという意味で、枠にはまり限定された考え方でなく、多様な応用、順応性をもつ考え方。機能や特性としての柔軟性のことも指す。

## フレスコ
（fresco）

半乾きの漆喰の壁面や天井面に、水溶性の絵具で絵を描く技法、あるいはその絵画。絵具が内部に浸透して乾燥するため、耐久性がある。西洋の壁画に多く用いられる。

## プレステージ
（prestige）

威信、名声、信望の意で、地位や名声を象徴する商品や店、また顧客ニーズのランクを表す。プレステージストア（国際的に知名度の高い高級品店）、プレステージゾーン（最高級品の価格帯）などの使われ方をする。

## プレスルーム
（press room）

広報を目的としたスペース。アパレル、ファッションメーカーなどが記者、編集者やスタイリストなどのプロを対象に、そのシーズンの見本商品を置き、担当者が商品説明、貸し出しなどをする。

## プレゼンテーション
（presentation）

提出、提示、紹介などの意。依頼を受けた仕事内容について企画、

計画、設計したものなどを、承認を得る目的で依頼者に提示すること。

提示にあたっては音声、文章、数字、図式、パース、映像、模型、音響などの手法を、目的に応じて使い分ける。ＶＭＤにおいては、提案商品やテーマを打ち出すことをプレゼンテーションと呼ぶこともある。

## プレタポルテ

（prêt-à-porter　仏）

高級既製服のこと。もともとはオートクチュール（高級注文服）のデザイナーによる既製服の呼称であったため、一般の既製服とは区別して用いられている。

（→オートクチュール）

## プレッピー

（preppie）

アメリカの一流大学進学コースにあたる私立高校または予備校をプレパラトリー・スクール、略してプレップといい、そこに通う学生たちをプレッピーという。彼らのアイビー予備軍的な服装をプレッピーファッションまたはプレップルックと呼んでいる。日本では 1980 年代に入ってから注目されるようになった。

## プレミアム

（premium）

①客が商品を買ったときにサービスとして付ける景品や割増し料、手数料のこと。商店街で行われる年末福引抽選会の福引券もこれの一種。入手困難な催しの入場券などが査定価格より高値で売買される場合、「プレミアム付きの○○○」と表現される。プレミアムセールは景品付きの商品販売のこと。

（→ノベルティ）

②（商品が同種の他のものより）上等な。上質な。高価な。

## フレンチアイビー

（French ivy）

色や柄をフランスという国からイメージされる感性で味付けしたアイビー調ファッションのこと。従来のアイビー・ルックに見られる着こなしのルールやデザインを緩和させ、よりカジュアルでシックなスタイルになっている。

## フロアディスプレイ

（floor display）

床及び床面を利用して展開するディスプレイの総称。

## フローチャート

（flow chart）

仕事の流れや処理手順を記号や図形で表した流れ図のこと。仕事の内容とそれぞれの関係が分かりやすく説明できる。

## ブロードバンド

（broadband）

高速な通信回線の普及によって実現されたコンピュータネット

ワークと、その上で提供される大容量のデータを活用したサービスのことで、光ファイバーやCATV、ADSLなどの有線通信技術や、FWA、IMT－2000といった無線通信技術を用いて実現される、500kbps以上の通信回線。

## フローリング
（flooring）

木質系の材料を基本とした床仕上げ材の一種。ブロックとボードがあり、店舗やオフィスの内装に広く使用されている。

## プロジェクションマッピング
（projection mapping）

建物や物体の表面、あるいは空間などに、プロジェクターで映像を投影する技術の総称及びこれを使った映像表現やパフォーマンスなどのこと。

「投影」を意味するプロジェクション（projection）に、「位置づける、または割り当てること」を意味するマッピング（mapping）を組み合わせた造語。

スクリーンとなる立体や表面を正確に計測し、その対象物の面にぴたりと重なるように映像をつくり投影するのが特徴。建物と投影された映像が重なり合うことにより、単純な映写方法では得られないさまざまな視覚効果をつくりだす表現方法。音楽やレーザー光線などと組み合わせて各種イベント、メディアアートなどで利用される。

## プロジェクト
（project）

一定期限内で行う特定の研究や開発事業計画のこと。また、これらの計画を実行する組織をプロジェクトチームと呼び、関連部門から集められた特別編成メンバーによって構成される。多くの分野のノウハウを要する場合に有効。タスクフォースともいう。

## プロダクトアウト、マーケットイン
（product out、market in）

プロダクトアウトとは、企業が商品開発や生産を行う上で、作り手の理論を優先させる方法のこと。一方、マーケットインとは、購買者の視点に立ち、市場ニーズに合った製品やサービスを企画開発・生産し、提供すること。市場成熟化、飽和化などによる供給過剰型経済のなかで、消費者が求めるものの商品化へ転換して生き残るという観点から生まれた事業方針がマーケットインである。

## プロダクトイメージ
（product-image）

産物や製品のもつ印象、評判のこと。消費者の好感や信頼感を作り上げるために重要。

## プロダクトライフサイクル
（product life cycle：P.L.C）

製品が市場に投入されてから売れなくなり姿を消すまでの過程のことをいう。製品を生物の一生に

フ

たとえて考えることから、プロダクトライフサイクルと表現される。売上げ（利益）を縦軸、時系列推移を横軸にとった売上げ（利益）曲線で示されることが多い。一般的にプロダクトライフサイクルの段階区分は、「導入期」「成長期」「成熟期」「衰退期」という4段階で表現される。

　また、製品の視点に対し、販売やMDの視点から商品のライフサイクルをとらえる、「MDライフサイクル」という考え方がある。この場合の段階区分は、「紹介期（立ち上がり期）」「実売期」「整理期（処分期・セール期）」という3段階で表現され、期間区分とも呼ばれる。

## プロップス
（prpos）

　propertyの略。映画、演劇のセットで使われる小道具からの転用語。VMDでは、販売空間において、テーマやシーンの演出効果を高めたりテイストを醸成するために用いる小物、道具、家具類などのこまごまとしたもの全般を指す。椅子、テーブル、装飾柱、額縁類のほか公衆電話ボックス、ベンチ、ガス灯などのストリートファニチュアもこれに入る。

## プロデューサーシステム
（producer system）

　映画、演劇、テレビ番組のディレクターが演出に専念できるように、制作責任者が資金、配役、スケジューリングの責任を受け持つ体制のこと。ディスプレイの大規模なプロジェクトにおいてさまざまな分野の業務が複合的に進行する場合、総合管理・運営の統括の

[プロップス・演出小物]

フ

ためにプロデューサーシステムを取り入れる場合がある。

## プロパー
（proper）

「相応な、本来の」といった意味で、小売店では値引きしないで本来の正価で販売する商品（プロパー商品）をいう。こうした商品で構成された売り場を「プロパー売り場」と呼ぶ。百貨店などでは通常の売り場のことで、催事場、セール会場に対する対語として用いられる。

## プロポーション
（proportion）

割合、比率、比例などの意。全体に対する部分、部分と部分などの数量（長さ、面積など）的割合をいう。割合によって美的感覚を生み出すものもあり、それらは数量化され、美的表現の比率として用いられている。代表的な美的プロポーションといわれるものに、黄金比、整数比、フィボナッチ矩形（くけい、さしがた）、開平矩形、モデュール（設計基準）、モデュロール（黄金尺）などがある。

## プロモーション
（promotion）

広義では消費者の購買意欲を喚起するための宣伝活動全般をいう。マーケティングミックスを構成する4P（product、price、place、promotion)の一つ。主な手段として広告、販売促進、パブリシティ、人的販売などがある。狭義では販売促進、販売施策という意味で使われる。（→セールスプロモーション、プロモーションミックス、マーケティングミックス）

## プロモーションミックス
（promotion mix）

商品を販売するために、各種販売促進手段を最適に組み合わせる手法。プロモーション活動の要素である広告、パブリシティ、コミュニケーション、セールス活動などの組み合わせを考え、相乗効果を最大にすることを目的として行われる。

## 文化の日

11月3日。国民が文化に親しむことを目的として1948年に制定された国民の祝日。また1937年に制定された文化勲章を授与する日でもある。文化勲章は、日本の文化の発展に寄与した人に与えられる勲章である。文化勲章は表彰だけだが、1951年制定の文化功労者年金法により、特に顕著な功績のあった人を文化功労者とし、終身年金が支給される。

## 分光分布
（spectral distribution）

光源から出ている光がもつ波長ごとの放射量の割合で、通常、相対分光分布の意味に用いる。光源の色や光源によって照らされた物の色を表すことができる。

## ベアファッション

（bare fashion）

　ベアは、裸の、露出した、という意味。部分的に肌を出したファッションの総称で、肩を露出した服はベアショルダー (bare shoulder)、背中を大きくあけた服はベアバック (bare back) と呼ばれている。

## ヘアライン仕上げ

　金属表面の仕上げ方法の一つで、ステンレスや真ちゅうの表面にヘアライン（毛のように細い線）模様を付けること。装飾的なデザインとして使われる。最近では、樹脂製品などの表面加工でも同様のものがある。

## 平面表示記号

　建築製図・機械製図などの図面で使用される、一定の内容を表わす記号。図面は作図者の意図が正確、容易、迅速に伝達了解されることを目的としている。そのためには簡単な表現で能率的に内容が表現される必要があり、建築を構成する各部位、材料、寸法、加工の器具、方法、程度、数量、品名など特定の内容を表す記号が使用される。各種表示記号は JIS で規格化されている。
（→ 273 ～ 278 頁の代表的な事例資料参照）

## ベーシック商品（→定番商品）

## ベース照明（→全般照明）

## ベースカラー

（base color）

　配色の基盤となる色。使用する面積の最も大きな割合を占め配色が必要な場合はポイントをつくるアクセントカラーなどを考慮する。

## ペーパースカルプチャー

（paper sculpture）

　紙製の造形物のことで、主に洋紙を素材にして、ハサミやカッターナイフなどの加工用具と接着剤を用いて作る立体物をいう。折紙もこの一種。

## 壁面ディスプレイ

（→ウォールディスプレイ）

## 兵児帯 （へこおび）

　男性や子供が用いる帯で、扱（しごき）帯ともいう。並幅（37㎝～38㎝）の用布をそのまま胴に 2 回巻いて結び、後ろで花結びにする。羽二重、縮緬の端絞り、鹿の子の総絞りや紬地などがある。紬、お召、ウール、浴衣などの普段着、くつろぎ着に用いられる。

## ベターゾーン

（better zone）

　商品分類の一つ。またグレードを表す段階の一つ。よくピラミッド型の構造で示され、上から順に①プレステージ②ベター③モデレート④バジェットの 4 段階に分

# ［平面表示記号ー 1 ］

| 表 示 事 項 | 表 示 記 号 | 表 示 事 項 | 表 示 記 号 |
|---|---|---|---|
| 方　　　　位<br>矢印方向は北を示す | | 伸 縮 間 仕 切 | |
| 出　　入　　口<br>建物主要出入口の<br>位置を表示する | | 両 引 き 戸 | |
| 出入り口ー般 | | 引 違 い 戸<br>片 引 き 戸 (I) | |
| 両 開 き 戸 | | 片 引 き 戸 (II) | |
| 片 開 き 戸 | | 引　　込　　戸 | |
| 自　　由　　戸 | | 雨　　　　戸 | |
| 回　　転　　戸 | | 網　　　　戸 | |
| 折 た た み 戸 | | シ ャ ッ タ ー | |
| ※ ド ア チ ェ ッ ク | | ※ 熱 感 知 器 | |
| ※ フ ロ ア ー ヒ ン ジ | | ※ 自 動 閉 鎖 装 置 | |
| ※ オ ー ト ヒ ン ジ | | ※ 連 動 制 御 器<br>操 作 部 を 有 す る<br>も の | |
| 常 時 閉 鎖 式<br>防　　火　　戸 | | ※ 非 常 用 進 入 口 | |
| ※ 防　　火　　戸 | 甲防<br>乙防 | 窓　　一　　般 | |
| | | 両 開 き 窓 | |
| ※ 防 火 シ ャ ッ タ ー | 甲防<br>乙防 | 片 開 き 窓 | |
| ※ 煙 感 知 器 | | 回　　転　　窓 | |

| 表示事項 | 表示記号 | 表示事項 | | 表示記号 |
|---|---|---|---|---|
| 引 違 い 窓<br>片 引 き 窓 | | 階　段<br>昇 り 表 示 | 一般階 | |
| 格 子 付 き 窓 | | | 最下階 | |
| 網 戸 付 き 窓 | | スロープ<br>昇 り 表 示 | 一般階 | |
| シャッター<br>付　き　窓 | | | 最下階 | |
| ※ブラインド<br>付　き　窓 | | た　て　ど　い | | |
| ※カ ー テ ン<br>付　き　窓 | | 吹　　抜　　け | | 吹　抜 |
| 郵 便 受 け | 〒 | ダクトスペース<br>パイプシャフト<br>エアーダクト<br>ダストシュート | | 略号を記入する |
| 室 名 札 | 持手<br>手持 | 改　　め　　口 | | |
| エ レ ベ ー タ ー | | 和 式 大 便 器 | | |
| リ　　フ　　ト | | 洋 式 便 器 | | |
| 水　こ　う　配<br>矢 印 方 向 は 下<br>り 方 向 を 示 す | | ※屋 内 消 火 栓 | | |
| ルーフドレイン | | ※屋外<br>消火栓 | 地上式 | Ⓗ |
| | | | 地下式 | Ⓗ |
| 洗面器・手洗器 | | 縁　　　　　石 | | |
| スロップシンク | S | 目　　地 | 膨張 | |
| | | | 収縮 | |
| 小 便 器 一 般<br>隔 壁 は 必 要 に<br>応 じ て 記 入 す る | | ※ 排　水　管<br>管 径 及 び 管 種 を<br>略 号 で 記 入 す る | | |
| ス　ト　ー　ル | | ※<br>排 水 桝 | 一 般 | ○　□ |

## ［建具開閉表示記号］

| 表 示 事 項 | 表 示 記 号 | 表 示 事 項 | 表 示 記 号 | 表 示 事 項 | 表 示 記 号 |
|---|---|---|---|---|---|
| 両 引 き |  | 回 転 |  | はめころし | FIX |
| 引 違 い |  | 内 倒 し |  | すべりだし |  |
| 片 引 き |  | つきだし |  | バランス |  |
| 両 開 き |  | 上げ下げ |  | →印は開き方向を示す | |

## ［材料構造表示記号（1）］

| 表示事項 ＼ 縮尺程度別による区分 | 縮尺 $\frac{1}{100}$ または $\frac{1}{200}$ 程度の場合 | 縮尺 $\frac{1}{20}$ または $\frac{1}{50}$ 程度の場合（縮尺 $\frac{1}{100}$ または $\frac{1}{200}$ 程度の場合でも用いてよい） | 現寸および縮尺 $\frac{1}{20}$ または $\frac{1}{50}$ 程度の場合（縮尺 $\frac{1}{20}$ $\frac{1}{50}$ $\frac{1}{100}$ または $\frac{1}{200}$ 程度の場合でも用いてよい） |
|---|---|---|---|
| 壁 一 般 | | | |
| コンクリートおよび鉄筋コンクリート | | | |
| 軽 量 壁 一 般 | | | |
| 普 通 ブ ロ ッ ク 壁　軽 量 ブ ロ ッ ク 壁 | | | 実形をかいて材料名を記入する。 |
| 鉄 骨 | | | |
| 木 材 お よ び 木 造 壁 | 真壁造 管柱・片ふた柱・通柱　真壁造 管柱・片ふた柱・通柱　大壁 管柱・間柱・通柱（柱を区別しない場合） | 化粧材　構造材　補助構造材 | 化粧材（年輪または木目を記入する）　補助構造材　合板 |
| 地 盤 | | | |

275

## ［主な一般の記号］

| | | |
|---|---|---|
| S・縮尺 | L・長さ | PS・パイプスペース |
| GL・基準地盤面 | W・幅 | ESP・電気配管スペース |
| FL・基準床面 | D・奥行 | EV・エレベータ |
| B 1F・地下1階 | t・厚さ | EL・エスカレータ |
| F 1・1階 | R・鉄板の厚さ | CH・煙突 |
| RF・屋上階 | T・坪 | WC・便所 |
| PH・塔屋 | DS・ダクトスペース | ENT・入口 |
| H・高さ | AD・エアーダクト | FIX・はめ殺し |

## ［主な材料の記号］

| | | |
|---|---|---|
| S・スチール | FLG・フロートガラス | ALC・軽量気泡コンクリート |
| St・ステンレス | FG・型板ガラス | LGS・軽量鉄骨 |
| Al・アルミニュウム | PWG・銅入磨きガラス | TG・強化ガラス |
| Br・真鍮 | FWG・網入型板ガラス | HG・熱線吸収ガラス |
| P・プラスティック | PB・石膏ボード | RG・熱線反射ガラス |
| W・木 | FB・フレキシブルボードまたはフラットバー | PG・ペアーガラス |
| TB・テラゾブロック | CB・コンクリートブロック | FRP・強化ポリエステル樹脂 |
| SG・透明ガラス | PC・プレキャストコンクリート | |

## ［主な建具・家具・什器の記号］

| | | |
|---|---|---|
| SD・鋼製扉 | WG・木製ガラリ | HgC・吊りケース |
| StD・ステンレス扉 | PG・合成樹脂ガラリ | GC・ガラスケース |
| AD・アルミ製扉 | SS・シャッター | ST・ステージ（陳列台） |
| WD・木製扉 | AD・オートドアー | DT・ディスプレーテーブル |
| TD・強化ガラス | P・パーテーション(可動間仕切) | SPC・サンプルケース |
| SW・鋼製扉窓 | FW・防煙たれ壁 | PT・包装台 |
| StW・ステンレス窓 | SW・ショーウインドー | R・レジスター |
| AW・アルミ製窓 | SWT・ショーウインドー(ステージ式) | Hg・ハンガー |
| WW・木製窓 | SC・ショーケース | FR・フィッティングルーム |
| SG・鋼製ガラリ | HC・ショーケース（ハイケース） | Sh・棚 |
| StG・ステンレス製ガラリ | DC・ショーケース（2段ケース） | T・テーブル |
| AG・アルミ製ガラリ | CC・ショーケース(カウンターケース) | CT・カウンター |

## ［主な電気・配管の記号］

| | |
|---|---|
| SW・スイッチ | CH・シャンデリア |
| FL・蛍光灯（直管） | C・チェーン |
| FCL・蛍光灯(サークルライン) | P・パイプまたはペンダント |
| FBL・蛍光灯(ブラックランプ) | DL・ダウンライト |
| EP・塩化ビニール管 | BL・ブラケット |
| FP・ビューム管 | CL・直射（シーリング）灯 |
| AC・空調機 | |

## ［主な塗料の記号］

| |
|---|
| OP・オイルペイント |
| VP・ビニールペイント |
| EP・エマルジョンペイント |
| CL・クリアラッカー |
| OS・オイルステイン |

[ 機器材表示記号 ]

電 力 設 備 － 1

| 記　　号 | 名　　　　　　　　　称 |
|---|---|
| ( 電燈 ) | |
| ⊏◯⊐ | けい光燈　天井付 |
| ⊏⊗⊐ | けい光燈　天井付（発電機回路） |
| ◼◯◼ | けい光燈　天井付（電池内蔵型）<br>（非常用照明器具） |
| ⊏◖⊐ | けい光燈　壁付 |
| ▢◯ | けい光燈　角形天井付 |
| ⊏◯●⊐ | けい光燈　非常用照明器具　白熱燈組込 |
| ▢⊘ | けい光燈　コードペンダント |
| ◯ | 白熱燈　天井付 |
| ◖ | 白熱燈　壁付 |
| ⊗ | 白熱燈　天井付（発電機回路） |
| ⬤⊗ | 白熱燈　壁付（発電機回路） |
| ⬤ | 白熱燈　天井付（非常用照明器具） |
| ⬤ | 白熱燈　壁付（非常用照明器具） |
| ⊗ | 階段通路誘導灯 |
| ⬢ | 避難口誘導灯　廊下通路誘導灯 |
| ● | 埋込タンブラスイッチ<br>　　　　1P 10A×1（連用型） |
| ●2 | 埋込タンブラスイッチ<br>　　　　2P 10A×1（連用型） |
| ●3 | 埋込タンブラスイッチ<br>　　　　3W 10A×1（連用型） |
| ●4 | 埋込タンブラスイッチ<br>　　　　4W 10A×1（連用型） |
| ●L | 埋込タンブラスイッチ　1P 10A×1<br>パイロットランプ付（連用型） |

[機器材表示記号]

電 力 設 備 － 1

| 記　　号 | 名　　　　　　称 |
|---|---|
| ●WP | 埋込タンブラスイッチ<br>　　　1P 10 A×1（防水型） |
| ●EX | 埋込タンブラスイッチ<br>　　　1P 10 A×1（防爆型） |
| ● R | リモコンスイッチ |
| ●RL | リモコンスイッチ<br>パイロットランプ付 |
| ⊗ | セレクタースイッチ |
| ▲ | リモコンリレー |
| ▲▲▲ | リモコンリレー集合体 |
| ● A | 自動点滅器 |
| ⟋ | 調光器 |
| ⊙ ヌ | 天井コンセント<br>　　　2P 15 A×1（抜け止め形） |
| ⊙▲ | 床コンセント　2P 15 A×1 |
| ⦿ | 壁付コンセント<br>　　　2P 15 A×2（連用形） |
| ⦿ 20A | 壁付コンセント　2P 20 A×1 |
| ⦿ 3P | 壁付コンセント　3P 15 A×1 |
| ⦿ E | 壁付コンセント<br>　　　2P 15 A×1　接地極付 |
| ⦿ WP | 壁付コンセント<br>　　　2P 15 A×1（防水形） |
| ⦿ FC | ファンコイル用壁付コンセント<br>2P 15 A×1接地極付　ツイストロック形 |
| ⦿ EX | 壁付コンセント<br>　　　2P 15 A×1（防爆形） |
| ⦿ T | 壁付コンセント　2P 15 A×1<br>　　　（ツイストロック形） |
| ⦿ ヌ | 壁付コンセント　2P 15 A×1<br>　　　（抜け止め形） |
| ⊙⊙ | 非常コンセント箱　埋込形 |
| ⦿ ET | 壁付コンセント　　2P 15 A×1<br>及び接地端子付　　E T×1 |

類されるのが一般的。ボリューム
ゾーンと言った場合、モデレート（
中価格帯）とバジェット（低価格帯）
を指す。

## ベネフィット
（benefit）

利益、恩恵、便益の意。マーケティ
ング用語では、消費者が製品やサー
ビスを利用することで得られる利
便性や満足感などの有形、無形の
価値のことをいう。

## ベンダー
（vender）

卸売業者のこと。メーカーの商
品を取引先の小売店に適合するよ
うに揃えて、必要なときに配送し
代金を回収する。この一連の活動
を通して小売店の経営を援助する
卸機能を、メーカーがコントロー
ルのきく系列としてつくり上げた
もの。小売側から見れば仕入先は
すべてベンダーである。なお、自
動販売機を指すこともある。

## ペンダント
（pendant）

「ぶら下がる、吊り下げる」を意
味する。VMDでは、天井からコー
ド、チェーン、ワイヤなどで灯具を
吊り下げた照明器具をいう。

シャンデリアのように全般照明
に使用するものや、テーブルペン
ダントなどの局部照明として、イ
ンテリアに合わせて使用できる各
種デザインのペンダントがある。

灯具の高さを自由に調整できる
ペンダントは、照射範囲や照明面
の明るさを変化させられるほか、
器具の清掃が手元でできるなど使
い勝手がよい。

## ベンチャービジネス
（venture business）

ベンチャーとは冒険、投機の意
味で、開発型の事業に取り組むこ
とをいう。新たに起業したベン
チャー企業によって取り組まれる
事業を示すことが多いが既存の企
業が未開発の分野を開拓し、成功
を目指すことも含む。

開発するビジネスの性格、分野
により二つに大別される。研究開
発型は、高度な先端技術を駆使し
て製品化を進めるもの。すきま型
は、価値観の多様化現象で細分化
されたニーズに対応するものであ
る。既存のビジネスモデルの延長
ではなく、破壊的イノベーション
による新規事業を短期で大きく成
長させた企業はスタートアップと
呼ぶ。

へ

## ポイントオブセールスプレゼンテーション

（point of sales presentation、PP）

マーチャンダイズプレゼンテーション表現のひとつ。アイテムプレゼンテーションの中から特定の商品をピックアップし、商品自体のもつ魅力、特徴や着こなし、コーディネートなどを視覚的に表現すること。またはそのスペース。それぞれのコーナーの顔となる商品プレゼンテーションであり、見出しのような役目を担う。テーブル什器の上、棚什器上部、ラックエンド、壁面上部、柱周り上部などで展開される。

アメリカでは、ポイントオブパーチェスプレゼンテーション（販売時点表現）と呼ばれ、同義に用いられている。どちらも略してPPと呼ばれる。

## 帽子

一般には洋装に用いるかぶり物の総称。本来は頭を保護する目的で用いられる。ファッションにおいては、アクセサリーの一部として果たす役割が大きい。つばの有無や大きさなどで呼び方が異なる。
（→ 281～ 282頁 イラスト参照）

## 包装

（wrapping）
紙、布などを用いた贈答の習慣。

ものを包むことによって，贈り主の汚れをしりぞけ、外からの悪を追い払うことができるという古くからの習わし。

贈り物に付加価値をつける目的から、包装材料や包み方が多様化している。またその反面、資源やごみ問題等、包装資材のエコ化に取り組む企業が多く見られる。同時に日本の風呂敷が見直されている。包装によるメリットには、商品の保護、持ちやすさ、商品価値を高める、商品管理に役立ち、宣伝効果も期待できる、などがある。
（→ 283～ 286頁 代表的な事例イラスト参照）

## 訪問着

ミス、ミセスともに用いられる略礼装の着物。胸から肩、袖から袖つけ、上前おくみと脇、背縫いにかけて、模様が縫い目などで切れることなくひと続きになった絵羽模様が特徴で、幅広い年齢層に着られ、応用範囲も広い。
（→絵羽模様、着物）

## 飽和市場

市場の伸びが限界に達し、それ以上拡大しないこと。他企業の参入による競争激化、商品の多様化、差別化戦略の多発、ターゲット拡大の限界などにより飽和状態が引き起こされる。

## ［帽子の種類］

ブルトン

ボンネット

クローシュ

ベレー

カサブランカ

セーラー帽

トーク

ターバン

ピルボックス

サンバイザー

タモシャンター

マリンキャップ

キャプリーヌ

ガルボ・ハット

# ［帽子の種類］

トップハット

ボーラーハット（山高帽）

ホンブルグハット

ボルサリーノ

チロリアンハット

カウボーイハット

ポークパイハット

キャノチエ

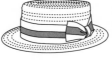

サファリハット

キャスケット

マリンキャスケット

ハンチング

キャップ

ニットキャップ

ディアストーカー

## ［包装］

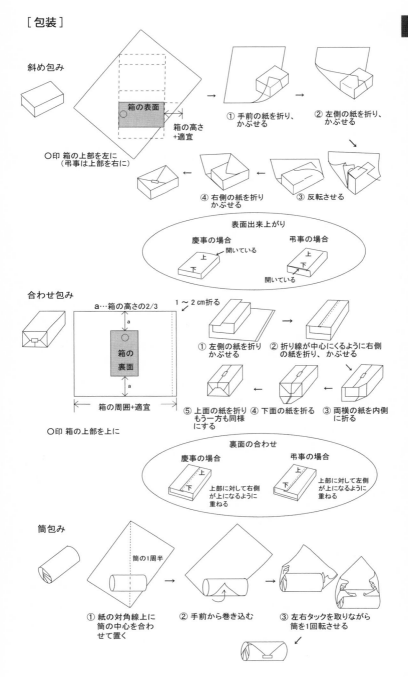

**斜め包み**

箱の表面
箱の高さ+適宜

○印 箱の上部を左に
（弔事は上部を右に）

① 手前の紙を折り、かぶせる

② 左側の紙を折り、かぶせる

③ 反転させる

④ 右側の紙を折りかぶせる

**表面出来上がり**

慶事の場合
上
下
開いている

弔事の場合
上
下
開いている

**合わせ包み**

a…箱の高さの2/3

1～2cm折る

箱の裏面

箱の周囲+適宜

○印 箱の上部を上に

① 左側の紙を折りかぶせる

② 折り線が中心にくるように右側の紙を折り、かぶせる

③ 両横の紙を内側に折る

④ 下面の紙を折る

⑤ 上面の紙を折りもう一方も同様にする

**裏面の合わせ**

慶事の場合
上
下
上部に対して右側が上になるように重ねる

弔事の場合
上
下
上部に対して左側が上になるように重ねる

**筒包み**

筒の1周半

① 紙の対角線上に筒の中心を合わせて置く

② 手前から巻き込む

③ 左右タックを取りながら筒を1回転させる

283

## 三角形の包み方

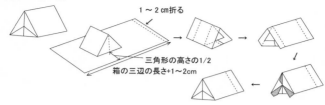

三角形の高さの1/2
箱の三辺の長さ+1〜2cm
1〜2cm折る

## 多角形の包み方

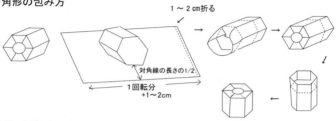

対角線の長さの1/2
1回転分 +1〜2cm
1〜2cm折る

## リボンを結ぶ

### 十字掛け

  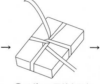 

① 蝶結びの長さを残し、中央からリボンを1周させる

② リボンの両端を引き中心でしめる

③ 中心で蝶結びにする

### 斜め掛け

① 蝶結びの長さを残し、上部の角に斜めに掛け出発点に戻る

② リボンの両端を引きしめる

③ 蝶結びにする

### V字掛け

① 蝶結びの長さを残し、縦に2周させる

② リボンを1回結び下側を左右に開く

③ 蝶結びにする

## [ 風呂敷の包み方－1 ]

平包み（袱紗（ふくさ）包み

かくし包み

おつかい包み

二つ結び

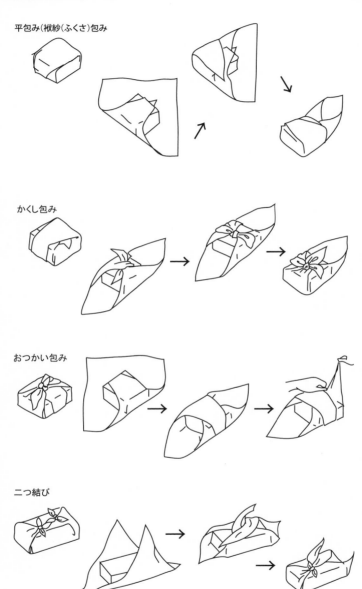

［風呂敷の包み方ー2］

ビンを包む

1本の場合

 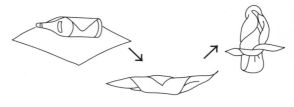

2本の場合

 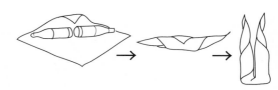

球を包む

 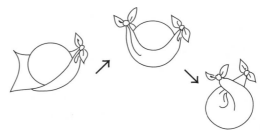

四角錐を包む

 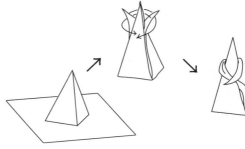

## ホームインプルーブメントストア

（home improvement store）

住宅リフォーム（家の修理や改善）を自分でするための部品、材料、道具を売る大型総合小売店のこと。ホームインプルーブメントとは、住宅の増改築により快適な生活空間をつくることをいう。

米国で始まった業態で、当初、家屋の内外に手を入れる材料や用具はそれぞれ金物店、建材店、塗料店、配管材料店などの業種店ごとに売られていたが、これをワンストップショッピング化することで業態化がなされた。日本ではホームセンターと称されることが多い。住まいに対する考え方が、機能第一から住む人自身の個性を重視した住まいづくりに変化したため、生活提案ができる水準にまで専門化した総合大型店も増えている。

## ホームセンター

（home center）

米国で誕生した業態。住宅用設備・機器・材料・道具などをDIY向けにセルフサービスで販売し、ワンストップショッピングできる小売業。

今日では住宅用材料のほか、日曜大工用品からペット用品、カー用品、インテリア用品、ホームソーイング、レジャー用品、家電製品まで家庭に必要なものを取り揃え、大型でウェアハウス型の店も出現している。（→ホームインプルーブメントストア）

## ホールセールクラブ

（wholesale club）

wholesaleは卸、卸売りの意。ホールセールクラブとは会員制の倉庫型ディスカウントストアを指す。店舗、オペレーションコストを徹底的に切り詰め、現金持ち帰り制でカートン単位やケース単位で低価格販売している。当初は業者向け対象だったが、現在は個人会員も対象にしている。

## ポジショニング

（positioning）

市場における自社または自社製品の相対的な位置づけのこと。市場における競争企業または競争製品に対する自社または自社製品の位置づけ。

企業の同質化が進む中でマーケティング環境を十分に把握した上で、自社の位置を明確にし、差別化することが求められる。

## POSシステム

（point of sales system）

販売時点情報管理システムの略。各店舗に設置されたPOSターミナルを本部のホストコンピュータに連動させ、販売時点での売上管理、在庫管理、商品管理などを容易にするシステム。

あらかじめ商品の種類、価格、サイズなどの情報をバーコードやICタグなどを使って商品に取り付けておき、アイテムごとに売上げ情報を収集する。

## ボックスストア

（box store）

配送時の梱包箱のまま店内に配置して個々の商品を売る業態のこと。内装・宣伝・広告などに経費をかけず、陳列の手間を省くためにカットケース陳列を多用するなど、徹底したローコストオペレーションにより低価格を実現している。ボックスストアの名前は、床にカートンボックスを積み重ね、その一部を切り取り個々の商品を取り出せるようにするカットケース陳列に由来する。

## ポップアート

（pop art）

大衆芸術（popular art）の意味。ロンドンで芽生え1962年にニューヨークで開花した。マス媒体が送り出す膨大な製品と広告、雑誌や映画などをモチーフとして再構成し、大衆文化と芸術の同化を図るとともに、消費社会に対して批判を提することにもなった。大量生産と消費文化の典型を成したアメリカでこそ花開いたアートといえる。

キャンベルスープ缶やモンローをモチーフとしたアンディ・ウォーホル、コミックスのひとコマをモチーフとしたロイ・リキテンシュタイン、他にジェームス・ローゼンクイストなどがある。

## ポップアップ広告

（pop-up advertising）

①飛び出し広告のこと。雑誌などの広告ページを開くと、折り畳まれた広告物がペーパークラフト的な立体として飛び出す仕掛けになっている広告。雑誌ばかりでなくDM、ノベルティなどでも使われている。印刷されただけの広告よりビックリ箱的な印象の強い広告といえる。

②Webページなどの広告の表示形態の一つで、ある特定のウェブページを開いたときに自動的にいちばん手前に表示される小さなウィンドウを使用した広告のこと。

## ポップアップストア

（pop-up store）

期間限定で出店する仮店舗のこと。空き店舗や駅、公共施設などのオープンスペースに突然出店し突然消えてしまうことから「ポップアップ」と表現される。商品や企業のイメージを明確に伝えるデザインで展開されることが多く、販売促進活動としても重要。

## ポップ広告、ＰＯＰ広告

（point of purchase advertising）

消費者側からの購買時点の広告のことで、売り手側からは販売時点広告（POS広告 point of sales advertising）という。広義には、店の内外におけるすべての広告の総称。

店頭では通行客の注意や関心を引き店内に誘導する屋外看板、懸垂膜、横断幕、ドアプレート、ステッカー、ウィンドーディスプレ

## ■POP広告（ポップこうこく、ピーオーピーこうこく）
「Point of purchase advertising」の頭文字を取った略語

### ファッション売場での展開例

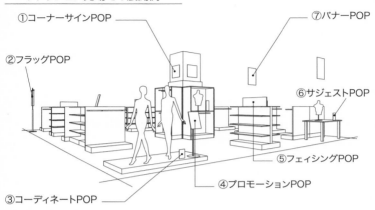

①コーナーサインPOP
②フラッグPOP
③コーディネートPOP
④プロモーションPOP
⑤フェイシングPOP
⑥サジェストPOP
⑦バナーPOP

①柱巻きなどの高い位置でカテゴリーやブランド表示を訴求。
②スポット的なプロモーションをエリアのコーナーで訴求。
③主にVPステージ等、トータルに演出された商品のプライスを訴求。
④媒体と連動したテーマやタイトル等のグラフィックを訴求。
⑤什器上の商品群のプライスやサイズなどを訴求。
⑥テーブル上の商品群の特徴などを訴求。
⑦媒体と連動したテーマやタイトル等のグラフィックをシーリング空間で訴求。

### 雑貨売場での展開例（ゴンドラ）

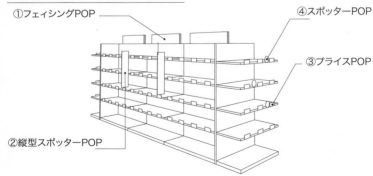

①フェイシングPOP
②縦型スポッターPOP
③プライスPOP
④スポッターPOP

①什器上の商品群のプライスや特徴などを什器トップで訴求。
②導線に対して90°の角度でアテンション効果を高めるとともに、エリアの区切りを訴求。
③商品名と簡単なコピー、プライスを訴求。
④強調したい商品をスポット的に訴求。

イ、壁面広告などが含まれる。また店内では、ハンガー POP、スタンド POP、シーリング POP、ショーカード、プライスカード、商品陳列のフェイシングなど、商品と近接した場所で催事案内や、情報告知を具体的にするものがある。

現在、POP 広告といえば、店内の商品まわりのものを指すことが多い。これに対し購買時点以前にインフォメーションの役割を果たす広告としてマスコミ広告があり、大きな効果を生むためには両者の連携が重要である。
（→前頁 図参照）

## ボディ、トルソー

（body、torso）

人体胴部をかたどり作られた器具。トルソー（torso）はイタリア語で人体胴部の意。

着装感を表現し、年齢や洋服の種類にとらわれずに幅広く対応できる。素材は、布張り、革張り、FRP、金物、籐などさまざまある。ベースや支柱・キャップのデザインでテイストを表現したもの、行灯（あんどん）タイプのものなどもある。また、付属パーツの頭部や腕、脚などを取り付けることにより、商品に動きや表情を演出できる。展示する商品や使用場所に合わせて選ぶと効果的。

近年、使用後の環境問題を配慮することで、再生可能な生物由来の資源を原料とするバイオマスペット樹脂を一部に用いたものなども

作られている。（→次頁 画像参照）

## ボディコンシャス

（body conscious）

1960 年末に現れた自分の体の再発見といった考え方が 80 年代に再び注目され、女性らしいボディラインを意識し、体にぴったりしたファッションの総称として使われている。

## ポラロイドカメラ

(polaroid camera)

撮影後すぐに自動的に現像し、撮影した写真を見ることができるカメラのこと。実用化したポラロイドの名前をとって、「ポラロイドカメラ」と呼ぶことが多い。正しくはインスタントカメラ。

## ボランタリーチェーン

（voluntary chain）

小売店が複数集まってそれぞれの経営の独立性を保ちながら、商品開発や商品仕入れ、販売促進を共同で行う組織体をいう。流通コストの低減、経営の合理化を意図するもの。主宰者の立場により小売店主宰のチェーンと卸売主宰のチェーンに大別される。

## ボリュームゾーン

（volume zone）

小売店において、売上げの大半を占める売れ筋商品の価格帯のこと。主に価格ランクの中程度とされている。（→ベターゾーン）

# ［ボディの種類］

布張り

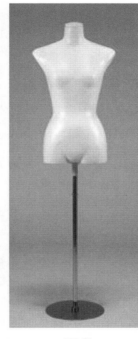

FRP 製

卓上メンズボディ

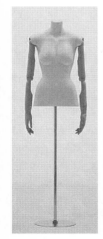

可動腕付き
ウィメンズボディ

吊り式ベース
ウィメンズボディ

可動腕付き
メンズボディ

メンズボディ
（布張り）

## ホログラム

（hologram）

レーザー光を利用する立体写真。あらかじめレーザー光の反射による物体像を記録したフィルムにレーザー光を当てると、空中に虚像が再現されて立体像に見えるものをホログラフィー (holography) という。

最近では通常の光で再生されるレインボーホログラムがある。また芸術の分野では、レーザー光を利用したホログラフィーアートが注目されている。

## 盆

7月13～16日（15日）。年に一度、祖霊を家に迎えて供養する行事。仏教の盂蘭盆教（うらぼんきょう）の教えと、日本古来の御霊祭（みたままつり）や、農閑期の祭りが、お盆の行事として江戸時代以降一般に広まった。

13日夕方に迎え火で祖霊を迎え（迎え盆）、16日（地域によっては15日）の夕方に送り火で祖霊を送る（送り盆）風習が現代に至っている。また、精霊棚（しょうりょうだな）を作り、キュウリの馬と茄子の牛、季節の野菜や果物、花などを供える。これは祖霊がキュウリの馬に乗り茄子の牛に荷を乗せて来るという言い伝えによる。

## マーク

（mark）

ある内容を表し意味するしるし・記号のこと。商品に付けられた識別用のマークは、トレードマーク、ブランドマークと呼び、サービス用のマークはサービスマークと呼ぶ。またJISによるマーク表示制度があり、対象となる品目は、建築材料、機械器具、電気製品、化学製品、繊維製品、日用品などのあらゆる分野にわたり、1,000以上の品目が指定されている。

外観だけ調べてもわからない個々の製品の品質について、基本的には第三者機関が検査を行なっている。従って、マーク表示を認可された商品は一定水準以上の品質を保証されたことになり、消費者がよい製品を選ぶときの重要な目安となる。また、製品購入後の取り扱い方法を示すマークなど、商品流通のあらゆる過程にマークが存在する。

## マークダウン

（mark down）
値下げをすること。

## マーケット

（market）

市場のこと。日用雑貨や食料を売る市場や店のこと。またモノ（商品）やコト（サービス）が売買によって消費される需要の規模や動き。

## マーケットイン
（market in）
（→プロダクトアウト）

## マーケットセグメンテーション
（market segmentation）

マーケット（市場）全体をいくつかのセグメント（部分）に細分化する手法。市場細分化政策ともいう。顧客のニーズが多様化、複雑化しているなか、すべての顧客の要望を満たした商品を提供していくことはほとんど不可能である。そこで、顧客の特性や欲求などの差異によっていくつかの顧客集団に分割し、きめ細かなマーケティング活動を行うことが必要とされている。

細分化には、人口統計学的変数（年齢，性別，収入，職業等）、地理的変数（居住地域，気候等）、サイコグラフ的変数（ライフスタイル，社会階級等）、製品関連的変数（使用頻度，製品ロイヤルティ等）などの基準が用いられる。
（→市場細分化）

## マーケティング
（marketing）

企業が市場のニーズを満たすために、製品またはサービスを顧客に向けて流通させることに関係して行う市場活動のすべてをいう。その内容には企業戦略・政策、商品計画、市場調査、販売、販売促進などがある。

20世紀初頭、アメリカで使われはじめた言葉で、社会全体の財貨の流れを構造的に分析する社会経済的視点と、流通を構成する各経済主体が従うべき行動原理を明らかにする経営的視点とがある。第二次大戦後は後者が中心となった。前者はマクロマーケティングという。

日本では、消費財の大手メーカーにより始められた。市場調査による新しい販売方法が研究されて、広告活動もマーケティング活動として統合された。1929年の大恐慌後の消費者運動により、商品作りは顧客志向で行なわれるようになり、マーケティングが経営の中に占める重要性を増してきた。

㈳日本マーケティング協会は1990年に、「マーケティングとは、企業及び他の組織がグローバルな視点に立ち、顧客との相互理解を得ながら、公正な競争を通じて行う市場創造のための総合的活動である」と定義している。

マーケティングの概念は時代とともに変貌しており、近年、環境への配慮をマーケティング全般に注入する必要が高まっている。このような新しい展開を、グリーンマーケティングと呼ぶ。

## マーケティング戦略
（marketing strategy）

経営環境と自社の経営資源をふまえ、目標の明確化と計画策定、実行を先導することで、分析、立案、展開の3段階を経る。

マーケティング戦略は、全社レ

ベルの企業戦略、事業レベルの事業戦略、製品レベルの商品ラインブランド別戦略、マーケティングミックスの要素（商品、価格、販促、チャネル）別レベルのマーケティング要素別戦略、という4種類のレベルに区分される。

## マーケティングミックス

（marketing mix）

マーケティング目標を効果的に達成するための戦略手段の組み合わせ。学者E・J・マッカーシーが、市場戦略手段を製品 (product)、価格 (price)、流通経路・立地 (place)、販促・広告 (promotion) の4Pに要約した。この4Pを最適のバランスで市場に組み合わせることをいう。

## マーチャンダイザー

（merchandiser）

マーチャンダイジングの数値責任を果たす人のこと、あるいは商品企画・商品選定担当者、仕入れ担当者に限定して用いる場合もある。日本では略してMDと称している。

## マーチャンダイジング

（merchandising）

商品政策、商品化計画のこと。メーカーでは製品計画、製品開発、製品管理のこと、小売店や問屋では商品を仕入れ取り揃える活動のことを指す。

消費者動向、商品動向、競合他社動向を把握し、適品を適時、適量、適所、適価で揃えることが理想とされる。一般的には、マーケティングの中に含まれる概念。

## マーチャンダイズプレゼンテーション(ＭＰ)

（merchandise presentation）

商品プレゼンテーションの意。MP（時にMDP）と略して使われている。

マーケティングの一環として、ビジュアルマーチャンダイジングの考え方に基づき、マーチャンダイジングを的確に視覚伝達することをマーチャンダイズプレゼンテーションという。五感のうち、なぜ視覚に訴求することが重要かというと、人間の五感（視覚、聴覚、嗅覚、触覚、味覚）においては視覚が優先され、80%以上もの外的情報を脳に送り，記憶しているといわれているからである。

マーチャンダイズプレゼンテーションとは、マーチャンダイジング全体や商品を見やすく、分かりやすく、選びやすく、しかも魅力的に見せることであるが、その表現方法として、ビジュアルプレゼンテーション（VP）、ポイントオブセールスプレゼンテーション（PP）、アイテムプレゼンテーション（IP）の3種類がある。
（→アイテムプレゼンテーション、ポイントオブセールスプレゼンテーション）

## マーチャンダイズプレゼンテーション（MP）の表現方法

商品を見やすく、分かりやすく、選びやすく魅力的に表現するための方法。MP表現の方法は商品、目的、展開場所、展開時期によって変わる。MPの基本技法であるフォーミングの際には、商品に対応したフォーミング用材、用具、器具、什器に精通した上で、的確に使い分けることが必要。アパレル及び繊維製品を対象としたMP表現の方法は、商品、目的、展開場所により、表のように分類される。（→フォーミング）

（→用具、用材と用途は次頁 参照）

[ マーチャンダイズプレゼンテーションの表現方法の分類 ]

| MPの種類 | | MPテクニックの種類<br>（フォーミングの名称） | 対応什器、器具、<br>スペース |
|---|---|---|---|
| 置く | 1. たたんで置く | フォールデッド（ + パディング ） | 棚什器、ボックス什器<br>テーブル、ステージ |
| | 2. 広げて置く | レイダウン（ + パディング ） | テーブル、ステージ |
| | 3. 立てて置く | スタンディング（ + パディング ） | ボディ、スタンド器具<br>卓上フォーム、<br>テーブル、ステージ、棚 |
| 張る | | ピンナップ、ピニング（+パディング） | 壁面、柱巻き |
| 掛ける | 1. 側面を見せる | スリーブアウト（ ショルダーアウト） | ハンガー什器 |
| | 2. 正面を見せる | フェイスアウト（ + パディング ） | ハンガー什器 |
| | 3. 正面を見せる<br>→ コーディネート<br>　 して見せる | フェイスアウト（ + パディング ） | ハンガー什器<br>システム什器<br>コーディネートハンガー |
| 着せる | | ウェアリング（ + パディング ） | ボディ、マネキン<br>コーディネートハンガー<br>コーディネートスタンド |
| 吊る | | フライング、テグスワーク<br>　　　　　　　（ + パディング ） | ウィンドウなどの空間 |
| その他 | | ピンワーク、ワイヤリング | |

## ［マーチャンダイズプレゼンテーションの用具、用材と用途］

| 用　具 | | 用　途 |
|---|---|---|
| ピ　ン | 3号　5号 | 商品のフォーミング、壁面などへのピンナップ、布のピンワークなどのピニングを行う際に使用する。主にシルクピン、3号ピン、5号ピンが用いられ、ピニングの用途、目的商品の素材等によって使い分ける。<br>（→ピン、ピンナップ） |
| 金づち | | ピンや釘を打つ時に使う。主にピン打に用いるため、小型で打つ面が平らな軽量タイプが使いやすい。 |
| ガンタッカー | | テグスワークで天井、壁面、床などにテグスをしっかりととめる時や、紙や布、小道具等をとめる際に使用する。<br>ガンタッカーの針足の長さは6㎜、8㎜、10㎜、13㎜があり、とめる物の厚みやとめ付ける面の材質によって使い分ける。 |
| ニッパー | | テグスやワイヤーを切ったり、ピンやガンタッカーの針を抜く時に使う。 |
| ピンクッション | | ピンを刺しておく物。手首に付けられるタイプが便利である。ピンは種類別に刺しておくと仕事がしやすい。 |
| テグス | | 商品や小道具を吊る時に使う。透明のナイロン製で号数が大きくなると、太くなる。軽中量衣料を吊る時は主に3号を使う。吊るものの重さに適したものを使用する。 |
| クリップ | | 一般にワイシャツクリップとよばれ、PL法施行後はピンに比べて安全であることからピンの替わりに使われている。 |
| 紙 | | 商品のフォーミングに使う。一般的に厚地の商品にはクラフト紙やケント紙を、シルクやモヘアなどの薄い素材の商品やベビー服などには、薄葉紙を使用する。 |
| 用具袋<br>ウエストバック | | 作業現場で使用する用具を収納する為の袋。用具が落ちないよう適度な深さがあり、軽量で丈夫な素材で機能的な物が良い。ウエストバックやエプロンタイプが使いやすい。 |
| その他 | | ハサミ、カッター、ステープル、メジャー、セロハンテープ、両面テープ、ガムテープ、グルーガン、輪ゴム、安全ピン等。 |

## マインド

（mind）

心、精神、意識、理性の意味。また外部からの刺激や状況による心のもち方や意識の働き。

マーチャンダイジングでは客や商品を分類するときに使われる基準の一つ。対象を実年齢ではなく、各年代層に特有のファッションに対する意識（心）で捉えた感覚年齢による分類。ヤングマインド、アダルトマインド、シニアマインドというように、実年齢と関係なく精神的な年齢分類を表現するときなどに使われる。

## マウント

（mount）

絵、写真、ポスター、イラストなどを密着して貼り付ける台紙のこと。また、スライドフィルムのコマ枠のこと。

## マグネット効果

磁石のように顧客を引き付ける効果をいう。ビジュアルプレゼンテーションは、この効果を高めるための有効な手段の一つ。

## 柾目（まさめ）

幹の中心を通り、木の繊維の方向に沿って切ると生ずる木目の種類。縦にまっすぐに通った規則的な木目が特徴。（⇔板目）

## マスキングテープ

（masking tape）

覆い隠すためのテープ。一般には紙製の粘着性の弱いテープで、塗装の際に塗装しない部分を覆ったり、塗り分けの境目に張って使用する。近年は文具雑貨としての需要が高く、豊富な絵柄や限定品などがあり、さまざまなアイデアで装飾用として使用されている。略してマステと呼ぶ。

## マスコミ

（mass communication）

マスコミュニケーションの略。大衆伝達の意。テレビ、ラジオ、新聞、雑誌、映画などのマスメディアを通じて、不特定多数の大衆に行う情報、知識伝達手段をいう。マスコミュニケーションは、送り手（マスコミ企業、スポンサーなど）、メディア（ラジオ、テレビ、新聞、雑誌など）、受け手（大衆）の三つの要素からなる。

## マス陳列

（mass display）

大量陳列。特定の品目について、通常の陳列量よりも多くの量を陳列すること。安さ、ボリューム感の演出を目的とする。

## マスメディア

（mass media）

マスコミュニケーションメディアの略称で、新聞、雑誌、ラジオ、テレビ、映画などの媒体を指す。情報を不特定多数に伝達するコミュニケーション手段の総称。

## マズローの欲求段階説

　アメリカの心理学者アブラハム・マズロー 1908-1970) が、人間の欲求を5段階の階層で理論化した仮説。人は低次の欲求が満たされると、より高次の欲求の充足を目指すという欲求段階説を唱えた。マズローが提唱した人間の基本的欲求を低次から並べると生理的欲求、安全の欲求、社会的欲求、承認（尊重）の欲求、自己実現の欲求という順になっている。「自己実現理論」ともいう。また自己超越の欲求を新たに加えた6段階を提唱するのが一般化している。

## マッキントッシュ

　（→チャールズ・レニー・マッキントッシュ）

## 祭り

　（festival）

　奉ること。祭礼の意。本来宗教的な意味をもつ聖なる催しであり、人々が超自然的な存在である神に対して、祈願や感謝を目的に、供物や奏楽をして働きかける行為である。また、クリスマスや花祭りに見られるように、聖者の生誕を記念する祭りもある。しかし現在では宗教とは無関係に行われる音楽祭や、学園祭などがあり、商業や社会活動との結びつきも強い。

＜日本三大祭り＞
・神田祭り（東京）5月15日中心
・祇園祭り（京都）7月17日中心
・天神祭り（大阪）7月24〜25日

＜江戸二大祭り＞
・神田祭り 5月15日中心
・山王祭り 6月10〜16日
＜京都三大祭り＞
・葵祭り 5月15日中心
・祇園祭り 7月17日中心
・時代祭り 10月22日中心

## マニッシュ

　（mannish）

　男性的な、男っぽい、の意味。女性の服装の中に男性的な要素を取り入れた状態をいいマスキュリンとも呼ぶ。

　（⇔フェミニン）

## マニュアル

　（manual）

　手引き書、取り扱い説明書、案内書。円滑に目的を達成するために、その手順や方法を細部にわたり分かりやすく説明、指示し、体系化したもの。

　チェーン展開する外食産業や小売業などで、作業の効率化を進め、店舗ごとに運営方法やサービスレベルの均一化をはかるために作成、活用されている。

## マヌカン

　（mannequin　仏）

　本来はフランス語で衣服や生地を展示するための人間に模した等身大の人形（英語ではマネキン）のことをいうが、次第に生きた人間のモデルを意味するようになった。

## マネキン
（mannequin）

　商品などを展示するための人体を模した人形。リアルな着装感を表現し商品の特徴を提案するための器具。仏語ではマヌカン。等身大のリアルなものから、抽象的なオブジェ風のものまで、さまざまな種類がある。代表的なものは以下のように分類される。
（→次頁　画像参照）

### ＜リアルマネキン＞

　人間の表情を巧みにとらえ、リアルに作られたマネキン。人間にいちばん近い見え方をする。メイクやヘアを変えることにより、商品特徴やトレンドを強く表現することができる。

### ＜アブストラクトマネキン（抽象マネキン）＞

　人体をデフォルメし抽象的に表現したマネキン。抽象的な顔立ちでヘアがなく、単色で塗装されたものが多い。

### ＜スカルプチャーマネキン＞

　リアルマネキンでヘアが彫刻的に表現されたマネキン。スカルプチャーヘアマネキンともいう。リアルマネキンのヘア部分をFRP(強化プラスチック樹脂)などのマネキン本体と同素材で作ったものが多い。塗装の仕方によって変化がつけられる。

### ＜ヘッドレスマネキン＞

　頭部のないマネキン。商品のイメージやターゲットを固定せず幅広く対応し、リアルな着装感を表現できる。

### ＜キャラクターマネキン＞

　キャラクター（漫画やアニメ、イラストなど平面で作り出された架空の人物や、人に見立てた動物など）をイメージさせる顔のマネキン。独自の個性を表現した多種多様なキャラクターマネキンが制作されている。

### ＜可動マネキン＞

　手足などが動かせるマネキン。さまざまなポーズを作ることができる。人間のぬいぐるみのようなウレタン素材に布張りのもの、肘や膝などの関節を動かせるFRP素材のものなどがある。

## 丸帯

　最も格式の高い帯で、花嫁衣裳、留袖など第一礼装に用いられ二重太鼓に結ぶ。長さは約4メートル、幅68センチの幅広に織った帯地を二つ折りにし、芯を入れて仕立てる。表裏全体に模様が入り豪華な帯である。最近では花嫁衣裳に合わせるぐらいであまり使われていない。

## マルチプルアド
（multiple advertising）
　マルチ広告。新聞、雑誌などで

## ［マネキンの種類］

リアルマネキン

スカルプチャー
マネキン

アブストラクトマネキン
（抽象マネキン）

ヘッドレス
マネキン

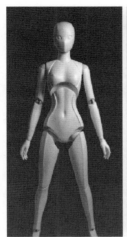 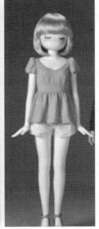

可動マネキン　　　　キャラクターマネキン

数ページにわたり掲載される同一
広告主による大規模広告のこと。多
ページ広告ともいう。電車内に数両
にわたり同一広告主による広告が
掲示されるケースもある。新製品
の発表、他社製品との差別化など、
強くアピールしたいときには見る側
に強い印象を与える効果がある。

## マンセル表色系

（Munsell color system）
アメリカの A.H. マンセル（1858
〜 1918）によって 1905 年に考案
された色表示の体系。色相、明度、
彩度（色の三属性）で色を記述す
る方法をとる。
マンセル色相は赤 R、黄赤 YR、
黄 Y、黄緑 YG、緑 G、青緑 BG、青 B、
青紫 PB、紫 P、赤紫 RP の 10 色
を基本とし、それぞれさらに 10
等分して 100 色相に分割される。
この 10 分割されたものは 1 〜 10

の番号が付けられ、5 番がそれぞ
れの色相の代表色となる。この色
相を順に円周上に表わしたものを
マンセル色相環という。明度は黒
の明度 0 から白の 10 までの 11 段
階を基本とする。彩度は色みのない
無彩色からどのくらい隔ってい
るかを表わし、赤の純色の 14 段
階を最高に、それぞれの色相によっ
て段階数が異なる。色の表示方法
は、色相　明度 / 彩度の順に 5YR
4/8 のように記す。
初期のマンセル色票は等色差系
列の中に不規則性があったため、
1940 年頃、測色学的に検討、修
正された。これを修正マンセル表
色系といい、現在、マンセル表色
系といえば、一般的にこの修正マ
ンセル表色系を指している。JIS（日
本産業規格）に採用されている。
（→巻頭カラー頁　オストワルト表
色系、PCCS）

## 見返し

　衣服の打ち合わせや袖口、襟ぐりなどの始末のため裏側に用いる布のこと。また書物の表紙と本文の間を補強するために用いる紙。

## 見切り材

　同素材または異素材の接合部分に、納まりをよくするために用いられる縁材をいう。

## 水引（みずひき）

　祝儀袋や不祝儀袋の表に用いられる飾り紐で、細いこよりに糊を引いて乾かし固めたもの。推古天皇の時代に、海路の無事を祈って貢物を紅白の麻紐で結んだのが始まりといわれる。贈答品やお金包みをしっかり結び留めることを目的としている。

　一般的に慶事には紅白、金銀、金赤を、弔事には黒白、銀、白銀が使われる。本来は、慶事では5本、7本、9本と奇数本を、弔事では4本、6本、10本と偶数本で結ぶのが正式であったが、最近では既製の水引はほとんど5本であるため、慶弔ともに5本で結ぶのが一般的である。結婚祝いの場合は二筋合わせて10本にすることが多い。水引を結ぶときは原則として向かって左に薄い色がくるようにする。

### ＜水引の結び方＞

・こま結び

真結びとも呼ばれる結びきりで、引っ張ってもほどけないことから、婚礼や快気祝い、弔事などに用いる。

・もろわな結び

蝶結びとも呼ばれ何度でも結び直せることから出産、入学祝、長寿など一般慶事に用いる。

[ 水引の種類 ]

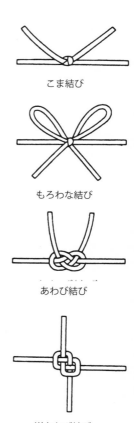

こま結び

もろわな結び

あわび結び

逆あわび結び

## ・あわび結び

相生結び、淡路結びとも呼ばれる結びきりの一種。水引のなかで慶弔両方に最もよく用いられる。

## ・逆あわび結び

弔事に限って用いられる。

## ミスマッチ

（mismatch）

　不適当と思われる組み合わせの意味。ファッションでは、素材やデザインなどのまるで異なるもの同士や、従来の常識では考えられない組み合わせをいう。また意外性のある新しい感覚で着こなしの斬新さを狙う手法をいう。

## 見せ筋商品

　顧客に強く訴求し見せていく商品をいう。商品には売れ筋、売り筋、死に筋、儲け筋がある。見せ筋商品は他商品の売れ行きの牽引役やイメージ訴求などの役割がある。（→売り筋商品、売れ筋商品）

## ミッシー

　ファッションにおけるターゲット分類の一つ。20代後半から30代のヤングミセスのこと。主婦でありながら流行に敏感で若い感性をもった女性群。

## 見積り

（estimate）

　発注者からの請負いの依頼に対して、必要な部材や作業費などの費用の合計金額に税を表記した計算をすること。概算。

## ミニマルアート

（minimal art）

　1960年代後半、アメリカでみられた美術動向。「最小、極小」を意味し、表現の主観性を極度に抑え、純粋で無表情な形態を展開する。シャッド、フランク・ステラ、ソル・ルゥイットなどが主な作家。彼らの作風は日本の建築、インテリア・デザインに多大の影響を与え、その結果 TOKYO STYLE といわれる一つの傾向が生まれた。

## ミレニアル世代

　1980年～1996年に誕生した世代。日本では「ゆとり世代」と重なる。特徴は、情報リテラシーが高く、パソコンや携帯電話によってインターネットでの情報検索などを使いこなす。社会貢献に興味があり、精神的な豊かさを求め、仲間とのつながりを大事にする世代。

## 見開き

　新聞、書物などを開いた状態の左右両ページの呼称。

## 見本市

（trade fair）

　商品見本を展示し、宣伝、紹介を行い、販売促進の場を提供すること。流通業者が対象の場合、取引業務が中心となる。ドイツ語で見本市をメッセ (Messe) という。

## ムービングディスプレイ
（moving display）

動きのあるディスプレイの総称。モビールから、最近ではエレクトロニクスによる各種ロボットも登場している。モーションディスプレイ、アニメーテッドディスプレイともいう。

## 無彩色

白、グレー、黒といった色味がない色のこと。
（→ニュートラルカラー）

## 結ぶ

贈り物として、物を包む際の最終過程。西洋のリボン、日本の水引など、国により独特の結び方がある。贈り物の種類や場面、包装する紙などとの調和を図ることが大切。（→水引、リボン、包装）

## 無店舗販売

販売経路として店舗をもたないで商品、サービスを提供する販売のこと。形態としては電子商取引のEC(Electric Commerce)、訪問販売、通信販売、カタログ販売、移動販売、展示販売、機内販売、車内販売、自動販売機などがあり、特にECによる購買は年々増えている。これらをストアレス販売ともいう。

## メガネフレームの種類

レンズの形状による分類
＜ラウンド＞円形タイプ。アメリカの喜劇役者ハロルド・ロイドがよくかけていたことから、「ロイド型」とも呼ばれている。

ラウンド型

＜オーバル＞横長の楕円形タイプ。クセがなく柔らかで自然な印象。誰にでも似合いやすいタイプ。定番。

オーバル型

＜スクウェア＞横長の長方形タイプ。知的だがカジュアルな印象。

スクウェア型

＜ボストン＞逆三角形のタイプ。アメリカのボストンで流行したことからこう呼ばれている。日本にも昔からある定番タイプ。レトロな印象。

ボストン型

＜ウェリントン＞丸みを帯びた逆台形タイプ。昔からある定番の一つ。

ウェリントン型

&lt;ティアドロップ＞名前の通り涙のような形をしたタイプ。初めは飛行機のパイロット用につくられた。サングラスによく使われているタイプ。

ティアドロップ型

## 目地（めじ）

石、タイル、合板などを張ったときの継ぎ目のこと。隙間を小さく目立たなくしたり（盲目地）、逆に隙間をデザインとして見せたり（化粧目地）する。

## メタバース

（metaverse）

「超越（meta）」と「宇宙（universe）」を組み合わせた造語。コンピューターネットワークの中に構築された、現実世界と似た仮想世界に、デジタル化された店舗や公園、クラブなどをつくり、アバター（操作キャラクター）が交流や消費を楽しむサービス。メタバースの名前は、1990年発表のSF小説に登場する仮想空間サービスに由来する。

## 鍍金（めっき）

貴金属などを他の物（主として金属）の薄い層で被覆処理すること、あるいは処理したもの。酸化、腐食などを防止し、美的効果ももたせる。錫に似た銀白色の硬質なクロームを使うクロームメッキや

真ちゅうで被覆する真ちゅうメッキなど多くの種類がある。

なお、蒸着メッキはメッキ手法の一種で、真空中で金属や非金属を加熱、蒸発させ、物の表面に接着させるもの。

## メディアミックス

（media mix）

新聞、雑誌、テレビ、折り込み広告、インターネット、ダイレクトメールなどのさまざまな広告媒体を組み合わせて展開し、広告効果を高める手法のこと。

本来は、広告の手法や考え方を指していたが、一つのメディアで表現されている作品を他の媒体でも展開していく「表現の多様化」という意味でも使われている。小説、コミックなどの原作を、アニメ、ゲーム、音楽CD、ドラマ、映画など、複数のメディアを通じて表現する手法のことをメディアミックスということもある。

メディアミックスの手法に加え、インターネットを活用するクロスメディアという概念がある。
（→クロスメディア）

## メロウカラー

（mellow color）

メロウは、甘美な、芳醇な、円熟した、軟らかな、などの意味。メロウカラーとは、柔らかな印象で豊かな深みのある色を指して使われる。

## メンテナンス

（maintenance）

維持、整備、保全などの意で、保守管理を行うことで状態のレベルを保つこと。

## 面取り

素材や部材のとがった角を削り落として、細かい面を作ること。装飾的なデザイン、安全性、保護などのために行われる。

（→図参照）

## メンフィス

（memphis 伊）

ポストモダンという流れのなかで、エットーレ・ソットサスがミラノにおいて 1981 年に結成したデザインのプロ集団とその運動をいう。

従来のシンプルでクオリティーの高い統一性といった機能主義的デザインの概念を脱した「主張するデザイン」を提唱。装飾（デコレーション）を問題として取り上げ、コラージュ手法で形と色を無邪気な遊戯性のうちに自由に組み合わせた家具や食器は、幾多の新しい素材の使い方と意外な組み合わせをも提案し世界的に大きな衝撃を与えた。

[面取りの種類]

切 面

さじ面　　坊主面

沈み切面

片段さじ面

片銀杏面

南京面　　両段さじ面　　銀杏面

ひも面　　几帳面

デッキ面　　几帳面

ひょうたん面　　底几帳面

ごまがら面

ごまがら面

ごまがら面

## モアレ

（moire 仏）

規則正しく構成配列された点や線が重なったときに現れる、木目に似た模様のこと。印刷などで網版を重ね刷りする多色印刷で起きやすい。これを防ぐためには、黄版90°紅版15°藍版75°墨版45°と角度を決めて製版する。布地では、光沢の強弱で生じる木目模様を特徴とする織物としてタフタがある。

モアレ現象は視点を移動する動きのある模様として見えるので、これをPOPやサインに利用すると面白い効果がある。

## モーションディスプレイ

（motion display）

商品や展示物、またその装置などが実際に動く展示のこと。動くものは注目率が高いので、ディスプレイでは使用することが多い。卓上POPから人形、ファサード、吹き抜けの大型ディスプレイなどと応用範囲は広く、風や水などの自然エネルギーを利用したり、バネ、スプリング、モーター、点滅装置などを使用したりと、その動力源、装置も多様である。ムービングディスプレイともいう。

## モード

（mode 仏）

フランス語で流行やファッショ

ンの意味。英語のファッション（流行）と同義語であるが、より芸術的な創作（オリジナル）を意味する。オートクチュールのハイファッションや、時代をリードするクリエーターたちの個性的な思想や主張が盛り込まれたものを指す。これに対し市場におけるファッションの流行・動向や売れ筋のことをトレンドという。

## モーニングコート

（morning coat）

通称モーニングといわれ、男子の昼間の正礼装として用いられる。ジャケットの色は黒が一般的で格調高い素材のものを用い、襟はピークドラペル、シングルボタン、ジャケットの前裾は斜めにカット（別称・カッタウェーフロック）され、後姿は燕尾服と酷似している。共地のベストに縞のコール地スラックスの組み合わせが最も多い。

最上級のものにアスコットモーニングがあり、すべてグレーで揃えて着用される。ベストは慶事のときはコード付きの白襟を付ける。（→フォーマルウェア）

## モール

（mall）

本来は、木陰のある遊歩道を指す。商業地区では、歩行者優先の街路や空間などをショッピングモールといい、クローズドモールとオープンモールに大別される。

## モールディング
（molding）

繰形（くりがた）のこと。建築、家具などの表面装飾に用いられる形状。

ビード

カベット

オボロ

## 模型
（model）

実物と同形に作ったもの。モデルとは、骨組みがよく分かるように現実を抽象化し作られた事象のことをもいう。

## モザイク
（mosaic）

ガラス、木、石、貝殻などの細片を、床、壁、天井、工芸品などの表面に接着もしくははめこんで、図案、絵画などを表わしたもの。

## モダンアート
（modern art）

一般的概念として現代美術を指す。モダンアートのモダンは語義の「近代」よりも「現代」を意味し、主として独創的な感性による際立った造形形式をもつ作品全般を指す。ゆえに、伝統や既成の芸術形式を打破したアバンギャルドをいう場合が多い。詩的な夢幻を内包した近代的造形感覚に特徴がある。

## モチベーション
（motivation）

行動などに対する動機づけ、刺激のこと。モチベーションは、二つの要因から構成されている。一つは食欲や睡眠といった内的要因。もう一つは外的要因。小売りの場で、ディスプレイが誘因となる衝動買いなどがその例。モチベーションの理論としてマズローの欲求段階説がよく知られている。
（→マズローの欲求段階説）

## モチーフ
（motif 仏）

主想、動機の意。創作行為の中で具体的テーマを表現するための動機づけとなる題材のこと。

## モックアップ
（mock-up）

原寸大の模型。製品デザインにおいて、設計図だけでなく精密に検討する必要のある場合に作られ

る。模型制作（モデルメーキング）には、金属、木材、紙、粘土、油土、石こう、樹脂材など、目的に合わせた素材が使われる。
（→ダミーモデル）

## モッズ

（mods）

モダンジャズを愛好する若者達を呼んだモダーンズの略。ロンドンのカーナビー・ストリートに生まれ、1960年代に流行した。ロングヘアー、コンチネンタル調スーツ、花柄や水玉のシャツ、ネクタイ、サイドゴアブーツなどが特徴。

## モデュール

（module）

寸法あるいは機能の単位。建築の分野では基準となる寸法のこと。そこから発展して規格化された建築材を指すこともある。共通規格寸法として、国際標準化機構（ISO）で決められたメートル法を規格寸法としたものや、フィートや尺などのモデュールもある。モデュールは歩幅や背丈などの人体寸法が基準となっている。ル・コルビュジエが人体の寸法と黄金比などに基づいて考案した建造物の基準寸法の尺度をモデュロール (modulor) という。

## モニター

（monitor）

モニターには勧告者、忠告者といった意味がある。当事者では気がつかないことや見過ごしてしまうことを指摘し、報告することを依頼された人。小売業の場合は商品の品揃え、店舗環境、販売手法、サービスなどについて自由に批判、感想、意見を報告するように依頼された商圏内消費者を指す。いろいろな業種業態で現状改善に活用されている。改善していくためにとられる制度がモニター制度（monitor system）。

## モニュメント

（monument）

歴史的、社会的な意味をもつ記念碑、門、塔などの建造物や遺跡をいう。ディスプレイでは、博覧会や展示会などの象徴的な造形物も指す。

## モノグラム

（monogram）

組み合わせ文字、氏名の頭文字など二つ以上の文字を組み合わせて図案化したもの。ファッションや雑貨、インテリアの図柄などにも多く使われている。

## モノトーン

（monotone）

モノ (mono) はギリシャ語の「一つの」を意味するモノス (monos) から来ている。したがって、モノトーンは、単一色の濃淡や明暗だけで表現することをいう。ファッションでは、黒、灰色、白だけで構成されたものをいう。

## 喪服

葬儀や法事の際に着用する黒や薄墨色の衣服。

和装における喪服の場合、女性の礼装は染め抜き五つ紋付きの黒無地を用いる。生地は地紋のない縮緬か黒羽二重で、帯、帯揚げなどの小物類はすべて黒で統一し、長襦袢、半襟、足袋は白で揃える。正式には黒喪服と白喪服があるが、最近では白喪服はほとんど着られなくなった。また、略礼装の場合は、三つ紋、一つ紋の弔事にふさわしい地紋のものや、地味な色無地、紋小紋などの着物が用いられる。

男性の場合は、慶事と同様五つ紋付羽織袴が用いられる。（→着物）洋装における喪服の場合、葬家の男性の正喪服はモーニングコート、準喪服はブラックスーツを用いる。通夜の席ではブラックスーツ、ダークスーツの略喪服とするが、今日ではそれが男性の一般的な喪服となっている。また、女性の正喪服は黒のアフタヌーンドレスにするが、ワンピース、ツーピース、アンサンブルいずれのデザインでもよいとされる。ただし襟ぐりの広くあいたものや光沢があるもの、透けるものはふさわしくない。夏でも長袖が正式である。

靴は男女ともにエナメルなどの光沢のあるものは避け、女性の場合バッグ、靴は黒の布製が正式とされる。アクセサリーは真珠などがふさわしい。参列者の装いはこれに準ずる。

## 最寄り品

消費者が毎日の生活で頻繁に購入する商品のこと。特徴は、購買頻度が高く近くの店で気軽に購入される、消費量が比較的多い、平均的に安価である。商品分類として他に買い回り品、専門品がある。（→買回り品、専門品）

## モルタル塗り

セメント、砂、水を練り混ぜ合わせたセメントモルタルを使って、壁面などをこて塗り仕上げすることをいう。

## 文様（もんよう）

模様、模様の柄のこと。幾何文様、天象文様、植物文様などさまざまな種類があり、それぞれの図柄によって名称がつけられる。また、描かれた対象が表現する概念（内容）で分類すると、格の高い文様、吉祥文様、吉凶両用の文様などに区分される。やや紋章的な感じを含むものは紋様ともいう。

また、海外における伝統文様も各国ごとの歴史や習慣による代表的なものがある。英、仏で最も代表的なものとして家具や調度品、テキスタイルにも使われているアカンサス文様、ペイズリー文様など。また、中東の葡萄唐草文様、中国の雷紋などがある。（→次頁 図参照）

[ 日本の伝統文様 ]

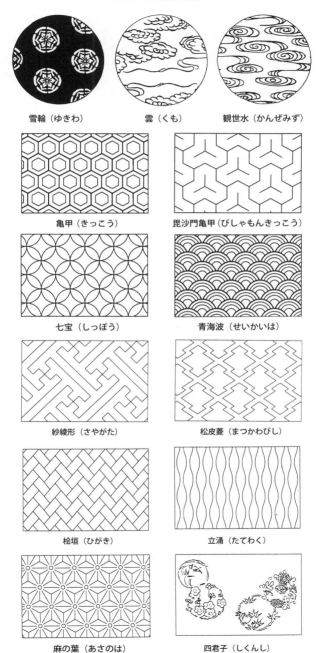

雪輪（ゆきわ）　　雲（くも）　　観世水（かんぜみず）

亀甲（きっこう）　　毘沙門亀甲（びしゃもんきっこう）

七宝（しっぽう）　　青海波（せいかいは）

紗綾形（さやがた）　　松皮菱（まつかわびし）

桧垣（ひがき）　　立涌（たてわく）

麻の葉（あさのは）　　四君子（しくんし）

モ

矢絣（やがすり）

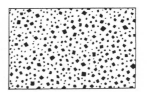
大小あられ

篭目（かごめ）

源氏車（げんじぐるま）

[ 海外の伝統文様 ]

ペイズリー

雷紋

アカンサス

**ヤ**

## 八百屋飾り

　演劇用語。舞台やスタジオなど
で手前を低く、奥を高くして作ら
れる斜面・傾斜の俗称を「八百屋」
といい、その上に遠近画法などに
よって舞台装置を飾ることをいう。
八百屋の店先の商品を並べる台の
形に由来する。

**ユ**

## 有機ＥＬ（有機エレクトロルミ
ネッセンス）

　（organic electroluminescence）
　有機化合物に電圧を加えると、
熱をほとんど出さずに発光する物
理現象のことをいう。その現象を
応用した有機発光ダイオードや発
光ポリマーと呼ばれる製品一般を

指すこともある。既に携帯電話やカーオーディオのディスプレイなどで実用化されている。有機ELディスプレイは液晶に比べ、高輝度、高コントラスト、広視野角、高速応答、極薄軽量、低電力消費で長寿命などの利点がある。特に折り曲げが可能であることから、多くのメーカーによってディスプレイや電子ペーパーへの応用が進行している。

## ユーザーエクスペリエンス

（user experience）

　製品やサービスなどを利用して感じる使いやすさ、感動、印象といった「ユーザー体験」のこと。利用者にとって製品・サービスを改善し、向上することを目的に、使いやすさや分かりやすさだけでなく、ユーザーのやりたいことを楽しく、心地よく実現することを目指した概念。「UX」とも表記する。

## ＵＶカット

　UVとは ultra violet rays の略で紫外線のこと。ＵＶカットとは紫外線を防ぐことをいう。紫外線は波長が可視光線より短く、Ｘ線より長い電磁波で日焼けや皮膚がんの原因になる。地球温暖化の影響を受け、地表に降り注ぐ量が増加している。このため紫外線対策として化粧品やサングラスのほかに手袋や帽子、傘、衣類などＵＶカットを施したものが多くなっている。

## 浴衣 （ゆかた）

　もともとは入浴のときに身にまとったもので平安時代の「湯帷子（ゆかたびら）」に始まる。昔は蒸し風呂であったため、麻で作られた単（ひとえ）の浴衣をまとって入浴した。その後、湯上がりのくつろぎ着として用いられ、家庭着へと変化した。

　現代の浴衣は、木綿型染めの中形のことをいう。帯は、女性の場合半幅帯、単帯、袋名古屋帯、男性、子供は兵児帯（へこおび）を使用し、素足に下駄を用いる。今日では、夏季のファッションアイテムとして着用され、色柄も豊富で斬新なデザインや着こなしも多い。

## ユニセックス

（unisex）

　男女共通、男女の性差のないこと。ファッションでは、男女両用のものや服装を指す。ノンセックス、モノセックスともいう。

## ユニット什器

　ユニットとは単位のこと。ユニット什器とは、企画化された組み合わせ式の什器のことで、ディスプレイユニットともいう。
（→什器）

## ユニバーサルデザイン

（universal design）

　障害の有無、年齢、性別、国籍、人種にかかわらず、多様な人々が気持ちよく使えるように、あらか

じめ都市や生活環境などを計画することである。

## ユニバーサルファッション
（universal fashion）

障害者、健常者、年齢、体形に関係なく、すべての人に区別なく平等に楽しめるファッションをいう。

着脱がしやすいなど、障害や加齢による身体機能の低下に適合する衣服の開発が求められている。

## ユニフォーム
（uniform）

制服のこと。学校、会社、各種団体などで、所属、階級、思想などを、他から区別するために装う特定の服装のこと。

## ユビキタス
（ubiquitous）

ラテン語に由来する英語で「遍在する」の意。人間の生活環境の中のあらゆるものにコンピュータ（の機能）を組み込んだものが浸透し、いつでも、どこでもコンピュータの支援が得られるような世界や概念を指す。

インターネットなどの情報ネットワークに、時や場所を選ばずアクセスできる状況を、ユビキタスコンピューティングという。ユビキタスは「ユビキタスコンピューティング」または「ユビキタスネットワーク」の略として用いられている。

## ヨーロピアンカジュアル
（European casual）

ヨーロッパ風の落ち着いたカジュアルルックで、独特なエレガントが特徴。アメリカンカジュアル（AC）と対比される。略してECともいう。

## 容器包装リサイクル法

「容器包装に係る分別収集及び再商品化促進等に関する法律」の略称。容器包装廃棄物の排出量を減らし、分別収集によるリサイクル（再商品化、再資源化、再生利用など）を促進し、一般廃棄物の減量、再生資源の十分な利用を図ることを目的に平成7年(1995年)に公布された法律。消費者の分別排出、市町村の分別収集、事業者の再商品化という、3者の役割分担と責務を規定している。

平成18年(2006年)6月に成立した改正法により事業者が市町村に資金を拠出する仕組みを創設し、その後、レジ袋対策やプラスチック製容器包装のサーマルリカバリー、ペットボトルの容器包装区分の変更や質の高い分別収集・再商品化の推進が図られている。

## ラ

### ライセンス生産

（lisence production）

　ある企業が開発した製品に関する製造技術やデザインに対し、別の企業がライセンス契約に基づきライセンス料（ロイヤルティ）を支払いその製品を生産すること。欧米の高級ブランドファッション衣料・雑貨を始め、自動車、医薬品などの例がある。

（→ロイヤルティ、ロイヤリティ）

### 来店頻度

　一定期間に顧客が商品を買いに来店する回数のこと。特定の商品を一定期間に購入する回数を示す購買頻度とは区別する。

### ライティングダクト

　照明器具の装着と電気的接続が同時にできる金属装または合成樹脂製の電線管（ダクト）をいう。器具の取付位置をダクト上で自由に選べる。壁面近くの天井や陳列棚の下に設置し、局部照明をしてスポットライトを装着したり、全般照明用の配線設備として天井全体に格子状に配したり、非常に扱いやすい。

　形状には埋込形と露出形があり、露出形は専用のパイプやワイヤー、チェーンなどで吊り下げて使われることが多い。

### ライトアート

（light art）

　ネオン管などさまざまな光源を用いて作られたアート作品。また、レーザー光線を使って空間に映像を描くパフォーマンスなどのことも指す。

### ライトアップ

（light up）

　都市の建物やモニュメント、橋などを投光機で照らし出して、夜の都市景観を浮かび上がらせて見せる照明手法。フランスのルイ14世時代に登場し、電力による本格的な照明は1920年代のパリから始まった。1930年代には電力会社の支援を得てヨーロッパ各地に広がった。

　日本では、1989年頃から街づくりの効果的な手法として盛んに採用されるようになった。また、広くメッセージを告知する場合にも使われ、主な例として、ピンクリボンライトアップ（乳がん早期発見啓発月間）や、グリーンリボンライトアップ（臓器移植普及推進月間）は、東京タワー、都庁舎、レインボーブリッジなどをはじめ全国で大々的に実施されている。

### ライフサイクル

（life cycle）

　本来は人や生物の誕生から死までの一生の過程の意。ビジネスの分野においてはプロダクトライフサイクルの略として使われ、商品

の導入期から拡大販売期（実売期）を経て処分期に至るまでの過程をいう。

（→プロダクトライフサイクル）

### ライフスタイル

（life style）

生活習慣や生活様式のこと。衣食住だけでなく、交際や娯楽なども含む暮らしぶりを指す。さらに生活に対する考え方や習慣など、広い意味で社会全体あるいは、その細分化された部分を明確に差別化し、特徴づけることができる生活の様式。

ライフステージや人口統計的な所得、職業といったデモグラフィックな要因だけでなく、生活意識や価値観、行動習慣など、多次元的な視点から消費者を捉えていこうとする考え方によって生まれた市場細分化の分類基準の一つ。

### ライフスタイルショップ

（lifestyle shop）

ライフスタイルをテーマとしたコンセプトで提案し、生活全般にわたる品揃えで展開されている店舗。

### ライフステージ

（life stage）

人間の一生を、誕生から入学、卒業、就職、結婚、子供の誕生・独立、退職などの節目といわれる出来事によって区分した各々の段階のこと。通常は幼年期、少年期、青年期、壮年期、老年期に分けるが、購買行動に与える影響力を考え、学生・独身・家族形成期（結婚期）、家族展開期（子育て期）、家族分解期（教育期）、巣立ち期（子供の独立期）というように分類することもある。

### ライフタイムバリュー

（Life Time Value）

「顧客生涯価値」の意。ある顧客から生涯に渡って得られる利益のことを指す。新規客を集客するよりも、既存の顧客に継続して商品を購入してもらう方が、コストを抑えることができるので、ライフタイムバリューを向上させることは、効率的に利益を上げることに繋がる。「LTV」とも表記する。

### ライン

（line）

線のこと。ファッションでは、シルエットラインの略称で、シルエットの外形線をいう。

（→次頁 イラスト参照）

### ラック

（rack）

商品をかける器具、什器。

（→什器）

### ラッピング （→包装）

### ラフスケッチ

（rough sketch）

アイデアや構想を練るための下

## ［ ラインの種類 ］

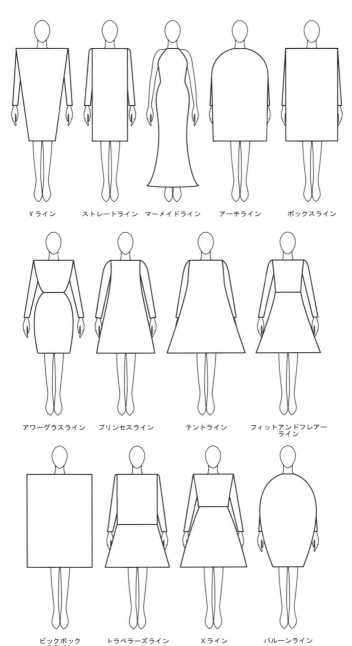

V ライン　ストレートライン　マーメイドライン　アーチライン　ボックスライン

アワーグラスライン　プリンセスライン　テントライン　フィットアンドフレアーライン

ビックボックスライン　トラベラーズライン　X ライン　バルーンライン

描きのスケッチをいう。デザインイメージを伝えるためにも使われる。

## ラペル
(lapel)

下襟のこと。コートやジャケットの襟の折返し、折り襟、返し襟のこと。代表的なものに、ノッチドラペル（並み襟、菱襟）とピークドラペル（剣襟）などがある。

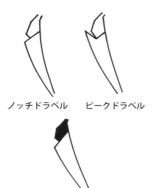

ノッチドラペル　ピークドラペル

チェスターフィールドラペル

## ラミネート加工

積層加工すること。適した素材はプラスチックフィルム、紙、アルミ箔、金箔など範囲は広い。加熱、加圧して貼り合わせるので強度、耐熱性、防湿性に優れ、また表面には印刷が可能なので、パッケージや本の装丁、包装紙などに広く用いられている。

## ランドスケープ
（landscape）

景観、風景、環境などの意味。大規模デザインの対象となる造園、緑地計画、都市計画、地域計画など環境のすべてをいう。

## ランニングコスト
（running cost）

企業が経営を続けるうえで、運用、管理するために継続的に必要となる費用のこと。例えば、機械や設備などの稼働に一定期間、継続してかかるすべての費用（燃料費、保全費、労務費など）。これに対して、初期投資費用のことをイニシャルコストという。

## ランニングストック
（running stock）

企業が製品や材料などを倉庫などに保有する資産で、動きが活発なものをいう。正常在庫などともいう。これに対し、動きの見込めない製品などの保有資産をデッドストックという。デッドストックを防ぐには、日常の在庫管理を徹底し、製品などの動きを把握することが重要。

（→チェーンストア）

## リアプロジェクター

（rear projector）

半透過性のスクリーン（リアスクリーン）の裏から映像を投影する映写機。この映写手法をリアプロジェクションという。ビジュアルプレゼンテーションやステージの分野で用いられるが、比較的明るいところでも映写効果を得ることができる。

## 利益率

売上高に対する利益の割合のことをいう。

利益には「売上総利益」「営業利益」「経常利益」「当期純利益」があり、それぞれの段階における利益率により意味合いが異なる。

## リージョナルショッピングセンター

（regional shopping center/RSC）

広域商圏型SC。複数の百貨店、GMSや大型専門店をキーテナントとし、多数の専門店テナントからなる大型のショッピングセンター。

商圏人口15万〜30万人の広域商圏を想定している。RSCよりも広域を対象にしたスーパーリージョナルショッピングセンター(SRSC)も生まれている。
（→ショッピングセンター）

## リージョナルチェーン

（regional chain）

## リース

（lease）

機械、設備、建物など物品の長期賃貸しのこと。対象となる物件は、一般的に見て高額な機械類が多い。商業施設では、マネキン、什器などにこのシステムが取り入れられている。契約期間は通常3〜5年。

## リーズナブル

（reasonable）

商品やサービスなどに対して適正な、あるいは無理のない手頃な価格のもの、またその感覚をいう。

## リーズナブルプライス

（reasonable price）
（→値ごろ）

## リードタイム

商品を発注（受注）してから納品までにかかる時間。受注生産の場合は各工程に要する期間と輸送にかかる時間が合算されるが、在庫品を出荷する場合とでは大きく異なってくる。

## リーフレット

（leaflet）

チラシより高級な、一枚刷りの印刷物のこと。企業や商品の広告宣伝、説明書、ダイレクトメールなどに使われる。

## リクルートファッション

就職活動における会社訪問の際に学生が着用するファッション。

## リサイクルショップ

（recycle shop）

不用品や使用済み品を再生して販売する店。衣料品、家庭用品、家具などがある。消費の短サイクル化の中で、生活防衛意識、節約意識、資源保護意識などを背景として出店数が増加している。

## リサイクル法

「再生資源の利用の促進に関する法律」の略称。資源の有効活用と廃棄物の発生抑制を目的としている。容器包装リサイクル法、家電リサイクル法、小型家電リサイクル法、建設リサイクル法、自動車リサイクル法、食品リサイクル法、パソコンリサイクル法など具体的な施策に関しては個別法で定めている。

## リズム

（rhythm）

律動の意味。周期性、規則性をもって繰り返される動きを指し、テンポのこと。美術では、繰り返しにより生まれる秩序をいう。同一の形と同一の間で繰り返されるものをリピテーションといい、規則的に変化するものをグラデーションという。

（→構成、リピート構成）

## リセエンヌルック

リセとは、フランスの7年制の国立または公立の高等中学校を指す。リセエンヌルックとは、そこに通う女子生徒をイメージしたヤングファッションである。日本では1980年代、雑誌『オリーブ』が特集で「さりげなく小粋なおしゃれ」として紹介し流行した。

## 立地

店舗が営業活動で利用している場所をいう。小売りは立地産業といわれ、商業の移り変わりは新しい立地創造から生まれている。商業は立地に始まり立地に終わるといわれる由縁がここにある。

## リテイラー

（retailer）

小売業者のこと。最終消費者に直接販売することを主な業務とする商業者である。消費者のニーズに合わせて、購買しやすい品揃えと必要量の単位で販売していく役割があり、取扱い商品の種類（業種）や営業形態（業態）、店舗の有無、組織形態、規模などは多種多様である。

## リニューアル、リモデル

（renewal、remodel）

「リニューアル」は更新、更生という意味。「リモデル」は型を改める、改造する、改築すること。どちらも一般的には店舗などの改装を指す。店舗を取り巻く環境条件

り

とのずれや将来予測に対応し、現状の打破や生き残りのために行われる。店舗コンセプトの見直し、マーチャンダイジングの再編成、従業員意識の変革、売り場の最構築などをいい、比較的大規模な改革の場合に使われる。同義語の「リフレッシュ」は活気づける、気分を爽やかにするなどの意味で、比較的小規模な場合に使われることが多い。

### リピーター

（repeater）

「繰り返し訪れる顧客」という意味で用いられる。リピーターを多く集めるほど業績が安定化する傾向が小売業を中心に見られるため、多くの小売店がリピーター獲得に注目する。

### リピート構成

リピートとは繰り返し、反復の意味。同一の構成パターンをくり返し展開することでリズム感が生まれ、訴求力が増す。
（→構成、リズム）

### リフレッシュ

（refresh）

（→リニューアル、リモデル）

### リボン

（ribbon）

幅の狭い薄地の織物で、洋服、帽子、頭髪の飾りや贈答品の包装に用いる。リボンの幅に織る「織りリボン」と、広幅に織った物をカットする「カットリボン」があり、素材はサテン、タフタ、ベルベット、グログランなどが主で、幅は5〜200mmの範囲に及ぶ。歴史は古く、古代ギリシャから使われ、16世紀〜17世紀ヨーロッパでは、男女問わず服飾にも広く使われた。日本で使われるようになったのは、明治以降である。

### リミテッドアソートメントストア

（limited assortment store）

扱いアイテムを限定し品揃えした店。取扱品目数を絞り、余分な装飾、包装を省略して低価格で訴求する業態。かつてボックスストアと呼ばれたドイツのハードディスカウンター「アルディ」が代表的。
（→ボックスストア）

### 流行色

（fashion color）

流行している、または流行が予測されるファッションのカラーのこと。流行色は2年前から国際レベルで決められる。パリに本部をもつインターカラー（国際流行色委員会）が世界で最も早いファッションカラー情報「インターカラー」を選定し、年2回、春夏用、秋冬用のカラーを発表する。日本では、「一般社団法人日本流行色協会（JAFCA）」が加盟機関となっている。

インターカラーの情報を受け、パリのプルミエールビジョンに代

表されるような素材展が各国で開催され、トレンドカラーとデザインの方向性が発表される。

## 流通チャネル

生産から消費までの商品の流れ。でき上がった商品を消費者の手に渡すまでの仕組みのこと。メーカー→卸売り→小売り→消費者といった流れが一般的だが、近年ではインターネットを通じてメーカーが消費者に直接販売するケースも増えている。「産直」が典型例。

英語ではディストリビューション「distribution」と呼ぶ。

## 量販店

ある種類の商品を大量で安価に販売する大型小売店舗をいう。大手のスーパー、大手家電店、大手のホームセンターなどのチェーン店を指していう場合が多い。

### ル・コルビュジエ
（Le Corbusier）

ル・コルビュジエ(1887-1965年)はスイスに生まれ、モダニズム建築の礎を築いた20世紀を代表するフランスで活躍した建築家。彼の急進的な建築、都市計画、家具の設計は、実用的な機能を肯定する独自の機能主義の理論に基づいて生まれた。

1920年に雑誌『レスプリ・ヌーヴォー』を刊行し、実践に理論を並行させ、鉄筋コンクリートを活用した建築理論「ドミノ・システム」、高密現代都市の理想的環境を構想した「輝く都市」、身体に合う建築寸法の黄金比「モデュロール」、《サヴォア邸》で実現された新しく自由な建築のための要点「近代建築の五原則」などを、著作やCIAM（近代建築国際会議）で次々に発表し、世界に多大な影響を与えた。それは、インターナショナル・スタイルの基礎となっている。

また、家具デザインの大部分は、従兄弟であり建築のパートナーであるピエール・ジャンヌレと、シャルロット・ペリアンとの共同作業から誕生した。3人が1928年にデザインした金属製の家具はたちまち全世界で成功を収めた。

（→次頁　画像参照）

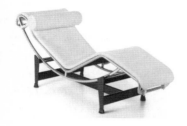

［ル・コルビュジエの作品］

## ルック
（look）

　ルックは、見る、容貌、様子、外観などの意味。ファッションでは、服装やスタイル全体の雰囲気を表し、○○風、○○らしい、の意味がある。風俗、民族衣装、民族様式、美術様式、歴史的有名人物の服装などの名称を冠して使うことが多い。類似語のスタイルは、より限定的な様式を意味する。

## ルックブック
（look book）

　ファッションブランドやメーカーなどの最新コレクションやコーディネートを掲載したカタログや小冊子をいう。紙媒体のほか、デジタル版のルックブックもある。

ル

## ルーバー
（louver）

　直訳すると「日よけ用のよろい板」で、中世建築の「屋根窓」の意味である。店舗におけるルーバーとは、直射光を遮るようにした拡散透過または不透明の遮光板からなる照明器具をいう。ルーバーを使用した器具はグレア（まぶしさ）を防ぎ、質の高い照明が得られ、グレア制御形器具という。

## レイアウト

（layout）

　配置すること。新聞や雑誌の平面の割り付け作業をすることから、店舗において、人間の視線や動線を考えて、商品、什器や売り場、通路の配置をすることをいう。

## レイダウン

（lay dawn）

　おろす、置く、敷くなどの意味から、商品を平らに横たえるように(寝かせたように)して見せる技法。テーブル上などで用いることが多い。（→マーチャンダイズプレゼンテーションの表現方法）

## レイヤードルック

（layered look）

　レイヤードとは、重ねる、積むなどの意味で、レイヤードルックは重ね着による装いのことをいう。日本では1960年代後半から流行した。ニットオンニット、シャツオンシャツや長袖の上に半袖を重ね着するスタイルではじまり、今日では、ワンピース、ベスト、スカート、パンツなど重ねるアイテムも多様化し、全体の配色や素材、丈の長さのバランスを考えた着こなしがポイントとされる。

## レーザー光線

　原子や分子の固有震動を使って増幅、発振する装置から出る光で、輝度が極めて高く、平行直進性の限定された狭い波長をもつ特殊な光のこと。宇宙通信、宇宙兵器、光通信、精密工作機器、医療用機器などをはじめ、ホログラフィーによる立体虚像の表現、ビーム効果や反射効果を利用した視覚的エフェクトなどにも使われている。

## レオタード

（leotard）

　ダンサーやバレリーナが練習用として着用する、体に密着した上下続きのボディスーツのこと。伸縮性のある布で作られカラフルなものが多く、各種スポーツにも用いられている。

## レギュラーチェーン

（regular chain）
（→チェーンストア）

## レギンス

（leggings）

　もともとは子供用の保温ズボンのこと。日本では2006年以降に腰から足首までを覆う女性のファッションアイテムとして広まったレッグウエアをいう。スカートやショートパンツと組み合わせて脚部を見せるインナーとして用いたり、単体でアウターとして用いるなど、ファッションの一部として種類も多い。

（→スパッツ）

## レシピ

（recipe）

料理の材料や分量と調理手順、方法のこと。このことから、コツ、秘訣の意味でも使われる。または処方箋のこと。

## レジュメ

（résumé 仏）

要約、大略の意味。会議や講演、企画書などの概要。特にそれらの要旨を書いたものを指す。

## レタリング

（lettering）

本来は手で「文字を書く」という意味。字体をメッセージ性と視覚的効果を考慮してデザイン化すること、またはその表された文字のこと。POP、メニュー、サインなど、店舗周りでもよく活用されている。

## レディメイド

（ready-made）

既製品、出来合いの意味。ファッション用語としては既製服を総称する言葉として使われ、レディツーウェア (ready to wear) と同義である。買ってすぐ着られる便利さと価格の安さから、アパレル産業の主要な商品となっている。さまざまな体型の人に対応できるよう、サイズも豊富に揃えている。ただし既製服でも高級・高額なものもあり、これを特にプレタポルテと呼び、区別している。

## レトロファッション

（retro fashion）

レトロはレトロスペクティブ (retrospective) の略で、回顧的な、懐古の意味。レトロファッションとは、過去のある時代、ある風俗をテーマとした懐古調ファッションのこと。

## レリーフ

（relief）

平面上に形象を浮き出させる彫刻技法で、浮彫の意味。浮き出し方の高低によって、高浮彫、低浮彫、半浮彫、凹型浮彫の種類がある。一般的に、絵画と彫刻の中間的な機能をもつ。

## レンダリング

（rendering）

表現、訳文の意味。デザイン用語では製品のでき上がりを想像して描かれる完成想像図のこと。工業デザインでは、精密見取図のことをいう。

## レンタル

（rental）

リースに比べ短期間の賃貸のこと。次々と出てくる新商品や短期で使用するものを、必要性に応じて貸し出すシステム。

レ

## ロイヤルティ、ロイヤリティ

（royalty）

特定の権利を利用するための使用料のこと。権利とは、主に特許権や著作権などの知的財産権に属することが多い。日本ではロイヤリティともいう。ボランタリーチェーンやフランチャイズチェーンでは、指導料などをいう。

（→ライセンス生産）

## ロイヤルティ

（loyalty）

忠誠心の意味。マーケティング用語として使われ、企業やブランドに対し顧客がもつ信頼や愛着心などの意識をいう。

（→ストアロイヤルティ）

## 労働安全衛生規則

労働安全衛生規則とは、労働基準法と相まって、労働安全衛生法や労働安全衛生法施行令の規定に基づき、並びに同法を実施するための規則を定めた法律のこと。

労働安全衛生法とは、労働災害の防止のための危害防止基準の確立や責任体制の明確化及び自主的活動の促進の措置を講ずる等、その防止に関する総合的計画的な対策を推進することにより職場における労働者の安全と健康を確保するとともに、快適な職場環境の形成を促進することを目的とする法律である。

例えば健康管理に関して、事業者は常時使用する労働者に対し、1年以内ごとに1回、定期に健康診断を行うことや、休憩時間を除き1週間当たり40時間を超え、その超えた時間が1ヵ月当たり100時間を超え、かつ、疲労の蓄積が認められる者には面接指導を行うことなどを定めている。

労働災害の防止のための危害防止基準の確立や、責任体制の明確化及び自主的活動の促進の措置を講ずる等、その防止に関する総合的計画的な安全対策の例として次のようなものがある。

建築作業現場の保護具の着用は、最終手段として併用すべき安全対策であり、安全性設計と設備安全対策の代用にしてはならない。主な保護具には次のものがある。

・頭：保安帽、安全帽、ヘルメット
・目：眼鏡、ゴーグル
・耳：防音保護具（耳せん、マフ）
・顔：防塵面、溶接用面
・手：ゴム手袋、皮製手袋、腕カバー
・呼吸器：空気呼吸器、酸素呼吸器、送器マスク
・足：安全靴、長靴、すね当て、甲プロテクター
・皮膚：防毒衣、防熱衣、作業衣、前掛け
・身体：高所用安全ベルト

労働基準法では高さ2m以上の場所でする作業を高所作業といい、安全帯、安全帽の装着や安全柵を設置の義務などがある。

## ローカルチェーン

（local chain）

（→チェーンストア）

## ロードサイドショップ

（roadside shop）

　幹線道路沿いに立地する郊外型店舗のこと。都市部の商業集積地に比べ、地価が低く広い面積を確保しやすいので、広い駐車場と低層の大型店舗が多い。低層のため建築コストが比較的低くすむなどのメリットがある。ディスカウントを主体とした、衣料品店、ホームセンター、書店、家電店、スポーツ用品店、カー用品店、家具店、靴履物店などの業種、業態が多い。

## ロープ

（rope）

　繊維や鋼線を撚り合わせた索具（さくぐ）で、縄や綱に相当するもののこと。繊維の撚り合わせによるものでは細い糸や紐から縄、綱があるが、明確な定義の区分はない。

　ロープの素材は、マニラロープ、コットンロープ、サイザルロープなどの天然繊維系、ナイロンロープ、ポリエステルロープ、ビニロンロープ、PPロープ、クレモナロープなどの化学繊維系、炭素鋼やステンレスによるワイヤロープなどがある。ロープの太さはミリ（mm）で表示するが、欧米ではインチ（inch）表示が多く、国ごとに異なる。

　ロープの結び方には、結びやすさや結びの強度、あるいは解きやす

さなど特徴があるので、用途に応じて使い分ける。

（→次頁　図参照）

## ローブデコルテ

（robe décolletée　仏）

　ネックラインを大きく開けて、胸や背をあらわにしたドレスの総称。女性の正装であるイブニングドレスのなかでも、より正式なものとされる。ローブデコルテとは対極にあるローブモンタント（robe montante 仏）は、首をすっぽりと覆ったロングドレスで、喪服などに用いられる。

（→デコルテ）

## ローリングタワー

（rolling tower）

　足場を組む代わりに高所での作業に利用する可動式作業台で、組立式や油圧式がある。

## ロールスクリーン

（roll screen）

　布などの上部に巻き上げ器を取り付け、高さを上下させるもの。窓上部に取り付けて、外部からの目隠しや日除けに利用する。また室内の天井部に設置し、簡易な間仕切りとして使われる場合もある。

## ロールプレーイング

（role playing）

　役割実演法、応酬話法のこと。社員教育の一つの方法で、各々を販売員や消費者に想定し、役割を

[代表的なロープの結び方]

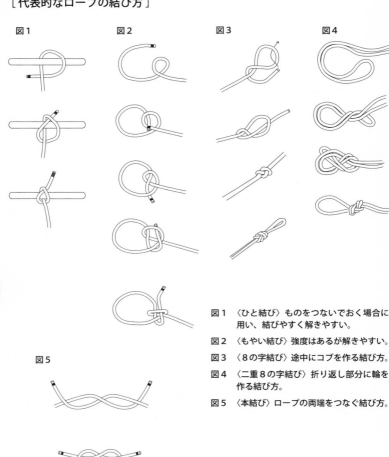

図1

図2

図3

図4

図5

図1 〈ひと結び〉ものをつないでおく場合に用い、結びやすく解きやすい。

図2 〈もやい結び〉強度はあるが解きやすい。

図3 〈8の字結び〉途中にコブを作る結び方。

図4 〈二重8の字結び〉折り返し部分に輪を作る結び方。

図5 〈本結び〉ロープの両端をつなぐ結び方。

演じながら基本的挨拶、アプローチのタイミングや商品説明方法などを身に付けていく教育訓練方法のこと。

## ロケーション

（location）

　場所、位置づけ、配置を意味する。商業用語では商業立地、つまり店舗など商業施設の場所や配置を指す。映画、テレビなどの用語では町中、野外での撮影や放送を意味し、ロケという略語も使われる。またその場所を探すことをロケーションハンティング（ロケハン）という。

## ロココ

（rococo　英・仏）

バロック末期にその反動として生まれ、18世紀の初めからフランス革命まで栄えた美術様式で、フランスの宮廷を中心に、室内と家具の装飾様式として他のヨーロッパ諸国にも伝わり流行した。ルイ15世様式ともいう。

曲線やうず巻き、花形などを多様に組み合わせ、軽快で優美、装飾的で繊細、そして柔らかい配色など、豪華絢爛なルイ王朝を象徴した。ファッションは、絹、特にサテンが多く使用され、コルセットでウエストを締め、両サイドに大きくふくらんだスカートが特徴である。

## ロゴタイプ

（logotype）

デザイン表現された文字・文字列のこと。企業名、商品名、ブランド名などの表示に使われる。ロゴという略語使いもある。コーポレートアイデンティティ(CI)のデザイン戦略の一環として重要な要素の一つ。もともとは印刷用語で、2個以上の文字を一つの成語として特定のスタイルで鋳造した活字のこと。（→タイポグラフィ）

# JAVMA
### 日本ビジュアルマーチャンダイジング協会

## ロスリーダー

（loss leader）

目玉商品、おとり商品のこと。その商品で直接利益を上げる目的ではなく、客動員の刺激商品として使われる。単価が安く、特売形式で販売されることが多い。

## ロット

（lot）

工業製品の生産単位としては、同じものをひとまとめにした数量のこと。小売り側では最小仕入れ単位、ひとまとめの取引単位をいう。

## ロハス（LOHAS）

Lifestyles Of Health And Sustainability の頭文字をとったもので「健康的で持続可能な社会生活を心がけるライフスタイル」を意味する。1990年代後半にアメリカで生まれたビジネスコンセプト。日本では「心と体の健康に気を配り、地球環境に配慮しながら暮らすライフスタイル」と意訳され、スローライフやエコロジーに続き2004年以降広まった。オーガニック、マクロビオティック、リユース、リデュース、リサイクルなど、関連のキーワードがある。

## ロングセラー商品

長期間にわたり売れ続ける商品のこと。消費者のニーズの変化と市場における商品の寿命の短期化という傾向の中で、ロングセラー商品は企業の利益の源泉として貴重な存在であり、企業の継続的な改善努力によってもたらされる。

## ワードローブ
（wardrobe）

本来は衣装ダンス、衣装部屋などの意味。その人のもっている衣服の範囲、衣服計画などの衣生活を充実させるすべてをいう。

## Y世代

1970年代後半〜80年代前半に誕生した世代。バブル崩壊を経験しており、個人主義でありながら安定志向で保守的な価値観をもち、無駄なモノをもたない暮らしを重視する。「モノ」の所有や消費よりも、得られる体験に価値を見い出す「コト」の体験や消費を好む。

## ワイヤー
（wire）

一般には金属線のこと。また、ワイヤーロープの略称としても使われる。ワイヤーロープは細い金属線を撚り合わせて強度を増したもので、吊り物などに利用する。専用の止め金具と組み合わせることにより、建築のほか、重さのある造形展示や内装に多く利用される。太さは各種あるので、用途により選択する。

## ワイヤースカルプチャー
（wire sculpture）

針金状の素材を使った立体的な彫刻。線の交差や曲げ、線と線の隙間から作り出される形状が、面材にはない繊細な線材による独特な構成美を生む。

## ワイヤリング
（wiring）

コート、ジャケット、スカートの裾、またはネクタイやベルトなどの袋状になっている部分にワイヤー（針金）を通し、形づけをして動きをつけたり、風に揺れたりしているような表情を演出表現すること。商品の素材により使用するワイヤーの太さを考慮する。
（→マーチャンダイズプレゼンテーションの表現方法）

## ワゴンディスプレイ
（wagon display）

ワゴンと呼ばれるキャスター付きの移動可能な什器で展開するビジュアルプレゼンテーション。（→什器）

## 和装小物

和装に用いられる小物の総称をいい、実用小物と装飾小物とに分けられる。帯板、帯枕、伊達締、襟芯などの実用小物は、着付けと帯結びの際に必要なもので、きれいに装うために大切な役割がある。また、帯揚、帯締、半襟、伊達襟、髪飾り、バッグ、草履などの装飾小物は、装いの変化や演出に欠かせないもので、着物の格と調和させることが大切である。
（→着物、和装のチャート）

## ワンウェイコントロール
（one way control）

　店側の計画した通りに客の動きを誘導すること。客が店内をくまなく歩き、商品を見て、買い物ができるように計画するが、原則として物理的、心理的条件を考慮して行う。セルフセレクションのスーパーマーケットなどで、「入口→商品→キャッシャー→出口」まで、一方通行で買い物ができるように計画すること。

## ワンストップショッピング
（one stop shopping）

　多種多様な買い物を1ヵ所ですませること。買物時間と労力の節約というニーズへの対応。食品、衣料品、雑貨、耐久消費財などの幅広い品揃えが必要となり、この条件を満たす場としてはスーパーマーケット、百貨店、ショッピングセンターなどがある。「1ヵ所」の定義は一商店街にまで拡大解釈されてきている。

## ワンピースドレス
（one-piece dress）

　上下がひと続きになった衣服の総称。カジュアルなものからドレッシーなものまでさまざまなタイプがある。
（→次頁 イラスト参照）

## ワン（ツー）プライスストア
（oneprice store/two price store）

　価格訴求を前面に出し、売り場の商品すべてを均一価格で販売する店舗。代表的なものとして「100円ショップ」や紳士服の「ワンプライス、ツープライススーツ販売」の店舗などがある。

## ワンツーワンマーケティング
（One to One marketing）

　「顧客一人ひとりに合わせたマーケティング」のこと。IT技術の発達により、企業は顧客から収集したデータを基に、一人ひとりの趣味趣向、購買パターンなどを分析し、これにマッチした個別のマーケティングを行うことができるようになった。これまでの、画一的なマーケティング手法に比べ、さまざまな情報を入手し、情報拡散の発信源にもなり得る顧客を引き付ける手法といえる。

## ワンブランドショップ
（one brand shop）

　一つのブランドを総合的に販売する店舗。メーカーの直接経営による直営店と、フランチャイズチェーン（経営契約チェーン）による店舗がある。オンリーショップ（only shop）とも呼ばれる。

## ワンポイントディスプレイ

　売り場で顧客の注目を集めるために、一つのポイントを強調したビジュアルプレゼンテーションのこと。メッセージを強調してアピール度を高め、空間全体を引き締める効果がある。

## ［ワンピースドレスの種類］

シャツドレス

シャツドレス

ティアードドレス

ホルタードレス

エプロンドレス

Tシャツドレス

チュニックドレス

テントドレス

キャミソールドレス

プリンセスドレス

チャイナドレス

エンパイアドレス

ワ

スモックドレス                サックドレス                コートドレス

ターンドルドレス              コートドレス

# 日本のビジュアルマーチャンダイジング関係書籍リスト

明治時代末期からわが国で出版され始めた店舗ディスプレイ関連とビジュアルマーチャンダイジング関連の書籍リスト。
なお、このリストに漏れているもの、また表記の間違いの点については、識者の教示を願います。

（リストアップ要項）
◎原則として雑誌類や小冊子類は除外し、別冊類と一部の専門雑誌は掲載。
◎店舗デザインやファッション販売などに分類される書籍でも、店舗ディスプレイ関係の記述のある書籍は掲載。
◎表記は書名・著者名・出版社・発行年の順。

（1999年2月まで甲田 祐三＋日本VMD協会事務局 編）

## ビジュアルマーチャンダイジング関連の書籍リスト（戦前）

### 明治・大正時代（1868〜1926年）

| | | | |
|---|---|---|---|
| 商業実務叢書　第二編<br>店前装飾術 | 土屋 長吉著 | 実業之日本社 | 1905年 |
| 飾窓の飾方<br>（實務叢書1巻） | | 實業界社 | 1914年 |
| 店舗装飾　商品陳列法 | 松倉 順一著 | 博文館 | 1914年 |
| 店前装飾及商品陳列<br>（第八回早稲田商業講義） | | 早稲田大学<br>出版部 | 1914年 |
| 月刊雑誌<br>ウキンド画報 | | ウキンド画報社 | 1915年〜 |
| 店内と店前<br>（實務叢書4巻） | | 實業界社 | 1916年 |
| 客を惹く小賣店の飾窓 | | 佐藤出版部 | 1918年 |
| 陳列窓背景の図案集 | 清水 正巳著 | 白羊社 | 1923年 |
| 早稲田實業学校学生調査<br>店頭構造及店内設備 | 井関 十二郎監修 | 實業界社 | 1923年 |
| ショーウィンドー装飾 | 和田 斐太著 | 芸艸堂 | 1924年 |
| ショーウインドウ | 現代圖案研究所編 | 現代圖案研究所 | 1924年 |
| 都會の美観としての<br>店頭装飾<br>（販売と広告第一回講演集） | | 名古屋廣告協会 | 1924年 |
| 賣出装飾の仕方<br>（廣告實務叢書第六編） | 倉本 長治著 | 商店界社 | 1925年 |
| 商店建築　巻1・2 | 建築写真類聚刊行会 | 洪洋社 | 1925年 |

| | | | |
|---|---|---|---|
| 陳列窓の飾り方<br>（廣告實務叢書第三編） | 倉本 長治著 | 商店界社 | 1925年 |
| 店頭装飾　巻1・2 | 建築写真類聚刊行会 | 洪洋社 | 1925年 |
| 背景装飾のとらえ方<br>（廣告實務叢書第五編） | 倉本 長治著 | 商店界社 | 1925年 |
| 近世建築臨時増刊<br>店頭及陳列棚意匠集 | 洪洋社編 | | 1926年 |
| 写真類聚　店頭装飾<br>及び看板 | 帝国建築協会編・発行 | | 1926年 |
| 現代の店頭設備 | 装飾研究会編・発行 | | 1927年 |
| 素人に出来る商店窓飾り<br>標準圖案 | 渡辺 素舟編 | | 1927年 |
| 現代商業美術全集<br>売出し街頭装飾集 | 北原 義雄編輯 | ㈱アルス | 1928年 |
| 現代商業美術全集<br>文字の配列と文案集 | 北原 義雄編輯 | ㈱アルス | 1928年 |
| 現代商業美術全集第5巻<br>各種ショーウィンドー背景集 | 北原 義雄編輯 | ㈱アルス | 1928年 |
| 現代商業美術全集第4巻<br>各種ショーウィンドー装置集 | | | 1929年 |
| 現代商業美術全集第9巻<br>店頭店内設備 | 北原 義雄編輯 | ㈱アルス | 1929年 |
| 近代店舗と陳列術 | 粟屋 義純著 | 青山堂書店 | 1930年 |
| 現代商業美術全集第3巻<br>世界模範ショーウィンドー集 | 北原 義雄編輯 | ㈱アルス | 1930年 |
| 店舗設計と店頭装飾 | 室田 久良三著 | 誠文堂 | 1930年 |
| 売出装飾の仕方 | 倉本 長治著 | 誠文堂 | 1931年 |
| 最新ウインドウバック集 | 富田 森三・長岡 逸郎著 | 商店界社 | 1931年 |
| 内外博覧会総説 | 永山 定富著 | 水明書院 | 1933年 |
| 商店装飾の仕方 | 富田 森三著 | 同文館 | 1934年 |
| 店頭沿装飾選集 | | 福岡日日新聞社 | 1934年 |
| 廣告飾り窓の新傾向<br>（新商業務講座第四編） | 下澤 瑞世著 | 博文館 | 1935年 |
| 陳列法最新装飾陳列法<br>（第9回早稲田商業講座） | 井関 十二郎著 | 早稲田大学出版部 | 1935年 |
| 初心者のため作り方を<br>親切に説明した<br>ウヰンド装飾圖案集 | | 圖案研究会 | 1935年 |

| | | | |
|---|---|---|---|
| 店頭装飾と宣伝新傾向<br>（商業実務講座第三巻） | 藤岡 康之著 | 非凡閣 | 1935年 |
| 現代陳列窓における<br>美術家ポスター | 吉田 研三著 | 廣告文化研究会 | 1936年 |
| 陳列装飾の要領<br>（商業経営全集9） | 中里 研三著 | トウシン社 | 1936年 |
| 明日の窓飾 | | 大阪朝日新聞社<br>発行 | 1937年 |
| 商業美術講座<br>（第四巻立体編） | 濱田 増治著 | ㈱アルス | 1937年 |
| 商業美術講座立体篇 | 濱田 増治著 | ㈱アルス | 1937年 |
| 陳列及装飾（商店経営<br>指導講座第12講） | 中里 研三著 | 東京商工會議所 | 1937年 |
| 明日の廣告博記年出版<br>廣告大観 | 日本電報通信社編・発行 | | 1938年 |

## ビジュアルマーチャンダイジング関連の書籍リスト（戦後）

1938年（昭和13年）頃より戦時体制にはいり、1945年（昭和20年）の日本の敗戦、そして戦後4、5年の動乱期までの約10年は少しブランクがあります。

明治・大正から昭和13年までの知識や書籍は戦後に伝わらずにほぼ断絶したように見えます。その後、日本の社会経済の復興と歩調を合わせるように、1950年代から欧米ビジネス視察旅行が活発化し、また海外のライフスタイル情報の流入などの影響をうけた書籍が爆発的に出版されました。特に1980年代から90年初頭までは好景気と新しい時代の波に押されブームとなりましたが、以降はバブル崩壊やリーマンショック等による国内景気の逓減、企業の投資抑制や経費削減、デジタル化による商環境の構造変化を含むマーケティング、マーチャンダイジング手法の進化等の影響もあり、関連書籍の出版ペースは落ち着いています。

### 1940〜1950年代

| | | | |
|---|---|---|---|
| 商店建築図集 | 蔵田 周忠著 | 彰国社 | 1947年 |
| 宣伝美術講座立体篇 | クラルテ同人 | 芸術学院出版部 | 1950年 |
| 商業デザイン全集商店篇 | | イブニング<br>スター社 | 1951年 |
| 商店の外装と看板 | 今 和次郎著 | 凰山社 | 1951年 |
| 図集あたらしい商店 | 西川 驍著 | 彰国社 | 1952年 |
| 陳列装飾図解事典 | | 誠文堂新光社 | 1953年 |
| 新しい店舗の作り方 | 川喜田 煉七郎著 | 大泉書店 | 1954年 |

| | | | |
|---|---|---|---|
| ウインドとショーケース | 建築写真文庫 | 彰国社 | 1954年 |
| 専門店舗 | 建築写真文庫 | 彰国社 | 1954年 |
| 店舗のファサード | 建築写真文庫 | 彰国社 | 1954年 |
| デザイン大系　店舗・ディスプレイ | 伊藤・橋本・重成著 | ダヴィッド社 | 1955年 |
| 広告と装飾の図案集 | | 誠文堂新光社 | 1957年 |
| 商店照明とディスプレイ | 柳瀬 駿著 | 彰国社 | 1957年 |
| 商店の照明 | 関 重弘著 | 誠文堂新光社 | 1957年 |
| ショールームディスプレイ | 高村 英也著 | 井上書院 | 1957年 |
| 「てんぽ」第1・2集 | | 総合店舗研究所 | 1957年 |
| 陳列事典 | 建築写真文庫 | 誠文堂新光社 | 1958年 |
| 陳列・展示の実務知識 | 谷 文虎著 | ダイヤモンド社 | 1959年 |

## 1960年代

| | | | |
|---|---|---|---|
| ピンワーク | 笹原 紀代 | 文化服装学院出版局 | 1961年 |
| 世界の旅ショーウィンドウ | 川喜田 煉七朗高篠・ | KTデザインセンター | 1961年 |
| 業別・店舗設計陳列全書1・2 | 川喜田 煉七朗 | 文化社 | 1963年 |
| 商品展示かん詰、はこ詰、びん詰のディスプレイ | H. C. ミュリス由利 淳訳 | 技報堂 | 1963年 |
| デイスプレー入門 | H. C. ミュリス由利 淳訳 | 技報堂 | 1963年 |
| アニメーテッド・ディスプレイ | A. プラウマンK. C. マティーユ比企 康夫訳 | 技報堂 | 1964年 |
| ディスプレイ | 氏原 忠夫 | ダヴィッド社 | 1964年 |
| ディスプレイ　ー商品の陳列ー | 福沢 三郎 | 誠文堂新光社 | 1965年 |
| ディスプレイ技法入門 | 小浜 昭造 | ダヴィッド社 | 1965年 |
| 最近の店舗設計と陳列装飾 | | ㈳中小企業診断協会 | 1966年 |
| 商店界別冊シーズンディスプレイ | 季刊 | 誠文堂新光社 | 1966年（創刊号） |
| 商品色彩論 ー色彩による効果開発の研究ー | 野村 順一 | 千倉書房 | 1966年 |

| | | | |
|---|---|---|---|
| 世界のディスプレイ | 季刊雑誌 | 雄鶏社 | 1966年<br>（創刊号） |
| 店舗設計 | 福沢 三郎 | 誠文堂新光社 | 1966年 |
| ディスプレー<br>ダイナミックス | P. M. デビィス<br>比企 康夫訳 | 技報堂 | 1966年 |
| すぐ役立つ商店の陳列技術 | 成瀬 義一 | 商業界 | 1967年 |
| 全社商店のイメージアップ | 竹中 顕 | 河出書房 | 1967年 |
| ディスプレイ制作の実務<br>S.D 実務シリーズ（2） | 豊口 克平他 | マスコミ文化協会 | 1967年 |
| 別冊世界のディスプレイ<br>洋品店のディスプレイ | | 雄鶏社 | 1967年 |
| 商店のディスプレイ技術 | 小浜 昭造 | 洋品界 | 1968年 |
| 世界のディスプレイ<br>デザイン | 川喜田 煉七朗 | 造形社 | 1968年 |
| ディスプレイ<br>テクニックス | A. プラウマン<br>V. パーソン<br>比企 康夫訳 | 技報堂 | 1968年 |
| ディスプレイの照明 | 東宮 傳 | ブロンズ社 | 1968年 |
| 売れるディスプレイ・<br>デザイン入門 | 村田 洋治 | 現代企画社 | 1969年 |
| エキジビション・ディスプ<br>レイ 展示の化学<br>（ショーウィンドウから<br>　万国博まで） | 吉田 昭作 | 学習研究社 | 1969年 |
| 屋外広告とディスプレイの<br>デザイン | 大平 恵一 | 鳳山社 | 1969年 |
| サインディスプレイ<br>広告大系 制作篇 | | マスコミ文化協会 | 1969年 |
| 世界の商店　1・2 | 二川．関．浜口 | 美術出版社 | 1969年 |
| ファッション販売宣伝<br>HOW TO SELL FASHION | アナリー・ゴールド<br>島田 洋介訳 | ビジネス社 | 1969年 |

## 1970年代

| | | | |
|---|---|---|---|
| 衣料品のディスプレイと<br>販売促進 | 喜多村 哲 | 洋品界 | 1970年 |
| 新しいピンワーク | 笹原 紀代 | 文化服装学院<br>出版局 | 1971年 |
| 売場づくりの演出 | 島田・築山 | 実務教育出版 | 1972年 |

| | | | |
|---|---|---|---|
| 最新　商店の陳列技術 | 成瀬 義一 | 商業界 | 1972年 |
| ショーイング・ディスプレイ | 地主 金一郎 | 洋品界 | 1972年 |
| 店舗の管理と診断 | 木地 節郎 | 同友館 | 1972年 |
| ディスプレイのデザイン －その考え方とつくり方－ | 小浜 昭造 松本・北・田村 | グラッフィック社 | 1972年 |
| ディスプレイ・デザイン・エキジヴィション | 木村 要雄 | ダヴィッド社 | 1972年 |
| 年鑑日本のディスプレイ '73 商空間デザイン | 中央図書 | 日本ディスプレイ デザイン協会 | 1973年 |
| 店舗とディスプレー （全10巻） | 川喜田 煉七朗 監修マーチャンダイジ ングビジネス社 創作パイオニア協会 | | 1974年 |
| 年鑑日本のディスプレイ '74　商空間デザイン | 中央図書 | 日本ディスプレイ デザイン協会 | 1974年 |
| ディスプレイのテクニック とアイデア | 佐藤 昭年 | 誠文堂新光社 | 1975年 |
| 年鑑日本のディスプレイ '75 商空デザイン （以後、毎年六耀社から 出版される） | 六耀社 | 日本ディスプレイ デザイン協会 | 1975年 |
| 売場づくり・店づくり入門 成功する販売演出・商品陳列 の要点 | 佐藤 昭年 | 東洋経済新報社 | 1976年 |
| 図解・販売演出のすべて | 佐藤 昭年編 | 誠文堂新光社 | 1976年 |
| 図説ディスプレイ用語辞典 －みせ、みせもの、かざりも の、つくりもの百科－ | 日本ディスプレイ学園編 小浜 昭造 北 健一 | グラフィック社 | 1976年 |
| 最新・ファッションと 商品企画 | 河合 玲 | ビジネス社 | 1977年 |
| 図解　店舗演出のすべて | 佐藤 昭年 | 誠文堂新光社 | 1977年 |
| 販売演出88のアイデア 心をとらえる陳列と ディスプレイ | 佐藤 昭年 | ビジネス社 | 1977年 |
| ファッショナブルな 店舗演出 | 商店界編集部編 | 誠文堂新光社 | 1977年 |
| 売れる売場の陳列と装飾 | 成瀬 義一 | 商業界 | 1978年 |

| | | | |
|---|---|---|---|
| コーディネイト・<br>ファッション講座<br>ーすぐれた販売員をめざして<br>ー ③売場のつくり方 | 企画・編集<br>㈱センイリサーチ | LFC／婦人コーディ<br>ネート・ファッ<br>ション協議会教育<br>部（非売品） | 1978年 |
| ショーイングの基礎 | 五光ノンブル<br>（福田 ひろひで） | チャネラー | 1978年 |
| ファッション販売の<br>基礎知識 | バンタンデザイン研究所 | | 1978年 |
| すぐに役立つディスプレイ<br>の基本と実際 | 商店会編集部編 | 誠文堂新光社 | 1979年 |
| すぐに役立つ店舗ディスプ<br>レイ入門 – 売場の演出から<br>POP技法まで – | 小浜 昭造 | ビジネス社 | 1979年 |
| 店づくりの知恵99<br>不況だからこそ見直したい | 服部 晃編 | 誠文堂新光社 | 1979年 |

### 1980年代

| | | | |
|---|---|---|---|
| ショーイングの演出<br>パターンマニュアル | 地主 金一郎 | 日本ディスプレイ<br>スクール | 1980年 |
| ディスプレイ・テクニック<br>婦人服装飾の基本と<br>バリエーション | 大橋 雅子 | 文化服装学院<br>出版局 | 1980年 |
| 今日からあなたも<br>名デコレーター<br>すぐ覚えられる<br>ディスプレイ・アイデア | 髙橋 淑子 | 誠文堂新光社 | 1981年 |
| 銀座・和光の<br>ウィンドーディスプレイ | ・勝見 勝・伊藤 憲治<br>・きふじ 早苗<br>・脇田 愛二朗<br>・重村 三雄・石丸 雅通<br>・分部 順治・永井 保<br>・八鳥 治久 | 求龍堂 | 1981年 |
| これからの販売空間を<br>創造する什器・器具・備品 | 商店界編集部編 | 服部 晃監修<br>誠文堂新光社 | 1981年 |
| ディスプレイ小辞典 | 森 崇・寺沢 勉 | ダヴィッド社 | 1981年 |
| ディスプレイ・<br>ハンドブック | 日本ディスプレイ<br>学園編 | 財団法人日本ディ<br>スプレイ業団体連<br>合会 | 1981年 |
| 販売革新別冊<br>商品と売場のプレゼンテー<br>ション・テクニクス | | 商業界 | 1981年 |

| | | | |
|---|---|---|---|
| ビジュアル・<br>マーチャンダイジング<br>成熟市場に差別化を<br>魅せる戦略術 | 鈴木 ルミ子 | チャネラー | 1982年 |
| ファッション販売別冊<br>ファッション売場の演出法 | | 商業界 | 1982年 |
| サイン・ディスプレイ大系<br>サイン・ディスプレイ<br>用語辞典 | マスコミ文化協会 | | 1984年 |
| ディスプレイ・ブック<br>デコレーターのための<br>商品展示新技法 | 佐藤 昭年<br>ペア・シュメルシュア | 文化服装学院<br>出版局 | 1984年 |
| はじめてのファッション・<br>ディスプレイ<br>1日1ステップ2週間で<br>完全マスター | 福田 ひろひで | アパレルファッシ | 1984年 |
| 光のアートワーク | 編集 松下電工株式会社<br>株式会社リブロポート | リブロポート | 1984年 |
| 文化ファッション講座<br>ピンワーク | 笹原 紀代 | 文化服装学院出版 | 1984年 |
| 普及版ショーイングの基礎 | 福田 ひろひで | チャネラー | 1985年 |
| 別冊チャネラー<br>ディスプレイに強くなる本 | チャネラー | | 1985年 |
| 貴金属店の<br>ウィンドウ・ディスプレイ | | 柏書店松原㈱ | 1986年 |
| 気分の演出学<br>エモーション・<br>ディスプレイ | 木内 勢津子 | 誠文堂新光社 | 1986年 |
| 商店建築増刊ニューヨーク<br>のファッションブティック | 坂井 直樹編 | 商店建築社 | 1986年 |
| チャネラー臨時増刊<br>ディスプレイ入門読本 | | チャネラー | 1986年 |
| 展示学 | 油井 隆 | ㈱電通 | 1986年 |
| 年鑑日本のディスプレイ<br>86商業環境デザイン | 日本ディスプレイ<br>デザイン協会 | 六曜社 | 1986年 |

（1973年から毎年出版されているが、この年から時代を反映してサブタイトルが
「商空間デザイン」から「小環境デザイン」に変わった。）

| | | | |
|---|---|---|---|
| ビジュアル・<br>マーチャンダイジング | 全米小売業協会編<br>小林 薫共訳・<br>増田 昌子 | ビジネス社 | 1986年 |

| | | | |
|---|---|---|---|
| ビジュアル・マーチャンダイジング戦略<br>企業戦略を具体化する<br>店舗環境づくりノウハウ | 畑 靖彦 | 日本能率協会 | 1986年 |
| フローリストのための<br>ショップディスプレイ | 野口 博 | 誠文堂新光社 | 1986年 |
| 宮崎倉治の装飾術<br>いま、ニッポンが面白い | 宮崎 倉治 | 誠文堂新光社 | 1986年 |
| ヨーロッパの<br>ウィンドウ・ディスプレイ | 橘川 真 | グラフィック社 | 1986年 |
| ６人のディスプレイ・<br>ディレクション<br>SIX DESIGNERS DISPLAY<br>DIRECTION | 田中 寛志<br>魚成 誠一郎<br>吉岡 博<br>八鳥 治久<br>田中 敏行<br>古畑 多喜雄 | 六曜社 | 1986年 |
| 絵で見る<br>はじめてのディスプレイ<br>１日１ステップ<br>２週間で完全マスター | 福田 ひろひで | 誠文堂新光社 | 1987年 |
| デザインの目<br>（ショーウィンドウに拾う） | 八島 治久 | 學藝書林 | 1987年 |
| アメリカ百貨店の<br>最新リニューアル戦略 | 畑 靖彦 | ストアーズ社 | 1988年 |
| ストア・プロデューサー<br>ハンドブック<br>（店舗開発編） | 監修 片桐 正三<br>リンクコーポレーション<br>編著 | 誠文堂新光社 | 1988年 |
| チャネラー臨時増刊<br>ファッション・ビジネス<br>入門読本 1989年版 | チャネラー | | 1988年 |
| チャネラー臨時増刊<br>VMDに強くなる本<br>実践ビジュアルマーチャン<br>ダイジング | | チャネラー | 1988年 |
| ディスプレイ | 編集 武蔵野美術大学<br>文部省認可通信教育 | ムサシノ出版 | 1988年 |
| ディスプレイ・デザイン<br>－展示計画入門－ | 森 崇 | ダヴィッド社 | 1988年 |
| HOW TO DISPLAY<br>デザイナーに贈る<br>ディスプレイ・ソース | 八鳥 治久 | グラフィック社 | 1988年 |

| | | | |
|---|---|---|---|
| VMD 個性の主張表現 | 関本 将雄 | 企画・編集/社団法人公開経営指導協会 発行/公開経営指導協会 | 1988年 |
| シリーズアトリエ増刊 ディスプレイデザイン | アトリエ出版 | | 1988年 |
| ファッション販売別冊 アイテム別商品知識と販売方法 | 企画・監修 佐藤 千恵子 | | 1989年 |
| 別冊チャネラー ディスプレイマガジン | チャネラー | | 1989年 |

## 1990年代

| | | | |
|---|---|---|---|
| ディスプレイ・ノート DESIGN HANDBOOK SERIES | 視覚デザイン研究所編 ㈱視覚デザイン研究所 | | 1990年 |
| ディスプレイの情報世界 | 奥井 一満監修 | NTT出版 | 1990年 |
| ニューヨークの ウィンドー・ディスプレイ | 伊藤 時夫 | 講談社 | 1990年 |
| ファッション販売別冊 ディスプレイの基本BOOK The Display Book | 企画・監修 高橋 淑子 | 商業界 | 1990年 |
| 別冊チャネラー ディスプレイマガジン 91 | チャネラー | | 1990年 |
| マネキン… 笑わないイブたち | 企画 INAXギャラリー 名古屋企画委員会 | ㈱INAX | 1990年 |
| 絵でみる ディスプレイの基礎 | 福田 ひろひで | フットワーク出版 | 1991年 |
| ショールーム エキジビション・ディスプレイ SHOWROOM & EXHIBITION DISPLAY | | ㈱オーク出版サービス | 1991年 |
| 商店界別冊 ビジュアル・マーチャンダイジング Visual MD No.1 | | 誠文堂新光社 | 1991年 |
| 商店界別冊 ビジュアル・マーチャンダイジング Visual MD No.2 | | 誠文堂新光社 | 1991年 |
| DISPLAY DESIGNS IN JAPAN 1980−1990 ショーウィンドウ編 VOL.1 | 古畑 多喜雄編著 | 六耀社 | 1991年 |

| | | | |
|---|---|---|---|
| ビジュアル・プレゼンテーション VPがわかる本 | 鈴木　哲男 | モード学園出版局 | 1991年 |
| ビジュアル・マーチャンダイジング VMDがわかる本 | 中本　英一 | モード学園出版局 | 1991年 |
| ベストブティック・ディスプレイ | 高村　英也監修 田村　海彦写真 | 柏書房 | 1991年 |
| 別冊チャネラー ディスプレイ イヤーブック 92 | チャネラー | | 1991年 |
| ショーイングテクニック ディスプレイの色・技・飾 | 児玉　しほこ | グラフィック社 | 1992年 |
| ショールーム エキシビション・ ディスプレイ2 SHOWROOM & EXHIBITION DISPLAY 2 | | ㈱オーク出版サービス | 1992年 |
| 写真・図解 ディスプレイマニュアル | ディスプレイ研究会編 （代表・合田　良） | グラフィック社 | 1992年 |
| ディスプレイ・スタイル | ペア・シュメルシュア 佐藤　昭年共著 | 文化出版局 | 1992年 |
| 店舗デザイン・ ディスプレイ 企画研究資料集 | | ㈱アーバンプロ デュース出版部 | 1992年 |
| ビジュアル 見えるマーチャンダイジング VISUAL MERCHANDISING | 小島　健輔 | 商業界 | 1992年 |
| 別冊チャネラー ディスプレイ イヤーブック 93 | チャネラー | | 1992年 |
| メッセージを伝える空間が ここに 劇場世界 ジェームス・マンスワーの 店舗デザイン | デェームス・マンスワー 著 店舗システム協会監修 | 日経BP社発行 | 1992年 |
| 和光のウィンドウ | 八鳥　治久 | リブロポート | 1992年 |
| 資生堂の ウィンドウ・アート Shiseido Window Art 100 1963 ～ 1993 | | 求龍堂 | 1993年 |
| 全員参加のVMD講座 チェーンストア売場変革の 処方箋 | 鈴木　哲男 | 商業界 | 1993年 |

344

| 書名 | 著者 | 出版社 | 発行年 |
|---|---|---|---|
| VISUAL MERCHANDISING & DISPLAY | 監修　八鳥　治久 | 出版 株式会社メイセイ出版<br>発売 ㈱オーク出版サービス | 1993年 |
| 夜想31 特集 マヌカン | ペヨルト工房 | | 1993年 |
| 「売れるお店」のつくり方 | 甲田　祐三著 | かんき出版 | 1994年 |
| 絵で見る<br>ディスプレイの基礎<br>売れる売場づくりの<br>ステップ | 福田　ひろひで | 誠文堂新光社 | 1994年 |
| ショーウインドー物語 | 高柳　美香著 | 勁草書房 | 1994年 |
| 別冊チャネラー<br>ディスプレイの<br>全てがわかる本<br>売れる店づくりのための<br>実践テクニック | 福田　ひろひで著 | エポック出版 | 1994年 |
| VMDビジュアル・テキスト | 佐藤　昭年 | 文化出版局 | 1995年 |
| 雑貨12か月 | 小山　織 | マガジンハウス | 1996年 |
| 「もっと売れるお店」に<br>変わる本 | 甲田　祐三 | かんき出版 | 1996年 |
| もっと売れる店にする方法 | 鈴木　哲男 | コープ出版 | 1996年 |
| 色とディスプレー<br>丸わかりBOOK | 木内　勢津子 | 商業界 | 1996年 |
| 展示学事典 | 八鳥　治久<br>花見　保次ほかの共著 | ぎょうせい | 1996年 |
| マネキンのすべて | VMD協会員ほかの共著 | JAMDA<br>25周年記念出版 | 1996年<br>非売品 |
| 別冊商店建築82<br>ショップ・サイエンス２<br>店づくりに活かす27業種の<br>シナリオ | 環境計画研究所 | 商店建築社 | 1997年 |
| 酒蔵の四季<br>東京・小山酒造の暮らし | 小山　織 | 東京書籍 | 1997年 |
| ほんとうの「豊かな国」<br>造りのための<br>フューチャースケープ<br><未来への鳥瞰図> | 棚谷　喬 | 日本図書刊行会 | 1997年 |
| ニューヨーク発ヤング<br>マーケット攻略法 | エイム・クリエイツ<br>片岡　洋乃協力 | ダイヤモンド社 | 1997年 |
| ネオ・アキンドの本 | 児玉　千恵子 | チャネラー | 1998年 |

## 2000 年代

| | | | |
|---|---|---|---|
| ビジュアル<br>マーチャンダイザー | 早乙女 喜栄子 | 繊研新聞社 | 2000年 |
| 文化ファッション大系<br>ファッション流通講座⑧<br>ディスプレイ・VP・VMD<br>文化服装学院編 | 監修：文化ファッション<br>大系監修委員会<br>執筆：高野 文代<br>小林 良子 黒米 孝子 | 文化服装学院<br>教科書出版部 | 2004年 |
| ジュエリーショップのVMD | 早乙女 喜栄子 | 繊研新聞社 | 2004年 |
| 国家検定「商品装飾展示<br>技能検定ガイドブック」 | 日本VMD協会編著 | 繊研新聞社 | 2006年 |
| 面白いほど売れる！<br>商品陳列の法則99 | 福田 ひろひで | 同文舘出版 | 2006年 |
| 国家検定「商品装飾展示<br>技能検定ガイドブック」 | 日本VMD協会編著 | 繊研新聞社 | 2009年 |
| お客さまを<br>誘って買わせる！<br>売り場づくりの法則84 | 福田 ひろひで | 同文舘出版 | 2009年 |
| わかる！！できる！！<br>売れる！！<br>売り場の教科書 | 福田 ひろひで | すばる舎 | 2010年 |
| マネキンのすべて<br>続編1996-2010 | | 商工組合発行 | 2011年 |
| 電子書籍<br>ＶＭＤビジュアル・<br>テキスト＆トピックス<br>Ver1.0 | 佐藤 昭年 | Kindle版 | 2012年 |
| 電子書籍<br>ＶＭＤビジュアル・<br>テキスト＆トピックス<br>Ver1.1 | 佐藤 昭年 | Kindle版 | 2013年 |
| ビジュアル版<br>VMD新テキスト | 早乙女 喜栄子 | 繊研新聞社 | 2013年 |
| 100円グッズで<br>簡単おしゃれ！<br>小さな店のディスプレイ・<br>アイデア帳 | 福田 ひろひで（共著） | 株式会社インプレ<br>スジャパン | 2014年 |
| 店長とスタッフのための<br>売り場づくり基本と実践 | 福田 ひろひで | 同文舘出版 | 2015年 |

| | | | |
|---|---|---|---|
| 電子書籍<br>VMDビジュアル・<br>テキスト＆トピックス<br>Ver.1.2<br>リアルショップのノウハウ<br>オンラインショップのヒント | 佐藤　昭年 | Kindle版 | 2015年 |
| 絶対に売り上げを<br>伸ばす人の販売の技 | 内藤　加奈子 | 明日香出版 | 2015年 |
| 儲かる売り場の全技術 | 前田　輝久 | かんき出版 | 2016年 |
| 図解VMDの基本 | 田村　登志子 | 繊研新聞社 | 2017年 |
| 売り上げが伸びる<br>お店の作り方 | 松井　柚子 | | 2017年 |
| 売り場づくりの法則 | 佐藤　玲子 | 同文館出版 | 2021年 |
| 陳列と演出の教科書 | 鈴木　國朗 | アール・アイ・<br>シー | 2021年 |

# VMD用語事典 編集委員リスト

## ◎ 新版VMD用語事典 編集委員

| | |
|---|---|
| ディレクター | 田代　悦子 |
| プロジェクトマネージャー | 池谷　光江 |
| 編集チームリーダー | 楫　義明、　早乙女喜栄子、　田邉　潤一 |
| 編集チームメンバー | 齋藤　豊和、　榊原　淑恵、　寺嶋　　覚、 |
| | 中込美津子、　松村　　緑、　武藤　豊子、 |
| | 森次香永子、　大方　和則 |
| 表紙デザイン | 松本　聖典 |
| イラスト | 石川　絵麻 |
| 編集協力 | 河野　聡子 |
| 資料協力 | 椎名　純子、　玉井　寛人、 |
| | (株)ムサ・ジャパン、　(株)七彩、 |
| | (株)アルス、　(株)ヤマトマネキン |

## ◎ VMD用語事典 初版、改訂版 編集委員

| | |
|---|---|
| 初版編集委員長 | 花見　保次 |
| 改訂版編集委員長 | 田代　悦子 |
| 初版〜改訂版編集委員 | 朝比奈　保、　池谷　光江、　小田切純子、　楫　義明、 |
| | 甲田　祐三、　河野　聡子、　小林　　敦、　早乙女喜栄子、 |
| | 佐藤　昭年、　佐々木　勇、　鈴木　邦嗣、　志田　茂子、 |
| | 高野　文代、　高畠　友枝、　田代　悦子、　田口　早苗、 |
| | 中込美津子、　中本　英一、　平山安芸子 |
| 初版〜改訂編集協力 | 石井　　潔、　笠井　秀一、　家老　正俊、　小林　　敦、 |
| | 小林　良子、　立木　定彦、　田淵　義彦、　出口　　元、 |
| | 中村　　肇、　袴田　薫生、　藤原　雅夫、　前田記代子、 |
| | 松島　公嗣、　米本　進次、 |
| | (株)日本木材総合情報センター・木のなんでも教室、 |
| | 日本フォーマル協会 |
| 初版表紙デザイン | 藤瀬　和敏 |
| 改訂版表紙デザイン | 亀井　優希、　小林　敦 |
| 初版〜改訂版イラスト | 多田　喜芳、　大橋　良司、　石川　絵麻、　小林　　敦 |
| 初版執筆者 | 浅川　弘子、　川崎　安子、　城　　守臣、　橋本由起子、 |
| | 石橋　敦二、　菅留　利子、　鈴木　純子、　福田ひろひで、 |
| | 井戸　和夫、　木内勢津子、　鈴木　哲男、　布施　　洋、 |
| | 井上太久哉、　木下　宏昭、　高島　　勲、　前田　典子、 |
| | 妹背　敬典、　木下　雅博、　高野　文代、　松田　明子、 |
| | 大島　厚子、　金　　孝根、　高橋　珠美、　松村　　緑、 |
| | 大谷　悦子、　小泉　純司、　高畠　友枝、　村上幸三郎、 |
| | 大谷　正人、　甲田　祐三、　田口　早苗、　森　　豪男、 |
| | 岡崎　　俊、　小塚　典子、　田代　悦子、　山口　雅一、 |
| | 岡崎　純子、　小出　川忠、　田中　寛志、　山田　節子、 |
| | 岡田　洋子、　早乙女喜栄子、　中村勇次郎、　山田　千恵、 |
| | 荻野智恵子、　荘原　陽子、　中村由紀子、　山根　猛生、 |
| | 小田切純子、　滋野　哲彦、　中本　英一、　吉澤　正気、 |
| | 尾畑　純司、　志田　茂子、　長尾知可子、　吉田　博文、 |
| | 楫　義明、　島村　黎子、　長沢　康雄、　片岡　　裕、 |
| | 白井　正男、　野村　吉雄、　その他協会員 |

# 日本VMD協会案内

| | |
|---|---|
| 名　称 | **日本ビジュアルマーチャンダイジング協会**（和文）<br>**Japan Visual Merchandising Association**（英文） |
| 略　称 | **日本VMD協会**（和文）　**JAVMA**（英文） |
| 連絡事務所 | 〒104-0061　東京都中央区銀座 2-14-5 銀座 27 中央ビル 8 階<br>TEL & FAX：03-3476-1410　E-mail：info@javma.com<br>URL：http://www.javma.com/ |
| 設　立 | 1987年4月4日 |

## 沿　革

　ビジュアルマーチャンダイジングの概念は、現在、経営戦略の主要なキーワードとして欠くことのできないものになっています。売り場の活性化を図る点で、経済や消費のあり方、あるいは消費者の価値観の変化に伴い、商品政策に基づいた企画から販売までの一貫した考え方を、売り場での商品プレゼンテーションに表現することが重要になってきました。そのために、関連分野に従事する人の専門性を深め、情報の収集、理論と技術の向上、そして人材の育成が社会的な展望として期待されるようになり、これらの目的を叶えるために、1987年、日本ビジュアルマーチャンダイジング協会が設立されました。

## 活動の理念と方針

　日本VMD協会は、その知識と技術をもって快適で過ごしやすい店舗環境づくりの一翼を担う＜プロフェッショナル＞で構成され、創立以来さまざまな活動を推進しています。ビジュアルコミュニケーションの一環として、時代の求めに応じた楽しさや発見のある環境表現や、情報価値のある VMD に基づく商品プレゼンテーションを研究、実践しています。これらの活動を通して VMD に携わる人や業界の社会的価値を高めていきます。

　一方で組織としての社会貢献を目的とした活動にも取り組みます。VMD に関わる基本的な教育の場が少ないなか、その要望に応える学びの機会創出や公的資格取得の支援など、協会活動の大きな柱として位置付けています。そのために幅広い知識と技術の伝承、研究や向上に努め、人材育成に取り組んでいきます。同時に社会的な改革が進む中で、明日のVMDを予測し、その具体的対応策の研究とビジョンの確立は避けるわけにはいきません。

　このように多様な目的の活動を稼働させ、あらゆる対象からの評価と満足を得るために、組織の力を生かした情報の収集と分析及び情報発信を推進します。そして会員一人ひとりが積極的に協会活動へ参加できる仕組みを作り、会員の顔が見えるコミュニケーションのあり方によって個々のスキルアップとメリットに繋げ、協会の活性化を図ります。その中で、次世代を担う若い会員と経験豊富な会員の連携による最新VMD情報の共有は、必ずや協会の持続発展に繋がっていきます。

## 協会の役割

　VMD の世界は革新の連続です。新たな発想やそれを可能にする技術が日々登場し、リアルショップとオンラインショップの関係性も日進月歩で変化しています。このような改革の時代の中、多くの専門の知識と経験をもつメンバーが集まることによって、個々の研鑽と同時に相互作用が高まり、最新情報の交換の場、成功ノウハウのデータバンク、基礎や応用理論の追求の場としての役割を果たします。個人では困難なことも組織の力による実現化を図ります。また業種、業態、職位を超えた横断的なネットワークによる協会活動を通して、職能としての地位向上を目指します。

## 協会メンバー

　期せずして異業種交流もできるくらいのバラエティーに富んだ会員構成です。現場で問題解決に当たる人、長期的企画に携わる人、基礎的研究に勤しむ人、経営の中枢にいる人など方向性は多様です。全体的な活動と同時に、全国の会員をエリアごとに区分して地域の特性に合った活動を行ってきましたが、2020 年からそれに加えて全会員が個人的意思によって参加するチーム制を導入し、情報、ビジネス、教育、社会連携、広報という 5 チームで、より密度の高いメンバーの個人的特性を活かした活動を展開しています。

## 会員のメリット

　会員は協会の事業活動やエリアのネットワーク、所属チームの活動を通して、交流や情報交換などさまざまな機会を作り出すチャンスがあります。協会はそのステージを提供し機会を準備いたします。

　本来、専門家集団である協会の会員であることそのものが優れた VMD プロフェッショナルであることの証となるものです。協会活動を通じて貴重な情報に触れたり、さまざまな人脈が形成されたりすることは、必ず個々の仕事に有益な効果をもたらします。会員個々が求めるメリットは異なるものです。協会という場を有効に活用して、あなたのメリットを創出してください。

## 会員とその分布

　会員は、百貨店、専門店、チェーンストア、ファッションビル、メーカー、商社、代理店、企画設計施工社、VMD 関連機器材社プロダクション、イベント社、教育機関などで VMD に関わる組織所属の方、あるいはフリーランスの方などで構成されています。また全国の会員を、北海道・東北エリア、関東エリア、中部エリア、関西エリア、中国・四国エリア、九州・沖縄エリアに分けて、活動の組織化を図っています。

## 会員の種類

①正会員　　　本会の目的に賛同して入会した個人
　　　　　　　（会費を法人負担とする場合も含まれます）
②賛助会員　　本会の事業に賛同する法人及び団体
③名誉会員　　本会の運営に功績のあった個人会員

**会員の条件** ────────────────────────────

①正会員　　ビジュアルマーチャンダイジングに関する実務または研究を行い、
　　　　　　経験と知識と技量を有する方。

②賛助会員　本会の趣旨目的に理解と関心をもつ企業

**会員の登録** ────────────────────────────

　正会員2名の推薦を得て、入会申込書に必要事項をご記入の上、必要資料と
ともに当会に提出していただき、当会による所定の手続きの後、入会金納入、
登録となります。詳細及び正会員の知人がいない場合は連絡事務局にご相談く
ださい。E-mail：info@javma.com

**入会金と会費** ────────────────────────────

① 正会員　　入会金 10,000 円　　年会費 24,000 円

② 賛助会員　年会費 50,000 円（1 口）

# 商品装飾展示技能検定について

日本ビジュアルマーチャンダイジング協会では、厚生労働省「商品装飾展示」技能検定に対し、VMDのための能力開発、及び人材育成の見地から、事業活動の一環として支援活動を行っています。

## 1. 技能検定とは

技能検定とは、職業能力開発促進法に基づき、受検者がもっている技能や知識を一定の基準により検定し、公証する試験です。受検者の技能と社会的・経済的地位の向上を図ることを目的とした国家検定制度です。

この技能検定は試験の難易度によって1級、2級、3級に区分され、実技試験と学科試験により実施されます。両方の試験に合格した人には、1級は厚生労働省大臣名の、2級・3級は各都道府県知事名の合格証書と技能士章が交付され、「技能士」と称することができます。

技能検定は1959年に実施されて以来、現在130職種で実施されています。「商品装飾展示」技能検定は、1986年度に新設され、2020年度までに1級232人、2級2459人の合格者(商品装飾展示技能士)が誕生しました。また、3級は1998年度に新設され、2020年度までに4940人の方が合格されています。

## 2. 商品装飾展示技能検定のあらまし

「商品装飾展示」とは、ビジュアルマーチャンダイジング(VMD)の考え方をもとに、商業施設においてマーチャンダイジングを的確にお客様に視覚伝達するための、マーチャンダイズプレゼンテーションのことです。「商品装飾展示」技能検定試験は、商品を的確かつ効果的に表現して見せるために必要な技能・知識を対象としています。学科試験と実技試験を行います。その内容は、マーチャンダイズプレゼンテーションのデザイン、商品特性に基づくさまざまなプレゼンテーション手法(フォーミング・ピニング・テグスワーク・ハンギングなど)に関する技能・知識と、併せて、ビジュアルマーチャンダイジング、デザイン、商業施設、ライフスタイル、什器・器具、照明、色彩、材料、関係法規、安全衛生などに関する知識も含まれます。

- 1級実技試験は、ビジュアルプレゼンテーションのデザイン、イメージスケッチ(一点透視図)などの作成が含まれた高度技能者のレベルです。
- 2級実技試験は、商品プレゼンテーションのデザインを含みますが、イメージスケッチ(一点透視図)などの作成が含まれない中級技能者のレベルです。
- 3級実技試験は、商品特性に基づくさまざまなプレゼンテーション手法(フォーミング・ピニング・テグスワーク・ハンギング等)に関する基礎的な技能・知識を対象とし、2級に含まれている商品プレゼンテーションのデザインなどは含まれていないレベルです。

学科試験・実技試験の試験科目及びその範囲と受検資格については別表の通りです。

# 商品装飾展示技能検定の受検資格

| 受検対象者<br>(商品装飾展示職種に関する学科、訓練科、職種に限る) | 1級 | 2級合格後 | 3級合格後 | 2級 | 3級合格後 | 3級 |
|---|---|---|---|---|---|---|
| 実務経験のみ | 7 | 2 | 4 | 2 | 0 | 0 |
| 専門高校卒業<br>専修学校(大学入学資格付与課程に限る)卒業 | 6 | | | | | |
| 短大・高専・高校専攻科卒業<br>専修学校(大学編入資格付与課程に限る)卒業 | 5 | | | | | |
| 大学卒業<br>専修学校(大学院入学資格付与課程に限る)卒業 | 4 | | | | | |
| 専修学校又は各種学校卒業<br>(厚生労働大臣が指定したものに限る)　800時間以上 | 6 | | | | | |
| 1600時間以上 | 5 | | | | | |
| 3200時間以上 | 4 | | | | | |
| 上記にあげる学校の在学生 | – | | | – | 0 | 0 |

※受検資格の詳細については、各都道府県の職業能力開発協会にご照会下さい。

[問い合わせ先]
- 中央職業能力開発協会　技能検定部 企画管理課
  - TEL03-6758-2861
  - ホームページ　http://www.javada.or.jp/
- 日本ビジュアルマーチャンダイジング協会
  - ホームページ　www.javma.com　メール info@javma.com
- 厚生労働省ホームページ　http://www.mhlw.go.jp/
  - (政策について→分野別の政策一覧→雇用・労働→人材開発→技能検定・者に検定・職業能力評価基準→技能検定制度について)
- 各都道府県職業能力開発協会一覧
  - ホームページ　http://www.javada.or.jp/kyoukai/itiran.html

## 3. 商品装飾展示技能検定受検　Q&A

Q 「商品装飾展示」とはどんな仕事でしょうか?

A 商品装飾展示という呼称はニュアンスが少し古風ですが、実際には時代の先端をいく仕事です。マーチャンダイジング(商品政策や商品計画)を明確に視覚伝達するために、ビジュアルマーチャンダイジング(VMD)の知識と、感性と、商品を見せる技術(MP)を融合・駆使して、商品を効果的に陳列・演出・表現し、お客様に快適な買い物を提供する魅力ある店づくり・売り場演出をする仕事です。

Q 技能検定受検はどこに申し込めばよいでしょうか? 資料はどこでもらえますか?

A 各都道府県にある職業能力開発協会で、資料請求、受検申請を受け付けています。通年3月初旬告示、4月初旬受検申請、7月～8月試験実施です。

Q 受検手数料はいくらですか?

A 1、2、3級ともにそれぞれ実技が18,200円、学科が3,100円で合計21,300円です。
※25歳未満の方が2級又は3級を受検する場合や、学生が受検する場合は、受検手数料が減額される場合があります。
詳しくは都道府県職業能力開発協会へお問い合わせくさい。

Q 学科と実技に区分されていますが、
   合格・不合格の取り扱いはどうなっていますか？

A 実技と学科のいずれか一方が合格した場合、不合格だった方だけ、次年度以降
   に単独で受検することができます。実技と学科両方合格した時点で、検定合格
   になります。期限はありません。

Q 受検の準備（勉強）はどのようにしたらよいでしょうか？

A 試験の内容は、厚生労働省職業能力開発局による商品装飾展示技能検定試験の
   基準及びその細目（別表参照）で確認してください。また、「商品装飾展示技
   能検定ガイドブック」に各級4年間の過去問題とその解説が掲載されています。
   実技・学科とも、過去問題を繰り返し学習することをお勧めしています。
   また、本書も受検の参考書として活用されています。

※「商品装飾展示技能検定ガイドブック 実技編、学科編」繊研新聞社の購入方法
については、当協会のホームページ（出版物のご案内）をご覧ください。
http://www.javma.com/

## 受検合格者の状況

| 年度 | | 1級 | | 2級 | | 3級 | | 合計 | |
|---|---|---|---|---|---|---|---|---|---|
| | | 申請者 | 合格者 | 申請者 | 合格者 | 申請者 | 合格者 | 申請者 | 合格者 |
| 2016 | 全国 | 15 | 9 | 57 | 50 | 265 | 211 | 337 | 270 |
| | 東京 | 12 | 8 | 29 | 24 | 86 | 64 | 127 | 96 |
| 2017 | 全国 | 12 | 6 | 33 | 28 | 301 | 226 | 346 | 260 |
| | 東京 | 8 | 3 | 19 | 15 | 87 | 71 | 114 | 89 |
| 2018 | 全国 | 16 | 8 | 44 | 30 | 336 | 251 | 396 | 289 |
| | 東京 | 8 | 3 | 29 | 23 | 92 | 64 | 129 | 90 |
| 2019 | 全国 | 22 | 8 | 43 | 30 | 267 | 202 | 332 | 240 |
| | 東京 | 13 | 5 | 30 | 22 | 81 | 64 | 124 | 91 |
| 2020 | 全国 | — | — | — | — | 118 | 78 | 118 | 78 |
| | 東京 | — | — | — | — | — | — | — | — |
| 2016〜2020の合計 | 全国 | 65 | 31 | 177 | 138 | 1287 | 968 | 1529 | 1137 |
| | 東京 | 41 | 19 | 107 | 84 | 346 | 263 | 494 | 366 |
| 1987〜2020<br>までの累計<br>3級は1998〜2020 | 全国 | 664 | 232 | 3548 | 2455 | 6581 | 4942 | 10793 | 7629 |
| | 東京 | 282 | 123 | 1362 | 989 | 1903 | 1470 | 3547 | 2582 |

※ 2020年度は、新型コロナ感染症拡大のため、一部地域で3級試験のみが実施された。

## 商品装飾展示技能検定試験の試験科目及びその範囲並びにその細目

1級、2級、3級共通、{ } 表示は2級、〔 〕表示は2級、3級、< >表示は3級に該当する。

| 試験科目およびその範囲 | 試験科目およびその範囲並びにその細目 |
|---|---|
| **学科試験** | |
| **1　商品装飾展示一般**<br>ビジュアルマーチャン<br>　ダイジング<br>　3級は(2)、(3)、(4)のみ | ビジュアルマーチャンダイジング（ＶＭＤ）に関し、次に掲げる事項について詳細な〔一般的な〕知識を有すること。<br>(1) マーチャンダイジング（ＭＤ）<br>(2) ビジュアルプレゼンテーション（ＶＰ）<br>(3) ポイントオブセールスプレゼンテーション（ＰＰ）<br>(4) アイテムプレゼンテーション（ＩＰ） |
| **商品の販売促進計画**<br>　3級は1のみ | 1 販売促進の方法及び特徴について一般的な<概略の>知識を有すること。<br>2 販売促進に関し、次に掲げる事項について詳細な｛一般的な｝知識を有すること。<br>(1) 販売計画　(2) 催事計画　(3) その他 |
| **商品装飾展示が行われる<br>業態、業種及びそれらの特徴** | 次に掲げる商品装飾展示が行われる業態、業種及びそれらの特徴について一般的な<概略の>知識を有すること。<br>(1) ショッピングセンター　(2) 百貨店　(3) スーパー<br>(4) 専門店　(5) 一般小売店　(6) メーカー及び問屋<br>(7) その他 |
| **展示場所の種類、特徴<br>及び使用方法** | 次に掲げる展示場所の種類、特徴及び使用方法について詳細な〔一般的な〕知識を有すること。<br>(1) ショーウインドウ　(2) ステージ　(3) 壁面　(4) 柱<br>(5) シーリング（天井空間）　(6) テーブル<br>(7) ショーケース　(8) 棚　(9) ゴンドラ　(10) ワゴン<br>(11) その他 |
| **売場の構成及び機能**<br><br>　3級は（1）－ロ、ニのみ<br><br><br>　3級は（2）－イのみ | 売場の構成及び機能に関し、次に掲げる事項について一般的な〔概略の〕知識を有すること。<br>(1) 売場構成に関する事項<br>　　イ 什器　ロ 器具　ハ 照明　ニ 小道具<br><br>(2) 売場機能に関する事項<br>　　イ 導線　ロ 配置　ハ 空間構成 |

355

| 試験科目およびその範囲 | 試験科目およびその範囲並びにその細目 |
|---|---|
| **2　商品装飾展示法**<br>　**商品装飾展示の基礎知識** | 1．商品装飾展示の用語について詳細な知識を有すること。<br>2．商品特性について詳細な〔一般的な〕知識を有すること。<br>3．商品装飾展示の基礎知識に関し、次に掲げる事項について一般的な＜概略の＞知識を有すること。<br>　(1) 消費動向　(2) ライフスタイル<br>　(3) ファッション動向　(4) 購買行動 |
| **商品装飾展示のデザイン**<br>3級は1-(1)、(3)、(4)のみ<br><br><br><br><br>3級は2-(1)、(3)、(4)のみ | 1．デザインの基礎に関し、次に掲げる事項について一般的な＜概略の＞知識 を有すること。<br>　(1) 造形の要素　(2) 造形の様式<br>　(3) 色彩の機能及び効果　(4) 照明の機能及び効果<br>　(5) 視覚の法則<br>2．プラン及びデザインに関し、次に掲げる事項について詳細な＜一般的な＞知識を有すること。<br>　(1) プラン及びデザインに関する図面の読図<br>　(2) 使用記号　(3) 商品特性の表現<br>　(4) イメージスケッチ　(5) 作業プランの作成及び段取り<br>　(6) 見積り　(7) 商品等のセレクト |
| **商品装飾展示に使用する**<br>**用具、用材の種類、用途**<br>**及び使用方法** | 1．次に掲げる商品装飾展示に使用する用具の種類、用途及び使用方法について詳細な知識を有すること。<br>　(1) ガンタッカー　(2) ニッパー　(3) ペンチ<br>　(4) 金づち　(5) はさみ　(6) カッター　(7) メジャー<br>　(8) ピンクッション　(9) スケッチ用具　(10) その他<br>2．次に掲げる商品装飾展示に使用する用材の種類、用途及び使用方法について詳細な知識を有すること。<br>　(1) ピン　(2) テグス　(3) 接着剤　(4) テープ<br>　(5) クリップ　(6) 紙　(7) その他 |
| **装飾展示の方法** | 次に掲げる装飾展示の方法について詳細な＜一般的な＞知識を有すること。<br>　(1) ピニング（ピンワーク、ピンナップ）<br>　(2) テグスワーク　(3) パディング<br>　(4) ハンギング　(5) レイダウン（置き方）<br>　(6) 包装　(7) その他のフォーミング |
| **3　材料**<br>**商品装飾展示に使用する材料**<br>**の種類、用途及び使用方法** | 次に掲げる商品装飾展示に使用する材料の種類、用途及び使用方法について詳細な〔一般的な〕知識を有すること。<br>　(1) 布　(2) リボン　(3) ロープ　(4) 紙　(5) その他 |

| 試験科目およびその範囲 | 試験科目およびその範囲並びにその細目 |
|---|---|
| **4　関係法規**<br>消防法（昭和 23 年法律第 18 6 号）関係法令、建築基準法（昭和 25 年法律第 201 号）関係法令、著作権法<br>（昭和 45 年法律第 48 号）関係法令、製造物責任法（平成 6 年法律第 85 号）関係法令及び大規模小売店舗立地法<br>（平成 10 年法律第 91 号）関係法令のうち、商品装飾展示に関する部分<br>2 級は 1、2-（1）、（2）のみ<br>3 級は 1、2-（1）のみ | 1.デザインの知的財産権について一般的な＜概略の＞知識を有すること。<br>2.次に掲げる法令のうち、商品装飾展示に関する部分について一般的な＜概略の＞知識を有すること。<br>(1) 製造物責任法　(2) 消防法　(3) 建築基準法<br>(4) 大規模小売店舗立地法 |
| **5 安全衛生**<br>安全衛生に関する詳細な知識 | 1.商品装飾展示作業に伴う安全衛生に関し、次に掲げる事項について詳細な知識を有すること。<br>(1) 用具の危険性及び取扱い方法<br>(2) 作業手順<br>(3) 作業開始時の点検<br>(4) 整理整頓及び清潔の保持<br>(5) 事故時等における応急措置及び退避<br>(6) その他商品装飾展示作業に関する安全又は衛生のために必要な事項<br>2.労働安全衛生法関係法令（商品装飾展示作業に関する部分に限る。）について詳細な知識を有すること。 |
| **実技試験** | |
| **商品装飾展示作業**<br>スケッチ　1 級のみ | 1.ビジュアルプレゼンテーションの立案ができること。<br>2.一点透視図親日平面図が書けること。 |
| デザイン　1 級、2 級のみ | 商品装飾展示のデザインができること。 |
| **商品装飾展示** | 1.商品特徴に基づくプレゼンテーションができること。<br>2.ピニング（ピンワーク、ピンナップ）、テグスワーク、パディング、ハンギング、レイダウンその他のフォーミング等による商品の＜基礎的な＞ビジュアルプレゼンテーションができること。 |

# 参考・引用文献リスト

Artscape　HP

ASCII.jp デジタル用語辞典

Cassina IXC HP

DBM 用語辞典

GOO 辞書

HATENA KeyWord hhstyle.com

Hot Dog Press メンズファッション用語辞典　スタイル社

imidas 200　7

IT 用語がわかる辞典

IT 用語辞典 Weblio 辞書

J-marketing-net

JIS ハンドブック 製図 '91 日本規格協会

JIS ハンドブック 電気 '91 日本規格協会

JIS 法改正　経済産業省

MBA 用語集　グロービス経営大学院

Neostyle HP

PC 用語集

Rcawaii　株式会社グラングレス

satori-marketing ブログ

SIGN CITY スチレンフォーム専門ショップ HP THE WINDOWS BOOK　トーソー出版

VIEW　講談社

VMD に強くなる本

VMD ビジュアル・テキスト　佐藤昭年著 1995 年　文化出版局 VMD 用語事典

WEBLIO 辞典 HP

Weblio 辞書

Web マーケティング専門コンサルティング Surfboard JP HP

Yahoo!　辞書

アートスケープ　大日本印刷株式会社

朝日新聞 GLOBE

朝日新聞掲載「キーワード」の解説

家とインテリアの用語がわかる辞典

（一財）日本木材総合情報センター　HP

一般社団法人 日本ショッピングセンター協会

一般社団法人デジタルサイネージコンソーシアム　HP

一般法人日本 SC 協会　HP

イミダス 1989　イミダス編集部著 1989　集英社

岩波国語辞典第 4 版

飲食業界 IT 用語集

飲食業界用語集

インテリアエクステリア事典　産業調査会

インテリア家具辞典　丸善

インテリア大事典　壁装材料協会編 1981　彰国社

インテリアデザイン辞典 清家清監著 1981　朝倉書店

インテリアデザイン事典　インテリアデザイン事典編集委員会編 1989　理工学社

インテリア用語辞典

インドア・ガーデン 1998 年　山と渓谷社

「売る力」が身につく最強マーケティング図鑑　草地 真 2020 ぱる出版

英国ガーデンスタイル　桐原春子　毎日新聞社

エヌアンドイー株式会社ＨＰ

演劇映画・舞踊・テレビ・オペラ百科　倉橋健・竹内敏晴監修 平凡社

おつきあいのマナー服装、お金の本　岩下宣子監修 2007

会計用語キーワード辞典

外交プロトコル基本情報　公益社団法人　北海道国際交流・協力相互センター

外来語辞典　角川書店

外来語の語源　角川書店

カタカナ語の辞典　三省堂編集所編 1981 三省堂

カタカナ新語辞典　2005 年　学習研究社

カタカナ用語の意味がわかる事典　日本実業出版社編 1990　日本実業出版社

ガーデンデザイン LESSON　H10 年　主婦の友社

株式会社カタノ工房　HP

カラーコーディネーター知識集

環境アセスメント用語集・エコロジー　環境省　ＨＰ

基本建築関係法令集　建設省住宅局建築指導課編 / 日本建築士会連合会他編 1992 建設省住宅局建築指導課

基本的装置用語　逆井清一郎著

キャリア・転職コラム　株式会社ビズリーチ

くようのコ・ト・ナ・ラ　株式会社 ARROWS

現代デザイン事典　藤井三雄・田中一光・向井周太郎監 1990　平凡社

現代ニット教本 2 デザイン編　伊藤英三郎　チャネラー

現代日本のインテリアコーディネイト大系　日刊工業新聞社

現代用語の基礎知識 1989　自由国民社

現代用語の基礎知識 1992　自由国民社

建築申請 Memo'91　建築申請実務研究会編 1991　新日本法規

建築の事典　内田祥哉監 1990　朝倉書店

建築用語事典 建築用語研究会編 1997　学隆社

建築用語図解辞典 橋場信雄著 1970 理工学社

建築用語の手びき 日本建築者指導センター

広告小辞典 八巻俊雄著 1975 ダヴィッド社

広辞苑第二版補訂版 新村 出編 1980 岩波書店

小売業用語辞典

小売・流通用語集　日経ＸＴＲＥＮＤ

国土交通省 中部地方整備局　HP

国家検定「商品装飾展示技能検定ガイドブック」日本 VMD 協会編著 繊研新聞社　改訂第 2 版

コーディネイトファッション講座ーすぐれた販売員をめざしてー 1978

LCF/ 婦人コーディネイトファッション協議会教育部

固定費と変動費の違いとは？　フリーウェイ経理

ことばオンライン　日経電子版

コトバンク　株式会社 DIGITALIO; 株式会社 C-POT

最新図解服飾用語辞典　杉野芳子編著　鎌倉書房

サイン・コミュニケーション　サイン・コミュニケーション刊行会編 1989　柏書房

サイン・ディスプレイ用語辞典 1984 マスコミ文化協会

色彩検定ガイド

色彩と配色　太田昭雄・河原英介共著　グラフィック社

試験に出るカラー用語
実用日本語表現辞典
実用服飾用語辞典　山口好文編　文化出版局
社団法人電気技術者協会 HP
商業経営ビジネス用語事典　木村忠治・國分道夫編　1976　誠文堂新光社
商業施設技術体系　商業施設技術団体連合会編
商業用語辞典　川崎進一・倉本初史著　商業界
商店建築　商店建築社
ショーイングの基礎　五光ノンブル・福田ひろひで 1978　チャネラー
照明基準総則　照明基準総則の改正内容　Panasonic
常用源氏物語要覧　1995 年　武蔵野書院
新英和辞典　稲村松雄・渡辺藤一・荒木一雄著　小学館
人材マネジメント用語集
人事労務用語辞典
新商業用語事典／商業界編
新・照明教室　ショップライティング（改訂版）　社団法人照明学会 2007 年
新ファッションビジネス基礎用語辞典　織部企画 ORIBE 編集室織部企画
新ファッションビジネス基礎用語事典　（株）バンタンデザインコミュニケーションズ1997 光琳社出版
新リトル英和辞典　研究社辞書編集部編 1987　研究社
新和英中辞典　市川繁治郎 / マーティン・ユリック著　研究社
図解ディスプレイ用語辞典　杉本次郎・小浜昭造・北 健一著1976　グラフィック社
図集世界の建築　ステアリン・H 著 / 鈴木博之訳　1979　鹿島出版会
図詳ガッケンエリア教科事典　学研編 1988　学習研究社
図説建築の内装工事　高木恒雄著 1983　理工学社
住まいのあかり豆事典　松下進建築・照明設計室
生活提案型店づくり　内田一廣著 1985　同友館
生活の知識・情報事典　S60 年　三宝出版
製造業技術用語集
製造物責任法の概要 Q&A　消費者庁
世界大百科事典 第 2 版
千年工房
ダウ化工株式会社 HP
デザイン用語ハンドブック　誠文堂新光社
デジタル大辞泉　小学館
説解マーケティング辞典
大辞林　三省堂
大辞林　第三版
高田一郎の舞台美術入門 高田一郎著 1982　レクラム社
楽しい舞台美術　吉田謙吉著 1983　国土社
知恵蔵　2015、2016
知恵蔵　朝日新聞社
テーブルコーディネート 丸山 洋子　共立速記印刷株式会社 「優しい食卓」出版部
ディスプレイ　武蔵野美術大学編集　ムサシノ出版
ディスプレイ小辞典　森 崇・寺沢 勉著 1981　ダヴィッド社
ディスプレイデザインシリーズアトリエ D1　アトリエ出版社
ディスプレイ入門読本　チャネラー
ディスプレイブック　佐藤昭年 / シュメルシュア・P 著 1984　文化出版局
ディスプレイマガジン　チャネラー

デザイン小辞典　福井晃一編　ダヴィッド社

電気設備の知識と技術

店舗照明設備ノウハウ集 NO. 照 S － 241 1991　松下電工㈱

東芝ライテックＨＰ

図書館情報学用語辞典

特許庁　HP

とっさの日本語便利帳

内閣府　HP

ナビゲート ビジネス基本用語集

日本産業標準調査会

日本建築みどころ事典　中川武編著 1990　東京堂出版

日本大百科全書（ニッポニカ）

日本の企業がわかる事典 2014-20

農林水産省 HP ／バイオマスの定義

バイオマス　　株式会社ヤマトマネキン

バイオプラスチック材料のすべて　日本バイオプラスチック協会　2008　日刊工業新聞社

配色センスの開発　小林重順著　ダヴィッド社

パソコンで困ったときに開く本

販売革新　商業界

半歩先を読む日本最大級のマーケティングサイト J-marketing.net

万有引力百科辞典　小学館

比較広告に関する景品表示法の考え方 消費者庁

ビジネス用語集

ビジュアルマーチャンダイザー　早乙女喜栄子　繊研新聞社　初版 2000 年

ビデオ用語集

百科事典マイペディア

ファッション・コーディネーション　小早川茂登子著　バンタンデザイン研究所

ファッション事典　ジョージナ・オハラ著 / 深井晃子訳　平凡社

ファッションビジネス ( Ⅱ ) 一般財団法人日本ファッション教育振興協会 2019 年改訂
第 1 版 19 刷

ファッションビジネス基礎用語辞典 佐藤英三郎・他著 198 7　バンタンデザイン研究

ファッションビジネス基礎用語辞典改訂増補版　バンタンデザイン研究所編
バンタンデザイン研究所グループ / 織部企画

ファッションビジネス新語辞典　　別冊チャネラー

ファッションビジネス新語辞典 伊藤英三郎・他著 バンンデザイン研究所編　織部企画

ファッションビジネス入門読本 1991 チャネラー

ファッション用語事典　吉村誠一編 1991　　　　チャネラー

ファッション用語の基礎知識　　　　チャネラー

ファッション用語ハンドブック　　誠文堂新光社

不動産用語集

フードサービス攻めの計数（商業界刊）清水均著

服飾学への道しるべ・服飾社会学入門　荻村昭典著　文化出版局

服飾事典　田中千代著　同文書院

服飾辞典　文化出版局編 文化出版局

舞台美術の実際用語辞典 1981　美術出版社

フランチャイズ用語集

ブランド用語集

ブリタニカ国際大百科事典 小項目事典

フリー百科事典『ウィキペディア（Wikipedia）』

プロ音響データブック　日本音響協会編　リットーショージ

文化ファッション大系 ファッション流通講座⑧　ディスプレイ・VP・VMD

文化服装学院編 2004 年 文化服装学院教科書出版部

平成 25 年版情報通信白書　総務省

平成 29 年版情報通信白書　総務省

ホームページ制作用語集

法令検索　製造物責任法、容器包装リサイクル法

マーケッターの思索　使えるマーケティング情報サイト

マーケティング Wiki 〜マーケティング用語集〜

マーケティング基礎知識

マーケティングキャンパス

マーケティング用語　有限会社イージーコミュニケーションズ

マーケティング用語事典

マーケティング用語辞典 新井喜美夫編 1966　東洋経済新報社

マーケティング用語集　　シナジーマーケティング株式会社

マーチャンダイジングの基本 2001 年　ADO

マナラボ　株式会社イード (IID, Inc.)

マネー辞書 m-Words

マネー辞典（貿易）

まんがで気軽に経営用語

三越　　　日本を楽しむ年中行事　2004 年　かんき出版

メンズモード事典別冊メンズファッション用語辞典　スタイル社

別冊男子専科 / メンズファッション用語辞典 1982　スタイル社

儲かる店舗の 100 の法則 HP

ものの建築史物語 / 窓のはなし　鹿島出版社

文部科学省Ｈ P

ヤマトマネキン HP ／マネキンの素材と環境問題について

容器包装リサイクル法とは　環境省

よくわかる最新プラスチックの仕組みとはたらき　桑島幹他名　2019　秀和システム

よくわかる商品陳列と表現　マーチャンダイズプレゼンテーション　小田切純子

ライティングハンドブック　照明学会編 1987　オーム社

らくらく貿易 貿易用語集

ランダムハウス英和

リーダーズ英和

流行語　川崎洋著　毎日新聞社

流行用語辞典

レディスファッションの商品知識①②　間嶋佐智子編　チャネラー

労働安全衛生規則

和室造作集成　学芸出版社

# 新版VMD用語事典

2023年4月10日　初版第1刷発行

編 著 者　　日本ビジュアルマーチャンダイジング協会
発 行 者　　佐々木 幸二
発 行 所　　繊研新聞社
　　　　　　〒103-0015 東京都中央区日本橋箱崎町31-4 箱崎314ビル
　　　　　　TEL.03(3661)3681 FAX.03(3666)4236
印刷・製本　　株式会社 シナノパブリッシングプレス
乱丁・落丁本はお取替えいたします。